数字

企业数字化转型之道

蝶变

数字化转型专家
赵兴峰 著

电子工业出版社
Publishing House of Electronics Industry
北京·BEIJING

内 容 简 介

进行数字化转型可以帮助企业提升用户体验、塑造业务流程、优化运营管控。企业管理者在数字化转型实践上会陷入两个困境：一是认知困境，即如何理解数字化转型。目前关于数字化转型的讨论非常多，企业管理者接收了各种碎片化的理念和观点，不仅难以形成系统性、整体性的理解，还存在诸多偏见与误解，为实践带来很多隐患。本书以扎实的理论研究为基础，提出了一套系统框架，可以引导管理者思考与实践。二是实践困境，即如何推进数字化转型。一些企业虽然急于进行数字化转型，但并不清楚向哪里转、从哪里转、如何转。本书以大量经典案例与咨询实践案例为基础，提供了一套有效的方案，介绍了企业转型中各种真实存在的误区和陷阱。

本书主要介绍企业为什么要进行数字化转型、数字化转型涉及的技术、数字化转型的框架与策略、企业经营的数字化升级、企业管理的数字化升级等内容。

对企业高层管理者来说，本书是一本推动企业数字化变革的指导性手册；对企业中层管理者来说，本书是一本配合企业数字化转型的方法集合；对企业基层管理者或者初入职场的人士来说，本书是理解企业数字化转型过程中各种方案和计划的解读手册。本书还适合作为各高校商学院的MBA 教材。

图书在版编目（CIP）数据

数字蝶变：企业数字化转型之道 / 赵兴峰著．—北京：电子工业出版社，2019.8

ISBN 978-7-121-36964-3

Ⅰ．①数 ... Ⅱ．①赵 ... Ⅲ．①企业管理－数字化－研究 Ⅳ．① F272.7

中国版本图书馆 CIP 数据核字（2019）第 125638 号

责任编辑：王　静　　特约编辑：田学清
印　　刷：天津嘉恒印务有限公司
装　　订：天津嘉恒印务有限公司
出版发行：电子工业出版社
　　　　　北京市海淀区万寿路 173 信箱　　　邮编：100036
开　　本：720×1000　1/16　印张：15　　　　字数：240 千字
版　　次：2019 年 8 月第 1 版
印　　次：2023 年 6 月第 13 次印刷
定　　价：69.90 元

凡所购买电子工业出版社图书有缺损问题，请向购买书店调换。若书店售缺，请与本社发行部联系，联系及邮购电话：（010）88254888，88258888。

质量投诉请发邮件至 zlts@phei.com.cn，盗版侵权举报请发邮件至 dbqq@phei.com.cn。

本书咨询联系方式：010-51260888-819，faq@phei.com.cn。

序言
Preface

2020 年 2 月，出版社的编辑王静女士联系我说本书快要售罄，要加印了。本书自 2019 年 10 月上市以来，在不到 4 个月内就售罄，大大出乎我的意料。同时，在这期间有几十位企业家、企业财务总监、CIO 等读者朋友联系我，说看了本书之后深受启发，希望邀请我到他们的公司授课，或者给他们提供咨询服务。这些邀请数量之多，远超过我的前两本书（《企业经营数据分析》和《企业数据化管理变革》）带来的邀请。可见，中国企业的数字化转型已经热起来了。

自本书完稿到现在已半年多，其间，我们在服务企业的实践中，又有了一些新的思考和感悟。我们也发现很多企业在数字化转型的实施过程中仍然面临很多问题和挑战，针对大家普遍碰到的问题，借本书加印之际，在这里给大家进行一些简要解答。

1. 大家碰到的最多的问题是：迷茫，不知道怎么做，没有全景图和路线图。

大家普遍反映，不知道如何构建数字化转型的整体框架和数字化转型的路径；虽然采取了一些行动，但因为数字化转型价值未彰显，信心已不坚定。

他们说，自己也听了很多数字化转型的课程，启发很多，但仍然是一头雾水，听得越多越迷茫。每位专家看数字化转型都有不同的视角：有的从数字智能硬件建设的视角，有的从信息化技术升级的视角，有的从数据采集、数据管理与数据治理的视角，有的从数据价值挖掘的视角，也有的从应用场景的视角，还有的以特定行业案例的视角。这些课程给他们的启发很多，但仍然无法形成适合自己的完整的数字化转型框架和路线图。

数字化转型是一个系统工程，包括技术维度、数据维度、业务场景应用维度，以及组织变革和人才培养维度。本书中给出了多维度视角下的全景视图，让企业有了自己的数字愿景和转型路线图，从而不至于出现这种"盲人摸象"的尴尬了。

笔者的建议是，在推动企业数字化转型的开始阶段，想要清楚数字化转型是怎么回事，要规划并设计科学的数字愿景和明确的实施路线图，避免在实施过程中迷失。

2. 大家碰到的第二多的问题是：技术脱离业务，无法实现价值。

很多企业在推动数字化转型的过程中，首先想到的是数字技术的应用，包括大数据技术、信息化技术、数字智能硬件等。但是因为没有密切与业务挂钩，企业引进的这些技术并没有产生太大的效果。具体的表现是，企业大张旗鼓地制定了数字化转型战略，投入很多资金和精力，然后业务还是老样子，原定的数字化转型目标并未达成。

这个问题最常见的现象有 3 种：

第一种现象是错把数字化转型当技术升级。典型的表现是：公司为了推进数字化转型，引入数字智能硬件设备，升级 IT 系统，或者建设了大数据平台。大多数企业将以上行动等同于数字化转型。我们称这种现象为"技术崇拜"。这种现象的错误之处在于过度强调了技术的重要性。数据技术本身只是投入，需要通过赋能业务创出价值，才能算是投资。

第二种现象是错用技术团队架构。过度强调技术团队在数字化转型的重要性，技术团队脱离业务团队，忽略了谁给谁服务，遗忘了数字化转型的目的和目标。其中典型的表现是：企业成立了专门的数字技术部门，领导很重视，但该部门与其他部门之间无法融合，技术部门不懂业务部门，业务部门也排斥技术部门；集团成立数字技术子公司来推动集团的数字化转型，各个子公司之间独立经营，子公司不用该数字技术子公司的服务，数字技术子公司给别的企业的服务效果都比给自己集团内部子公司的服务效果好。

这种现象的错误之处在于，没有调动起作为转型主体的业务部门的参与度。

数字化转型，业务才是根本，技术只是手段，至少在转型初期是这样的。随着转型的深入，在达到商业模式创新之后，技术才能真正发挥引领作用。

第三种现象是数据崇拜。高层过度强调数据本身的重要性，忽略了应用，认为只要拥有了客户数据，就有了客户洞察；认为拥有了产业链数据，就能够打通产业链，从而改变产业链的结构；认为拥有了代理商下游数据，就能够越过代理商，实现渠道扁平化。这种现象的错误之处在于把数据当业务。数据本身没有价值，只有应用了才有价值。

笔者的建议是，在数字化转型的前期，以业务作为转型主体，先从业务场景出发，让技术服务业务，提升效率、支撑业务创新；在积累足够多的经验之后，再让技术引领业务创新。本书中提出，数字化转型的价值体现在两个方面：（1）业务效率的提升；（2）模式创新。两者的顺序最好是"先提升效率，后创新，先易后难"。

3. 大家碰到第三多的问题是：企业数字化转型很累，推不动，阻力很大。

这个问题很普遍，原因在于对企业数字化转型的认知不足。企业数字化转型的重点应放在"转型"上，而不是放在"数字化"上。本书中特别强调组织推动，并给出组织推动的 4 个举措：（1）达成战略上的协同，共识比知识重要；（2）搭建敏捷型组织，流程要具有柔性；（3）塑造数据文化，让数据理念深入人心；（4）培养管理者的数据能力，搭建组织培育人才。

针对第 2 个和第 3 个问题，笔者正在撰写《数字蝶变》的续篇，将我们在咨询实践中的解决方法分享给大家。

读者在阅读过程中，可以通过微信公众号（Data2biz）、微博（Data2biz）或者我们的官方网站（www.data2biz.com）反馈意见给我们，也欢迎广大读者能够通过以上渠道与我们沟通。知识因总结提炼而丰富，也会因为传播使用而增值。明悦数据将一如既往地竭诚为大家服务，助力大家在数字化转型的道路上做得越来越好。

赵兴峰

前 言
Foreword

未来已来，创新蝶变

大数据分析、人工智能、物联网、区块链、社交化媒体、云计算等各种技术的快速发展，正深刻地改变着我们的思考方式、学习方式和生产方式，也会逐步改变我们的生存方式。当我们还没有反应过来互联网是怎么回事时，就已经进入大数据时代；当我们还没有看清大数据时代时，人工智能时代已然来临。大数据技术快速发展，各种相关技术从实验室走向了现实的生活，我们所产生的数据被各种数字化的硬件设备采集、被各种软件"算计"，我们的生活中无处不在的数据构成了另外一个世界——虚拟世界，与现实的物理世界并行，而虚拟世界则更真实、更精准。计算机对我们的了解，超过了我们的同事、朋友、家人，甚至超过了我们自己。

数字化浪潮正在打破一切、刷新一切、重塑一切。企业数字化转型已经不是一个"好像可以尝试"的解决方案了，而是一个"必须全力达成"的时代趋势；企业数字化转型不是为了在未来赢得竞争的"加分卡"，而是为了在未来获得生存的"入场券"。

企业数字化转型的价值是实实在在的。相关研究表明，那些能够积极提升数字化能力，推动企业变革的企业，其利润要高于同行业 26%。IBM 一项针对 5 个行业、1 089 名企业家的调查显示，那些善用大数据与分析的企业，在开发客户和市场洞察方面，比一般企业优秀 3 倍；在根据分析结果实现流程和决策自动化方面，它们比一般企业高出两倍之多。

数字化可以帮助企业提升用户体验、优化业务流程、实现运营管控，为企业进化带来一场"范式性革命"。然而，数字化转型并不容易。一些企业想进行数字化转型，但不知道如何转、从哪转；一些企业凭着碎片化的想法，急于转型却发现不但未达成预期的效果，还徒增成本，制造了新的问题。

这是因为凭感觉、靠热情是无法推动复杂的企业数字化转型的。跨越数字化鸿沟，实现企业数字化转型，需要一套系统的框架，需要一种适宜的方法，还需要一系列有效推动变革和转型的努力措施。企业数字化转型迫在眉睫，建立正确认知、掌握有效方法、踏上转型快轨的时刻已到！

拥抱未来，拥抱技术

某家企业为了削减人力，降低人工费用，引进了一套无人值守门禁系统，替代了其 4 个工厂大门的 16 个门卫，这套系统大约花费了 20 万元，每年可以节省约 80 万元的人工费用，这看上去是一个非常不错的投资决策。员工通过刷卡出入工厂，访客则通过微信在系统中预约获得一个二维码，之后在工厂门口的卡柜机处扫描二维码开启卡柜机，获取一张访客门禁卡。访客可以通过访客门禁卡进出厂区。该卡有 GPS 定位功能，能够随时监控其出入区域，若有人进入禁止进入的区域会有报警；车辆进出厂区则通过微信申请，注册车牌号，再通过自动识别车牌进出厂区。但是这套先进的系统有一个非常致命的硬伤——访客获得访客门禁卡后出厂区需要扫描二维码打开卡柜机还卡。结果该系统上线后，只有不到 70 名访客会主动归还访客门禁卡，最后不得不让企业内部员工送访客，让访客归还访客门禁卡。而几天后另一个门禁系统供应商上门演示了一个无卡的解决方案，其操作与手机扫码乘车类似，非常简单，报价只有上述系统的一半。

上述案例说明：第一，利用数字化的技术解决方案能够为企业节约大量的成本；第二，企业在转型时要有一定的专业性和前瞻性，要采用最新的技术和方法，有更宽阔的视野，了解更先进的解决方案。

在这个数据技术快速创新应用的时代，企业必须加速拥抱数据技术，并且必须持续地跟进应用最新技术实现企业从经营方式、管理方式、商业模式到生产方式的彻底变革。一场数字化转型竞赛已经开始，不参与竞赛的企业将在市场上被挤出跑道。

企业数字化转型是大势，越来越多的企业投入数字化转型之中。相关研究表明，有78%的企业的首席执行官认为，企业数字化转型对其企业未来3~5年的发展是至关重要的；IDC访问了世界2000强企业的首席执行官，有2/3的首席执行官表示数字化转型是他们未来发展战略的核心。这些都已经表明，越来越多的企业在拥抱数字技术升级自己的企业，从而在市场竞争中保持优势，不至于因落后而出局。

拥抱数字化技术不仅仅是一个口号，或者一个投资决定，而是一个重大的企业变革，对企业的整体经营和管理体系具有巨大影响，这个影响是不可逆的，一旦选择就没有倒退之路。同时，这是一个重大的变革，而这个变革过程必然会动很多人的"奶酪"，触动某些人的利益，变革的阻力可谓不小。但这是必然的趋势，不是选择问题，而是何时开始的问题，甚至都不是何时开始，而是如何更加快速和更高效地用正确的方法推动的问题。

绘制地图，迈向未来

每一种技术背后的逻辑都完全不同，传统时代强调的是个人经验，工业时代强调的是规模化生产以确保成本最低，互联网时代强调的是流量和连接。我们需要看清技术背后的逻辑，从而能够更加前瞻性地拥抱未来。

企业数字化转型是一种利用数字化技术，针对产品与服务、生产方式、管理方式或商业模式而进行彻底重构的颠覆性创新。这就意味着，缺少最佳的实践用以参考和借鉴，我们就无法采取一种线性的、传统的变革方式。数字化转型是一个持续、迭代的过程，是一个今天否定昨天，并想着明天继续否定今天的螺旋式上升的变革模式。

我们必须还要有一套科学、有效的方法推进企业数字化转型。推动企业数字化转型也必须有科学的方法和套路，按照方法和套路推进才能少走弯路。

未来是可以预见的，也有迹可循，只是它以"碎片化"的方式在不断涌现，每一个人或多或少都看到了一点未来的面貌，经过多年的大量观察和实践总结，笔者辨别这些"碎片"、拼接这些"碎片"，进而描绘数字时代变革与转型的地图。笔者相信马克·吐温的一句话，"历史不会重复自己，但它会重复自己的规律"，笔者研究了历次商业革命，以及理论研究文献，相信自己的方法是符合历史规律和理论规律的。

本书所呈现的就是这个方法。在这本书中可以看到各种逻辑论证，也可以看到大量经验事实，但是这本书绝不仅仅是推理，也不仅仅是经验总结。希望本书指出的方法可以成为企业进行数字化转型的地图，帮助企业迈向数字经济时代。但是，"地图不是地方本身"，总是难免不当简化、不够精确，还需要在实践中继续检验。所以，读者要抱着质疑的态度阅读本书，希望本书能够为读者带来参考和启发。

还需要提醒各位读者的是，虽然笔者也强调经验，但是也不可过于崇拜所谓的"最佳实践"，其原因如下：第一，关于企业数字化转型，大家都在探索的路上，很难说谁的做法是最佳实践。第二，别人的"最佳实践"不一定适合自己。第三，也是最关键的，还是要结合自身的特点和条件，一边思考，一边实践，一边反思，一边创新，走出自己的路。如果你不是数字化转型的先行者，那么可以参考他人的实践，但要抱持审慎的态度，切不可"崇拜"。如果我们掌握一定的方法，努力探索，也是有机会超越数字化转型的先行者的。另外，本书提供的是方法，而不是答案，**信息 + 方法 = 答案**。每一家企业的信息不同，各自有各自的答案，关键是掌握方法，持续探索。

对企业高层管理者而言，本书是推动企业数字化转型的指导性手册；对企业中层管理者而言，本书是配合企业数字化转型的方法集合；对企业基层管理者或者初入职场的精英而言，本书是理解企业数字化转型过程中各种方案和计划的解读手册。因此，本书可作为企业数字化转型的"思路、套路和出路"。

赵兴峰

目 录
Contents

第 1 章

企业为什么要进行
数字化转型

从工业时代到互联网时代，以及目前正在经历的从互联网时代到数字时代的变迁中，旧的模式被打破，新的模式被创造。

在这个全新的时代，所有的人和物都被联网，所有的事情都被记录，数据成为这个时代的资产。建立数字愿景，拥抱数据技术，以领先者的身份享受数据技术所带来的红利，成就了新一代的创富企业，也成就了新一代的创富人。

1.1　顺势而为谋发展

目前，我们已经生活在一个数字化的世界中，企业内外部的环境都发生了巨大变化。如果说互联网冲击了商业，那么这波大数据技术浪潮将直接冲击人类的生产方式，因此，人类已进入一个巨大变革的时代。

顺应时代发展，升级企业的产品和服务、生产方式、管理方式、商业模式才是唯一的出路，固守传统必然会被时代所抛弃。因此，拥抱趋势需要把握五个要点：第一，顺势而为；第二，把握机会；第三，洞察本质；第四，谋局而定；第五，高效管理。

顺势而为，顺应数字智能趋势

创新是永恒不变的话题。原有的商业模式已被抛弃，新型的商业模式正在创造资本的神话。其中的一些企业因为没有把握商业模式的本质，在一轮轮的市场

"洗牌"中被淘汰。

对消费电商领域的市场竞争格局进行深度分类后，可以看到新的融合的电商正在侵蚀传统电商的市场。基于更加精准的地理位置服务，继美团之后，高德和百度逐步成为服务电商与实物电商的入口。未来入口之争仍然会继续，因为谁掌握了家门的"钥匙"，谁就是家的"主人"，这个所有权可能与房屋的"产权"无关。

电商领域的市场格局如图 1-1 所示。

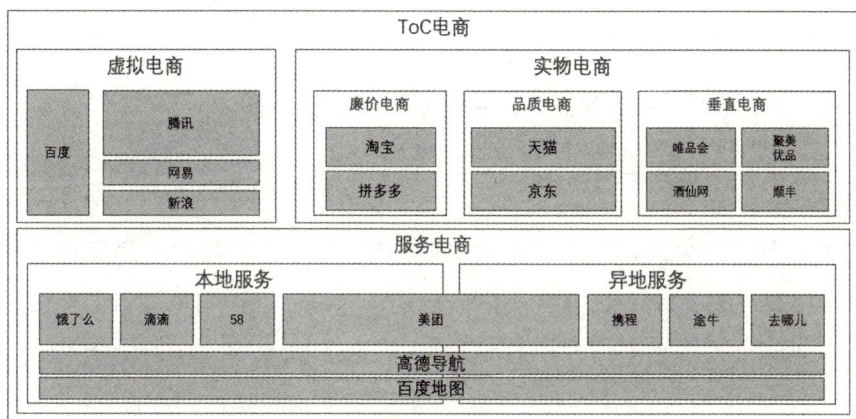

图 1-1　电商领域的市场格局

认清本质，把握趋势是企业家的基本领导力之一。看清市场格局，知道如何定位，明白谁才是真正的竞争对手尤为重要。

1. 趋势：要顺势，不要违势，势不可挡

时代变了，就要顺应时代的发展，我们无法抗拒的是"势"，而不是"事"，做事容易，顺势难。我们非常容易感知"黑天鹅"的小概率事件，但容易忽略"灰犀牛"的大概率事件。例如，当人均生活水平超过 4 000 美元，全民达到小康水平时，我们的消费档次就会提升，对物质的追求必然会从一个基本功能追求——满足饱腹蔽体，上升到追求生活美学。这是一个必然的规律。

在未来，大规模定制化智能制造必然取代目前的大规模工业化生产，就像工业生产必然取代机械生产，而机械生产必然取代手工制作一样。但很多企业家还在怀疑、犹豫、观望，面对"灰犀牛"大概率事件，我们往往不知不觉，而对偶然发生的小概率事件则感到新奇。

未来的生产方式一定是人机协作的生产方式；未来的各种重复劳动的岗位必然被机器替代；未来的管理方式必然越来越依赖机器算法；未来的数据智能决策系统必然会取代现在绝大多数的信息系统。一个全新的智能时代正在开启，这个趋势不会以谁的意志为转移。

2．优势：要先行，不要后行，先行者有持续性优势

与传统技术存在的"后行者优势"不同，数据技术有的是"先行者优势"。

例如，燃煤发电，原先的设备通过 60 万千瓦以下的低功率燃煤机组发电，除非这个设备已经老化或者到了使用年限，否则不会直接用 100 万千瓦以上的燃煤机组直接取代它。早期建立的电厂效率和环保状况较差，而新投资的更大功率的燃煤机组具有较高的效率，所以"后行者"具有更高的效率优势。

一套信息化的软件会不断推出新的版本，先行者采用前期版本后，在不到制约企业经营之前，不会随便卸载旧版本升级为新版本；在电气化时代，一旦使用了 1.0 版本的电气设备，除非完全过时，否则不会考虑置换 2.0 版本，即使 2.0 版本有更高的效率。所以，这就是"后行者优势"。

然而在智能化时代，这种"后行者优势"不再存在，而先行者将拥有更多的优势。智能化的本质就是在数据的基础上不断产生新的算法和管理方案，不断积累并沉淀规律和知识，形成新的"经营和管理诀窍"，通过迭代的方式不断自我升级。这种内部自我升级的方式，与外部技术和产品升级的方式不同，其是"大脑"的升级，就如同一样好学、具有一样智商基础的两个人，年龄大的永远领先于年龄小的，在没有寿命和体力制约的"组织"条件下，"长者"一般会在"智慧"

上领先"后生"。

过去，技术先行者会获得暂时的优势，当后行者采用更加先进的技术时，"后行者优势"开始显现，"先行者优势"无法持续保持。在智能时代，"先行者优势"将更容易保持，甚至难以被超越，但前提条件是"智能化先行者"必须保持足够快的升级和迭代速度。

未来企业间的竞争优势将主要体现在算法迭代速度和计算能力方面。有人曾经说过，未来企业的竞争优势等于"数据 + 算法 + 算力"。而笔者认为，这个公式应该是乘法，即未来企业的竞争优势等于"数据 × 算法 × 算力"。没有数据，竞争力等于 0；没有精准的算法，竞争力等于 0；没有超强的计算能力，竞争力等于 0（见图 1-2）。

图 1-2　未来企业竞争优势的三大来源

未来企业的三大竞争优势是数据、算法和算力，前两者具有"持续性先行优势"。只要数据不断被积累，资产就会不断被积累，企业进而可以进行更多的数据分析和挖掘；算法不断迭代升级，也会产生越来越多的经营和管理诀窍；而算力则随着硬件的不断升级及软件的不断优化，与传统的信息化和电气化具有相似的"先行者劣势"（"后行者优势"）。随着云计算服务业的发展，利用"以租代购"的方式实现算力的升级可以将"先行者劣势"降到很低。

趋势不可违，顺势而为不是"是"与"否"的选择题，也不是"何时开始"的命题，而是"怎么开始"的命题。对企业来说，整合并积累数据，引进人才，迭代算法，迈出"数字化转型"的第一步尤其重要。

把握机会，开启数字化转型之路

这是最坏的时代，也是最好的时代。数据技术创造了越来越多的机会，把握住一个好的机会就能够快速进入，并成为"独角兽"。这个时代延续了互联网时代的各种思维创新模式，唯快不利。而这又是一个"资本决定速度"的时代，借助资本的快速推动，很多企业能够在短短的几个月内达到百万级的用户量，实现数 10 亿元的投资估值。

从 2017 年开始，越来越多的企业走上了数字化转型升级之路，越来越多优秀的企业在数字化转型之路上开始实践。企业数字化转型已经成为时代的趋势，而且越来越紧迫。众多企业已经开启了赛跑模式。

在与这些企业接触的过程中，可以看到很多企业在推动数字化转型的过程中因为不得法，走了弯路，浪费了金钱，耽误了时间。毕竟数字化转型从 2017 年才刚刚兴起，大家都在探索中，摸着石头过河，走弯路、走错路，都是正常的，因为大家都缺少成功经验可以借鉴，缺少最佳实践可以模仿，缺少前沿理论可以给予指导。

即使如此，数字化转型目前已经不是做不做的问题，而是如何做的问题，对任何企业来讲都是如此，与大小无关、与行业无关、与市场竞争格局也无关，现在拥有丰厚社会资源的央企和国企都已经开始行动，民营企业更要行动起来，把握这个机会，把握这个技术红利机会。

笔者在服务客户过程中发现的典型问题就是企业混淆了 IT 和 DT 的概念。很多企业认为只要通过系统升级，就能够建立大数据体系，就能够实现数字化转型。其实这是一个误区，很多企业提出的是数字化转型。但在做规划时还是由 IT 部门负责，最后做成的是 IT 规划，而不是 DT 规划。

IT 和 DT 是不同的。IT 规划以 IT 基础设施和信息系统为核心，服务于企业的业务流程，提升的是流程的效率；而 DT 规划则要以数据为核心，以数据管理为内核，以数据开发和数据应用为内容，以数据分析和挖掘为手段，服务于企业的经营和管理决策，提高决策的质量和效率，这与以流程和效率为中心的 IT 规划具有本质区别（见图 1-3）。

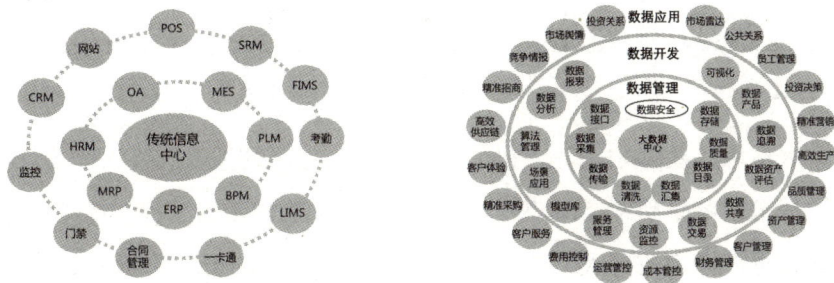

（a）以"业务流程"为核心的传统 IT 规划　　（b）以"数据"为核心的 DT 规划

图 1-3　IT 规划与 DT 规划的逻辑差异

洞察本质，利用数据技术实现认知升级

"凡事必有道理，凡事必有方法。"从"跟风"到"跟实"是完全不同的把握机会的方法。如果其他人做一个共享单车的商业模式创新，你就跟随复制一个共享充电宝、共享雨伞的模式，并且不能洞察这个创新背后的商业逻辑，那么你的复制就是失败的。

在互联网时期，借助资本的驱动，通过复制其他人的模式，快速占领市场的做法逐步开始过时，资本也开始"聪明"起来，更加谨慎地考察一个商业模式背后的商业逻辑，而不是一味地"跟风"投资。

在研究了大数据相关技术应用，以及在推动企业实践之后，我们深刻地认识到，如果说 20 年前的互联网技术可以错过，那么现在的数据技术则是不能错过的。因为互联网作为信息传播的渠道，提升了沟通效率，不仅改变了交易方式和企业的商业模式，还改变了人们的生活方式（见图 1-4）。

图 1-4 互联网技术改变了人们的生活方式

但数据技术，是感知世界、认识世界、改变世界的技术，是人类学习、思考和决策的技术，将彻底改变人类的大脑，改变人们的决策方式，使决策更加准确、更加高效，进而彻底改变人们的生产方式和生存方式。所以，每一家企业，无论是做什么的，都无法逃脱数据技术的冲击和颠覆（见图 1-5）。

图 1-5 数据技术将改变人们的生存方式

数据技术的发展触动了人类的大脑。人类与其他动物的本质区别在于大脑，人与人的差异本质上也在于大脑。如果技术改变了人类的大脑，就会更加深刻地改变人类本身。而数据技术就是这样一种技术，它既改变了人类认知世界的方式、感知事物变化的方式，也改变了人类的思考方式、学习方式、决策模式，从而深刻影响人类的进化。

数据技术的利用能力既决定了一家企业的认知能力，也决定了一家企业的决策水平。从长周期来看，一家企业是否能够持续，就要看这家企业是否能够持续地做出更好的决策。绝大多数企业倒闭都是决策失误导致的。如果能够利用数据技术提高企业的认知能力、思考能力、决策水平，那么企业就会有更强的竞争力。

谋局而定，布局数据技术应用

企业家必须高瞻远瞩，重视未来，确保企业能够常青，所以他必须洞察趋势，布局未来。

战略是在趋势下的谋局。数字时代来临，我们需要在各个方面做好布局。布局未来需要注意以下几方面。

1．观局：数据即未来

在数字化的世界、数字化的时代中，一切皆数字。没有在数据上的布局，就不会有数据资产的积累，不会有数据应用的经验沉淀，也不会有能够游刃有余地处理数据的关键人才，更不会在未来有竞争力。这个道理就像农民在春天不播种，在秋天就不会有粮食收割一样简单。

如果认可数据是未来的核心战略资源，那么现在就需要注意以下几点：建立采集数据的触角；建立管理数据的平台；提升数据质量的制度和流程；找到能深度分析和挖掘数据价值的算法与模型；培养数据技术人才；建立重视数据的文化体系。这个逻辑推理起来比较简单，但做起来却充满了挑战性。

既然如此，那么企业必须把采集数据、管理数据和分析应用数据"武装"到每个领域、每个流程与每个细节。早在大街小巷开起各种各样的便利店和超市时，7-11 便利店就已经开始用传统的方法布局数据战略。对比 7-11 便利店的收银机键盘，可以发现它仅仅多出的两列按键（见图 1-6），就使 7-11 便利店能够清楚地回答如下问题。

（1）都是什么样的人经常光顾这家门店？

（2）不同年龄和性别的人都喜欢买什么？

（3）在这家门店卖什么才能使收益最大化？

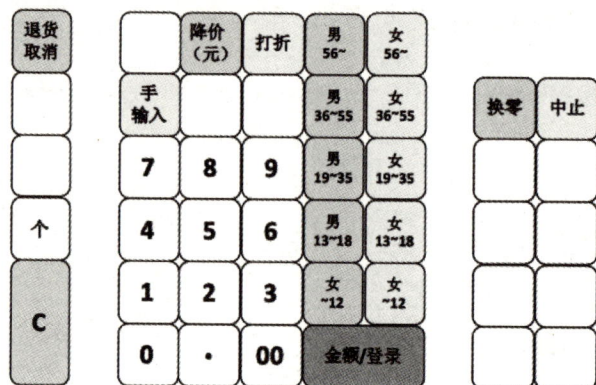

图 1-6　7-11 便利店的收银机键盘

2. 开局：第一推动

在传统生产制造企业推广数据化管理时，它们遇到的最大障碍就是"嫌麻烦"。辛苦劳动之后还要敲着不熟悉的键盘，一个字母、一个数字地录入数据。而班组长也在工人的抱怨中逐步放弃了数据的录入，因为他们也感受不到数据的价值，然后到车间主任，再到生产厂长。

短期的数据化普及，带来的是生产效率的下降和员工积极性的降低。很多数据化管理落地措施在初期遇到的阻力下便失去了动力。企业花费巨资上线的信息系统，因为录入数据不准确无法进行分析，很多管理问题则无法发现、无法解决，最后这个系统只能以下线告终。

数据录入只是起点，不是价值创出的原点。如果采集的数据得不到分析和应用，则无法发挥其应有的价值，而数据采集就成了繁重而多余的工作，数据就会不准确。因为没有准确的数据，所以不需要为员工提供数据分析培训以提升其数据分析技能，而没有数据分析能力的管理者仍然习惯于"经验式决策"，忽视数据的价值和意义，就不会重视数据采集和对数据质量的管理。在"没有鸡就不会有蛋，没有蛋就不会有鸡"的循环中，数据体系一直无法搭建起来。

而打破这个僵局的，只有"上帝之手"。所谓的"上帝之手"，就是事物的"第一推动力"。企业数据体系的建立，必须有"一把手"的"第一推动"，也就是企业家在这个过程中的布局和坚持，企业家要"相信"数据最终会发挥价值，相信数据的力量。

数字化技术的渗透正遵循库兹韦尔的"加速回报定律"，呈指数级增长，库兹韦尔在《人工智能的未来》中大胆地提出，到 2030 年，计算机的智能将超过人类，到 2045 年，人类的大脑和计算机的大脑将实现"通信"，到时候，机器是人还是人是机器将分不清楚，进入人类学的"奇点"。

现在很多企业家感到"焦虑"，他们知道数据技术将改变他们所处的行业和产业，也会深刻地改变他们的企业，但他们不知道这个方向和方式是什么，未来处在一片未知和变数中。

"怕"由"心"和"白"组成，其含义是"心里一片空白"。当我们心中一片空白时，就会感到"恐惧""彷徨""焦虑"。

要数字化谋局，企业家必须要有前瞻性，能够正确地看到未来的趋势，并在数字化领域做出布局。数字化的潮流越来越明显，从新零售开启的数字化升级，到日常生活中越来越多的事情通过移动互联网和手机解决，由此可以看出数据技术所发挥的作用，而这些转变会逐步渗透到日常的管理工作和生产工作中。

3．布局：幅度与深度

如何布局数字化技术应用，既是很多企业家关心的，也是各层级管理者未来要思考的。

企业家需要思考以下几点：未来什么东西可以用数据技术替代？能否在工厂生产、管理和运营上实现无人化？未来的管理决策会不会由机器做出？未来的优化改善是否可以由机器算法完成？未来的企业组织应该是一种什么样的形态？未来的市场格局将会是什么样的？

而企业管理者需要思考以下几点：我的工作岗位是否会被机器人取代？未来我需要从事什么样的工作才能够保证不会失业？为了不失业，我应该储备什么样的技能，以及提升哪些方面的能力？如果有一天，机器人成为我的同事，我将如何与其协作创造更大的价值？在企业数字化转型过程中，我应该承担什么样的角色？我是否会成为阻力？我如何用数据技术增强个人能力，并完成自我的进化和升级？

在数字化布局上，企业要考虑的不仅仅是点状的升级，还需要在幅度和深度上思考（见图 1-7）。

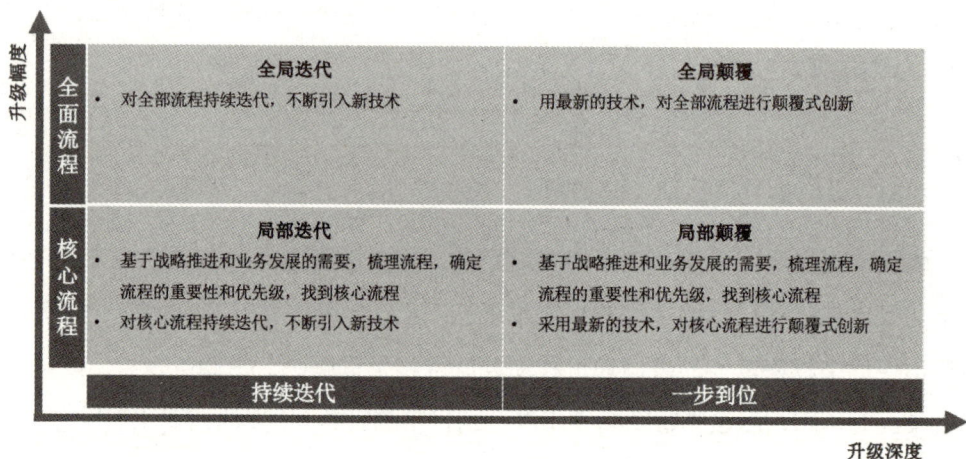

图 1-7　数据技术升级的幅度和深度

在幅度上

需要从企业全部业务流程的视角进行思考，从采购到生产再到销售的所有环节，能否采用数据技术，能否采用智能硬件缩短流程、提高效率、改变方式、取消人工、取消纸质文档，是否能够利用数据分析和人工智能做出更好的角色判断。在互联网时代，只考虑流程的优化，利用互联网技术优化流程、提升效率。未来则需要思考用数据技术实现决策的优化和升级，靠人指挥的事情能否变成靠系统指挥和管理。过去人们开车依靠地图，现在则依靠智能导航指引。企业的管理能否也用类似的方法，使智能数据系统指引业务员、操作员和作业人员工作。由人完成的事情，哪些可以用智能系统 + 智能设备完成。

在深度上

我们是否实现从优化到完全替代？数据技术还处在发展阶段，或者说才刚刚起步，现在采用的数据技术有可能在短短的几个月内就会过时，现在的技术创新特别快，选择跟随这个创新迭代优化流程，还是采取一步到位，用更加先进的技术一次性替代现有的技术，这是一个策略选择的问题。过去，人们可以刷卡或者购票乘坐地铁；2017 年年底北京市地铁采用了远程购票的方式，到站内刷卡即可取票，大幅度减少了售票窗口的压力，大家也不用排队了，当时觉得很先进，但这个方法还没有经过半年就已经过时了，因为又推出了更加简便的扫描二维码乘车服务，只要下载"易通行"App 并绑定支付宝账号，就可以打开"易通行"App，可以扫描二维码进出地铁站，十分方便。这就是迭代升级，当有了一个新技术或者新方法之后，就及时跟进，当有新的方法替代原有的方法后，再及时跟进，并替代原有的技术。如果在深度上选择一步到位的创新升级模式，那么就需要自行创新或者等待新的技术应用方案出现。

4．定局：不仅仅只是技术因素

现在很多企业都面临数字化转型的挑战，甚至包括社会责任的挑战。

例如，一家国有能源企业，员工人数超过两万人，数据技术创新为该企业提供了非常多的创新点，但它在应用数字化技术进行生产和管理转型时却不得不面临一个很大的社会问题：当数据技术取代人工之后，原有的工人如何安置。这家企业拥有 10 个发电厂，每个发电厂有 4 个厂门，每个厂门派驻 4 名门卫轮班执勤，加上其他负责治安和管理的门卫约有 200 人。当采用数字化门禁之后，厂区门口不需要那么多的门卫，只需要几个在监控屏幕前轮班执勤的门卫以应对门口的治安问题即可，10 个发电厂累计需要 20 个门卫，那么剩余的 180 多个门卫怎么办？如何为这些人安排其他的工作，以保证他们在不下岗的情况下，能够有机会就业并获得收入？一个数字化变革的创新点变成了一个社会保障的问题。这就是转型之痛。

企业在布局数字化转型的过程中需要考量的因素不仅仅是技术因素，也不仅仅是管理因素，还有社会责任、政府政策和劳动保障等各种因素。

企业的数字化转型必然会触动一些人的利益，这种利益的触动是深刻的，有些企业不得不在转型过程中考虑如何利用闲置的资源和劳动力创造新的营收。在上文中，如果能够开设一家新的工厂，解决这180多人的就业问题，这个数据技术应用点或许可以得到推广。但如果不能处理好闲置劳动力问题，则看似很好的商业解决方案，往往很难推行。

高效管理，升级管理 4.0 模式

高效管理是把战略落地的根本性保障。在顺应时代发展且制定了正确的战略布局之后，如果不能快速地将战略落地实现，就会被后起者赶超。在数字时代，赢者"通吃"的现象越来越普遍，激烈竞争后剩余的少数竞争者往往都以被并购收场。

高效管理的手段是数字化。如果能够让数据"跑"的业务就不要让人和物"跑"；如果能够远程实现的问题就不要面对面解决；如果能够电子化的流程就不要纸质的；如果能够超越时空进行沟通，就不要非要在一起开会。越来越多的经营、管理和生产的场景正在被电子化、数字化、智能化与自动化。

我们身边时时刻刻都在被数据技术改变着，我们习惯的各种流程都在发生数字化的蝶变：坐地铁不用买票，用手机扫描二维码可以自动计费；飞机票不需要纸质机票了，值机不用现场办理，使用二维码可以直接登机；小区的停车场可以直接通过二维码支付停车费；企业的考勤机也变成了人脸自动识别，财务报销也不用贴纸质发票；在餐馆里点餐也不用看菜单、手写订单，扫描二维码直接点餐就可以了。这一切的变化都是数据技术应用的结果，在提升效率的同时，整个环节还会沉淀更多的数据。

业务流程的数字化是提升运营效率的保证。应用最先进的数据技术（包括更快速的信息系统、智能硬件设备、生物识别技术、人工智能技术、自动控制技术等），结合算子算法，可以提高流程中各环节的效率，实现智能化控制，去人工化。

为了提高效率，必须利用最先进的数据技术改造业务流程的各个环节，同时需要利用数据技术改造管理，这就衍生了两条主线：一条主线是以智能设备为主的工业智能的升级路线，另外一条主线就是以经营和管理决策为主的智能升级路线。目前，在工业智能上已经有比较成熟的模型，以德国提出的工业 4.0 的概念为基础，很多国家制定了在工业智能上的升级路线，包括美国的工业互联网、中国的智能制造等。这些是在空间和设备上的智能化改造与升级；而另外一条线还没有人提出，如果工业智能需要升级到 4.0，那么经营和管理决策线也必然需要一个匹配的体系，所以我们在实践中总结出管理升级路线：从管理 1.0 到管理 4.0（即智能化管理升级，见图 1-8）。

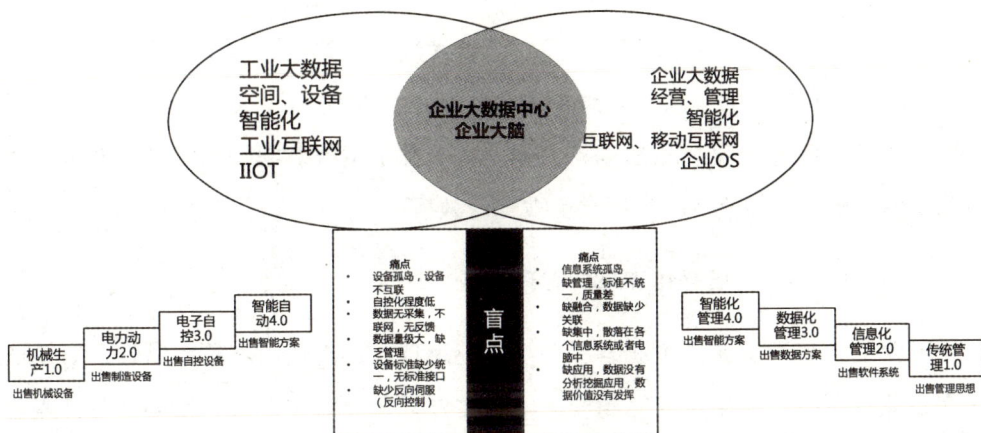

图 1-8　智慧型企业"工业智能 & 管理智能化"两手抓模型

管理的升级比空间和设备的升级更难，但会更有价值。这是由人力管理的弹性高于设备的弹性所决定的。

智能化管理，即管理4.0，是未来企业高效管理的必需品，也是企业在运营管理效率上进行竞争的核心。没有高效的管理体系，企业的竞争力就会大打折扣。在相同的技术条件下，谁的管理效率更高，谁的利润空间就更大，谁的存续时间就更久，谁就能够打败对手（见图1-9）。

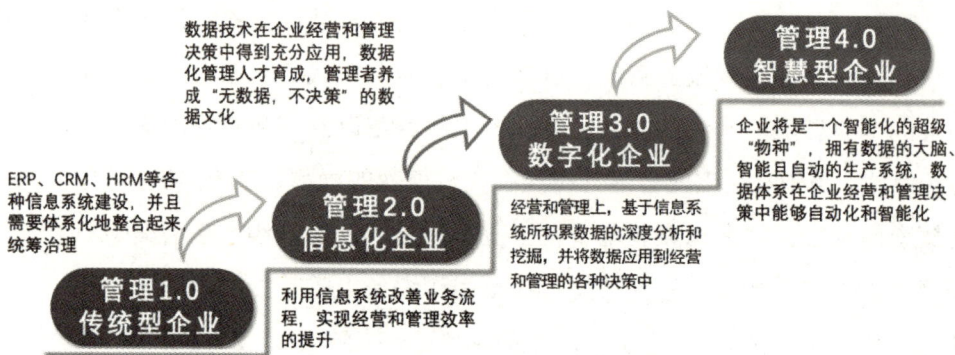

图 1-9　管理 4.0 模型

1. 管理1.0——传统的科学管理

在机械生产时代，企业的核心竞争力或者经营诀窍就是科学管理。科学管理兴起于1911年泰勒的《科学管理原理》，从此管理学有了突飞猛进的发展，对组织和管理的研究一直在不断创新，但基本上都是围绕对组织和人的管理的深度创新研究。这些理论在MBA课堂上被广泛教授。

2. 管理2.0——信息化支撑的管理方式

随着工业化的发展，企业组织的规模越来越大，沟通成本不断增加，信息技术在企业管理中的作用越来越重要，电子化办公、无纸化办公、自动化办公等逐渐普及，信息化建设随着信息技术的发展而快速发展，一家有上百人的企业如果没有信息系统作为支撑，其管理效率完全跟不上市场的需求，会深刻影响企业的规模化发展。各种 ERP 系统得到普及和应用，常见的信息系统包括 ERP（企业资源规划信息系统）、CRM（客户关系管理信息系统）、HRM（人力资源管理信息系统）、SRM（供应商管理信息系统）、FIMS（财务信息管理系统）、MES（生产制造执行管理信息系统）等，这些信息系统的使用大幅度提升了管理的效率，企业管理方式升级到 2.0 时代。

3．管理 3.0——利用数据进行决策的管理

数据化管理是智能化管理 4.0 的序章，是积累和沉淀管理方法并通过算法智能化的基础。数据化管理也是信息化管理的升级，当我们拥有了丰富的信息系统并且记录了大量的经营和管理活动的数据之后，就能够在这些数据的基础上进行分析和挖掘，就能够利用数据发现问题，发现事物发生和发展的规律，能够在复杂的信息中总结出知识，从而为管理决策提供正确的指导，使管理决策更加准确，提高经营和管理决策的确定性。

在经营和管理决策确定性的基础上，随着数据体系的建设和完善，以及数学模型的不断建立和优化，数据体系能够提供即时的数据分析和挖掘，为做出决策提供更加快速的反馈，决策的效率得到大幅度提升：从传统信息化管理模式下的定期决策升级到瞬时决策。

数据化管理金字塔模型如图 1-10 所示。

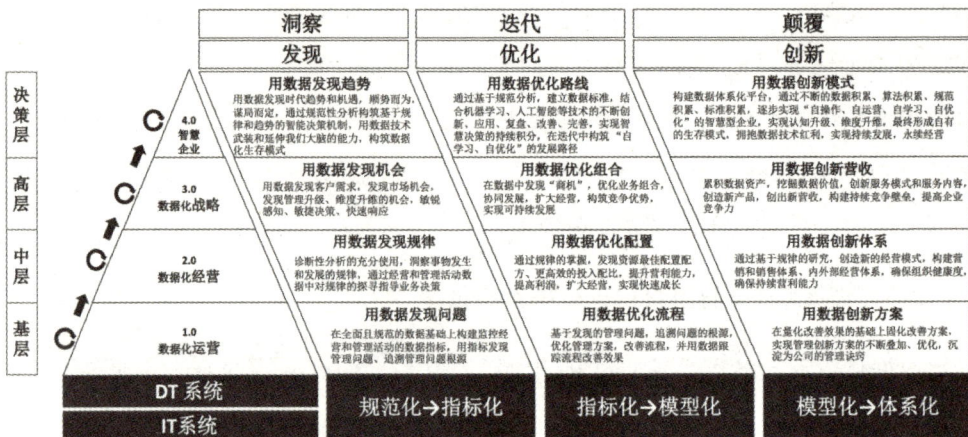

图 1-10　数据化管理金字塔模型

4. 管理 4.0——基于算法的智能化管理（智能化管理导航系统）

智能化管理，即系统代替人决策的管理体系。当积累了丰富的模型，通过引入人工智能、机器学习、深度学习等各种算法，在不断培养数据算法精准性的同时，系统能够实现自学习、自优化，逐步具备管理思想，从而成为智能的决策系统、自动调优的决策系统，这时系统就能够指挥人类采取行动，从而实现系统指挥人决策的体系，这个时期就是管理 4.0，即智能化管理。

在管理实践中，某些场景已经出现智能化管理的案例，我们也在打造一些初步的智能化管理的案例。例如，现在绝大多数人开车出门都会打开导航系统，包括百度导航、腾讯导航或者高德导航，这些导航系统都有自动计算最短时间并随时调整行车路线的功能。这个系统在大城市中被使用的概率越来越高，这是因为系统的智能导航系统可以帮助躲避拥堵，并提供最佳线路，节省时间。这个智能导航系统就是系统指挥人的一个典型应用，这个系统是由一系列算法自动计算和自动调整，根据数据的反馈及时调整各个路段的拥堵和用时情况，从而计算出最佳路径，这个系统的背后没有人为的参与，是系统在"思考"并做出决策后指挥司机调整路线的。

在路径导航上，不仅仅有出行的智能导航，还可以看到一些系统指挥人而不是人指挥人的平台，如滴滴。滴滴是一个数据平台，有算法、用户，也有司机，通过这个平台系统自动匹配司机和用车用户需求，指挥司机去接乘客，并指挥司机按照导航路线将乘客送达目的地。这就是"系统指挥人"的智能管理模式的场景。未来，这种场景越来越多地应用在企业生产、经营和管理活动的决策中，出现越来越多的"智能管理"系统。

目前，笔者也在为一家客户开发一个算法，根据客户的实际购买情况，帮助客户管理业务人员的日程，根据客户的复购情况，为业务人员计算出每日需要维护的客户，根据客户的价值高低排出优先顺序，业务人员每天上班后就由系统决定他需要联络哪一家客户，确保优质客户没有被忽视，即将流失的客户得到有效保留。目前这个客户管理导航系统 1.0 版本已经上线，并得到业务人员的一致好评，因为现在他们不需要自己动手查数据，不需要自己研究该管理哪些客户，大大节省了他们的时间，提高了他们维护客户的效率，更不用担心因为自己疏忽没有对高价值客户进行及时维护而造成客户流失。

现在笔者正在升级这些算法，将更多的客户的相关信息和数据导入系统，建立客户智能分析，根据客户的诉求和与客户交互的信息，制定千人千面的模型，以便未来能够指导业务人员在联系客户时应该采用哪种策略和方法，以及维护客户的技巧和话术。

1.2　数字时代新模式

互联网造就了新一代速成的企业，不足 20 年，就有了市值超过千亿美元或者万亿元的企业。甚至有的互联网创业公司（很小的公司，人数不足百人），刚刚研发出一款产品，就被资本估值数十亿元，成为"独角兽"公司。这种现象在大数据时代来临之后，则更是常见。于是，很多专家学者开始研究，也有了各种各样的理论和学说，有"风口说""创新说"，也有"连接说"，还有各种版本的"互联网思维"的概念定义，每种学说都有它的逻辑和道理。通过近几年做咨询服务的思考和总结，笔者认为比较靠谱的学说是"平台说"。

笔者之所以认为"平台说"比较靠谱，是因为从战略的形态上确实出现了创新，与原有的企业战略外形不同。从福特汽车利用流水线大批量工业化生产非常复杂的汽车开始，企业战略形态就有了新的变化，企业的关注点从一个产品或者服务，开始延伸到整个产业链和工业通路的视角。

在总结企业利用互联网技术和大数据技术进行商业模式创新的方法上，本书总结了六种形态，供读者作为参考。

资源共享化

社会上并不是缺少资源，而是缺少资源的有效配置。一个高价值的社会资源配置在没有需求的地方就会形成浪费。但也有人说"垃圾是放错了地方的资源。"如果高价值的资源没有得到有效的利用就是最大的浪费。有了信息技术，就能够采集各种资源的信息，并且能够让资源聚合，通过数据可以精准匹配资源拥有方和资源需求方，形成有效的资源配置，这样就可以最大限度地发挥资源的效用。

共享经济的核心就是资源的精准匹配。滴滴、优步、爱彼迎（Airbnb）是共享经济的典型代表。在这种模式下，资源拥有方资源闲置，得不到有效利用，而资源需求方又有强烈的需求，通过一个系统平台能够将双方的诉求基于时间、地点和需求差异化进行精准匹配。

例如，某公司有生产某个零配件的产能，但如果盲目生产，就有可能造成库存积压。而某公司需要一批零配件，但苦于找不到合适的供货商。当将两者的需求在一个平台上通过算法进行匹配，形成合约，然后自动下单，这就构成了一个共享经济的模型。从本质上看，滴滴、优步和爱彼迎就是这样的平台。而在生产领域，这样的平台还很少，之前阿里巴巴的1688就提供了这样的交流平台，但仅仅服务于某些产品，并不是服务于"资源"，特别是在"服务"领域，这样的平台就更少了。未来，基于产业的互联网平台能够在产业链上形成延展的共享经济平台，产生新的"产业运营商"。

笔者为一家投资机构策划过一个产业促进平台，其核心逻辑就是基于共享经济模型。再回到上文介绍的资源匹配案例中，将场景拉大，假设 A 公司有生产零部件需求；B 公司有零部件闲置产能，包括闲置的设备和闲置工人，但是没有钢材原料；C 公司有生产这个零部件所需要的钢材；D 公司有为 A、B、C 公司供货的物流能力。B、C、D 公司都把自己的能力发布到网上，并签署基于区块链技术的智能合约，在定价和交付条款上都进行了约束。当 A 公司在平台上发布自己的需求时，系统就直接替代 A 公司把零部件订单给 B 公司，替代 B 公司把钢材采购订单给 C 公司，同时基于送货上门的智能合约机制，系统替代 C 公司把运输钢材到 B 公司的订单给 D 公司，在 B 公司生产完零部件之后，系统自动把零部件运输到 A 公司的任务下达 D 公司，这些都可以在 A 公司把自己的需求发布到该平台上 1 秒内完成。当 A 公司收到零部件之后付款，A、B、C、D 公司之间的所有交易都可以在 1 秒内完成相互的结算。作为拥有钢材的 C 公司，可以在平台上借助供应链金融服务商 E 获得资金支持，当该钢材结算完成后，用于归还贷款和利息的部分直接被划拨给供应商 E，这一切都是该系统基于智能合约机制自动在 1 秒内完成的。

这种商业模式的创新就是基于共享经济模型的。目前，传统的共享经济都是点状的，基于一个平台的单点、单次交易。例如，滴滴打车，一次只匹配一名司机和一名乘客，没有其他的连续匹配关系；爱彼迎，只匹配空闲民宅与游客的住宿需求，并没有其他的资源匹配。现在的共享经济平台大多是单点、单次的匹配关系，合约机制通过平台进行约束。

而未来基于区块链技术的链状和网状的交易模式一定会产生，并且正在产生，笔者已经参与设计了两个产业的促进平台。平台的运营商正在由原来传统的互联网电商平台逐步升级为产业运营商。

产品服务化

产品服务化是将卖产品转化为卖服务，消费者不需要购买产品，只需要产品提供的服务即可。而产品服务化本身不是一种新型的商业模式，这种模式在很早就已经存在。租赁就是产品服务化的模式，包括后来衍生的融资租赁的模式，就是消费者不需要出钱购买产品本身，只需要根据自己的需求租赁即可。

酒店就是典型的早期产品服务化的模式。消费者不需要自己购买住房，而是支付一日或者几日的"租金"就可以获得房子的使用价值。这种模式逐步延伸到很多社会服务上，年轻夫妇结婚时，新娘需要穿婚纱，因为不是日常所需，消费者不需要拥有婚纱的所有权，只需要在拍照和婚礼当天使用，使用完交还回产品，支付相应的租金即可。而提供服务者则需要购买这个产品，拥有这个产品的所有权。所以，产品服务化的本质是使用权与所有权的分离。

拥有了大数据技术之后，产品服务化就是一种商业模式的创新，这是因为有了互联网和大数据之后，以前并没有服务化的商品也可以被用于满足短期的或者临时的需求。例如，汽车行业，其之前的商业模式是销售汽车，消费者购买汽车，拥有权和使用权都因为购买交易而转移。后来，消费者可以通过贷款的方式，通过抵押拥有权而更早地获得使用权，当归还完贷款之后就可以完成所有权的交接，即消费者拥有了该辆汽车。如今，消费者可以拥有更多汽车的使用权，而所谓的"共享汽车"运营方始终拥有汽车的所有权，这就是"共享××"的新的创新。

在消费者信用足够且能够追溯的情况下，运营方可以放心地将更多的产品使用权授权给消费者使用，并借助互联网、移动互联网、物联网、大数据等技术，确保消费者在使用过程中的财产安全和服务过程中的效率。消费者不需要同运营者面对面交接，只需要自助服务即可，从而大幅度提升了使用权交接和付费服务的效率。这就是技术带来的便利。

在互联网、移动互联网、物联网、大数据等技术被充分使用的情况下，产品服务化的范围正在被逐步扩大，扩大到一个临时借用的电池、雨伞、房间、自行车。此时需要注意这种放大效应背后的核心价值，因为任何商业模式的成功必须有盈利的出口。如果产品服务化的收入不能填补运营费用和产品成本，那么这个商业模式就是不成功的。当共享自行车的成本和运营费用高昂，而消费者使用费不能填补成本费用时，这个商业模式就没有持续能力，所以在运作产品服务化商业模式创新过程中，必须找到盈利源。

服务智能化

为了降低服务成本，可以通过数据技术提升服务本身的智能化水平，利用系统提供更加智能的服务，在提高服务质量和增强客户体验的过程中，利用数据技术实现智能化，并在智能化服务的过程中采集更多的数据用于商业决策，形成一个基于数据的闭环。这就形成了一种新的商业模式创新机会——服务智能化。

传统的服务模式都是基于人工的服务方式，无论是售前、售中还是售后服务。根据消费者的个性化需求，提供个性化的服务，对服务人员的素质要求高，需要对其进行大量的培训确保服务质量，况且利用各种激励手段完成一线服务人员的能力提升和积极性提升，成本高，质量难以保证。

随着信息化技术的应用，可以采集大量的客户服务信息数据，利用数据分析和人工智能技术，将客户服务进行智能化改造，减少人工服务及人工费用，降低服务差错率，提升客户体验及客户服务响应的及时性。虽然在初期，因为算法不够精准，数据不够完善，服务质量赶不上人工服务的质量，但随着数据的积累、算法的优化，智能机器人的服务水平可以呈指数级提升。之前消费者对非人工的服务非常不满，因为早期的"智能"服务仅仅是基于菜单的 IT 思维模式下的自动应答服务，消费者需要一步步地选择服务菜单。但现在只需要对着话筒说出自己想要解决的问题，智能机器人就能自动识别语音并解析语音内容，可以提供相应的服务。

　　智能机器人不仅仅被一些企业所采用，目前各地政府的"12345市民热线"也在逐步采用智能机器人应答的方式为市民提供服务。

　　智能机器人的使用，使一线服务数据采集更加智能化和自动化，之前客服人员不仅要接听客户热线，还要查询和记录客户信息，忙得不可开交。现在智能机器人为消费者提供的应答水平不仅超过了有经验的客服人员，还能够随时记录客户的相关反馈，并自动分析，为产品研发设计改善、物流改善、服务改善提供分析支持，并能够通过这些数据的有效分析，提升客户体验。

　　假设有人打电话给厂家客服，客服是一个真实的人，他因为没有足够强大的大脑记忆功能，不可能记住上万个甚至上百万个用户。当客户来电不能正确匹配到具体情况时，他需要翻查很多客户服务记录，在找到该客户的服务记录后，可能已经过去了20秒，电话这端的客户已经失去耐心。如果现在为客户服务的是一个智能机器人，当电话接通时，客户的电话号码已经被机器查询到，并为"接线员"熟知，客户的个性化需求已经能够充分识别。如果客户有合理的诉求，都会启动该智能机器人对应的"响应程序"，为客户提供个性化的服务。这种服务方式效率高，服务精准，而且不会因为情绪问题影响售后服务的处理结果，同时，在整个过程中，厂家除消耗算力和电费外，几乎没有投入更多的客户服务人工费用。

　　服务的智能化升级不仅仅在客户服务端发生，产品的使用过程中也都在进行智能化升级。例如，一台智能电视机，通过用户在使用过程中的数据，已经分析出用户最常看的节目及内容，它会自动推送节目，也可以把自己想看的节目保存，等用户有空闲的时候再看。一台常规的电视机逐步变成一个内容服务产品，成为一个满足用户视听娱乐的智能机器人。这就是服务的智能化，这种智能化是基于数据的智能化服务，不仅能够满足千人千面的需求，还能满足一人千面的需求。

在工业品或者 B2B 领域，产品服务化和服务智能化也逐步成为新的创新点。通用电气公司向空客公司提供发动机。通用电气公司的发动机安装了各种智能的数据采集器，飞机在飞行过程中，发动机相关的数据不断传回通用电气公司的数据中心总部，数据中心就跟踪该架飞机的飞行参数、发动机运行参数、发动机转速、震动频率、机油液位、发动机损坏程度，并做出让飞机继续飞行或者停机检修的判断，确保飞机在飞行时拥有良好的性能状态，减少故障率和飞机安全事故。

目前，越来越多的企业开始为自己的产品安装数据反馈采集器，通过对回传数据的分析和挖掘，能够实时监控设备的运行情况，预警设备故障的发生概率；针对即将发生的设备故障，在做好防范的同时提示其进行保养。这也是一个产品服务化的体现。

现在，绝大多数大型机床设备都已经安装了数据采集模块，不但可以采集数据，还可以实时进行分析，这样实现设备全生命周期管理就在数据体系下成为可能。这些回传的数据不仅能够为客户提供具有预见性的维护及保养服务，还能协助客户改善生产工艺、优化设备操作、提高设备的运行效率、降低故障率等价值输出。而设备厂家则可以利用多个客户回传的数据对设备的产品性能进行分析，为设备的研发设计、制造及优化提供可分析的数据，这就形成了良性循环和互动。产品的服务化、服务的智能化也能够通过设备数据采集和回传得以实现。

产品智能化升级是未来的趋势，而这个升级过程的核心还是数据。产品在被消费者使用的过程中产生的数据是否能够通过分析、加工丰富产品本身所提供的价值是未来值得关注的方向。

目前，智能家居（产品智能化升级）已经非常火热，越来越多的企业涌入这个领域，包括谷歌、苹果、小米等。产品智能化的核心是通过产品本身的智能数据采集和计算模块，借助数据回传，在中央服务器中进行分析，并对终端产品的服务进行升级。单纯的产品自动化不是真正的智能化。智能扫地机器人已经出现很久，居然被称为智能扫地机器人，并且能够自动躲避障碍物、对空间进行扫描，以及无死角地对地面进行清扫，在电力不足的情况下可以自行充电，但是这些都算不上是智能化，充其量是自动化。而真正的智能化是根据现实场景的数据采集，通过智能分析，得到新的个性化指令，能够自适应各种场景，并且不断优化产品所提供的服务。

产品和服务智能化的核心是数据，而这些数据的处理需要智能算法，并通过机器学习和人工智能不断优化，这就需要一个智能的操作系统来完成。苹果的产品因为具有共同的操作系统，产品之间可以实现无缝连接，相互之间可以发送指令，所以苹果的智能家居产品能够相互通信，彼此优化，甚至实现彼此之间的指挥。

员工社会化

随着互联网的发展，社交网络发展迅速，各种社交媒体不断涌现，大多数人都有微博、微信、Facebook、钉钉、QQ、领英等各种社交媒体账号，人与人之间的社交不仅仅是面对面的交流，已经逐步虚拟化。这种虚拟社交使企业的经营和管理方式也在发生变化，在企业中上级管理者与下级员工的关系也在发生微妙的变化，原来科层制组织的上下级关系逐步社群化，企业的员工和客户的边界也在逐步被打破，员工社会化和客户员工化逐步成为可能。

员工社会化是指借助互联网平台，让社会上的闲置劳动力可以参与企业的生产，而不需要正式雇用，社会劳动力在企业的平台上为客户提供服务获得劳动报酬，而当社会劳动力没有提供服务时，企业也不需要向劳动者支付固定薪资，以及企业必须为员工提供的福利。平台成为连接劳动者（员工 / 社会劳动力）和服务对象（客户）的纽带。

滴滴专车的模式就是如此。有空闲时间的司机在平台上注册，经过平台审核之后就可以成为平台上的司机，平台可以为有出行需求的顾客指定专车司机接送。司机不是滴滴公司的员工，而司机所驾驶的车辆也不是滴滴的资产，司机对车辆的保养和运营费用自行承担责任，滴滴则因为为司机找到了"活儿"，所以要收取一定的佣金。借助这个平台，滴滴没有一个司机和一辆车，却成了国内最大的出租车公司。这就是员工社会化的典型应用案例。

现在有的企业通过发展微商销售自己的产品。通过发展微商销售自己的产品，不用雇用销售人员，不用支付微商固定的劳动报酬，微商只从自己销售的产品中获得佣金，按照固定的比例获得收益，卖得越多，收益越多，这种激励体系比雇用销售团队更加有效。微商通过微信朋友圈销售产品，没有实体店铺的租金，也没有雇用销售团队的成本压力，所以他们也是自由的。而企业只要有好的产品、受欢迎的产品，仍然可以将产品销往全国各地，甚至全球各地。这也是员工社会化的一种模式创新。

员工社会化还有另外一种表现形式。宝洁现在同各大高校合作，建立一个科研创新平台，当宝洁有研发难题或者研发课题时，将其发布到这个平台上，平台上的科研院所、自由科学家、实验室、大学老师或者研究生可以在平台上寻找自己感兴趣的课题，如果攻克了这些科研课题，宝洁将支付一定的知识产权费用，买下这个科研成果，然后通过自己的生产和销售体系对该科研成果商业化，但那些科研人员并非宝洁的员工，而是社会的劳动力。这样宝洁在不额外雇用研发人员的情况下，凭空多了几十万名为自己提供科研的团队。这也算是一种科研任务众包模式，本质上是利用社会闲置科研劳动力为自己提供科研服务，将员工社会化。

从表面上看这种模式与数据技术无关，其实在背后的平台运营者在数据采集和数据分析上花费了大量的精力，如果没有知识图谱和深度的数据分析与挖掘，实现需求和科研能力的精准匹配，这个平台的效率就会大幅度降低，甚至无法实现。通过背景调查与科研人员画像的方法，可以实现将科研人员兴趣、能力和科研需求的精准匹配，从而能够更加高效地实现任务交付，否则不仅耽误了时间，还可能会透露商业机密，这些都是数据技术在背后发挥作用。

客户员工化

客户员工化是指本来是自己销售产品和服务的对象，因为对产品的认可，成为企业产品销售的核心力量，像员工一样为企业推广产品。通过推广企业的产品，客户自己也会获得收益，甚至成为自己的职业。

早期的直销企业在发展销售团队时，一般是将自己的产品给客户使用，如果客户使用产品之后感觉很好，就让客户推荐给自己的亲戚朋友使用，让客户在推广产品后还能够获得佣金。这样客户不仅使用企业的产品，还在销售企业的产品，成了企业销售团队的一份子，但是，企业不需要为该销售员支付固定工资，只需要以相对较低的价格供应产品即可，客户把自己的产品以更高的价格卖出后，通过产品的差价获得回报。这是早期直销企业的经营模式，安利、玫琳凯、雅芳等都采取这种模式。

目前，这个基于实物的直销体系正在被虚拟化。基于互联网和移动互联网，很多客户通过自己聚集的朋友圈、粉丝推广产品，这些人因为自己的粉丝众多，由客户变成销售企业产品的主力军。

员工社会化和客户员工化形式雷同，但起点不同。前者是凝聚社会劳动力为自己的顾客提供服务，后者是把顾客培养成推广自己产品的销售团队。从企业运营费用控制的角度来讲，两者的效果是一样的：不用支付固定薪资，能够让更多的人为自己的企业"增砖添瓦"，助力企业发展壮大。

公司平台化

与前面五种商业模式创新不同，第六种是一种组织业务形态的问题。随着淘宝、天猫等平台化电商的崛起，"平台"一词越来越多地被人提及，什么是平台？平台化的业务模式到底是什么？这都是值得深度考虑的话题，因为随着平台化企业的涌现，很多平台化的企业在短短的时间内就突破之前企业规模的极限。为什么这些号称平台的企业能够在如此短暂的时间内突破这么大的规模？其背后的逻辑是什么？

经过深度研究可以发现，在信息技术和数据技术快速发展的过程中，越来越多的企业从原来封闭的组织结构逐步形成开放的组织结构，任何有能力、有技术、有产品的第三方都可以借助信息技术和数据技术参与企业的经营。在企业的边界被打破之后，企业逐步衍生成一种平台化的组织，为平台上的第三方赋能并享受这种赋能带来的红利。

淘宝通过构建一个互联网的电商平台，吸引商家在平台上销售产品，通过聚集顾客获得流量，商家在上面能够销售更多自己的产品，就有更多的商家愿意加盟，更多商家加盟之后会有更多的商品，消费者就能够在平台上买到更多的东西。形成正向循环之后，淘宝这个平台就能够成为一个自动运行的机器，不断发展壮大（见图 1-11）。淘宝平台通过聚焦商家服务，通过让商家免费使用平台的方式吸引了大量的商家，从而保证商品的丰富性，并以商家为中心构建了一个支付和信用服务体系，通过用户评价和支付宝构建交易的信用体系，将其打造成一个巨大的平台。

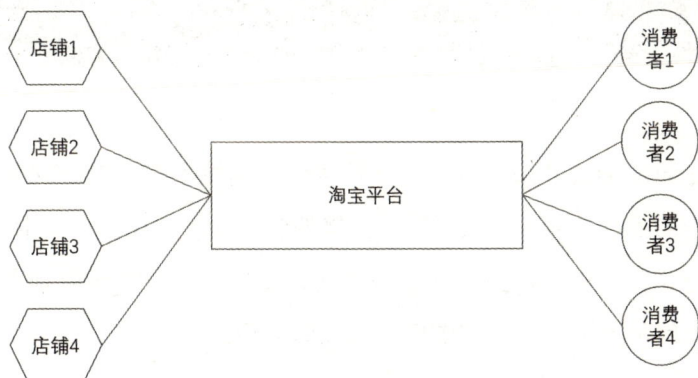

图 1-11　淘宝平台交易撮合示意图

1.3　维度融合助升级

　　企业的组织形态可以分成四种，分别是零维的点状企业、一维的线状企业、二维的平台化企业和三维的生态型企业。海尔经过两轮的管理模式创新，从零维转型一维，成功突破了百亿元的发展规模瓶颈；并从一维企业升级到二维的平台化企业，突破了千亿元发展规模的瓶颈，现在需要从二维转型为三维（见图1-12）。

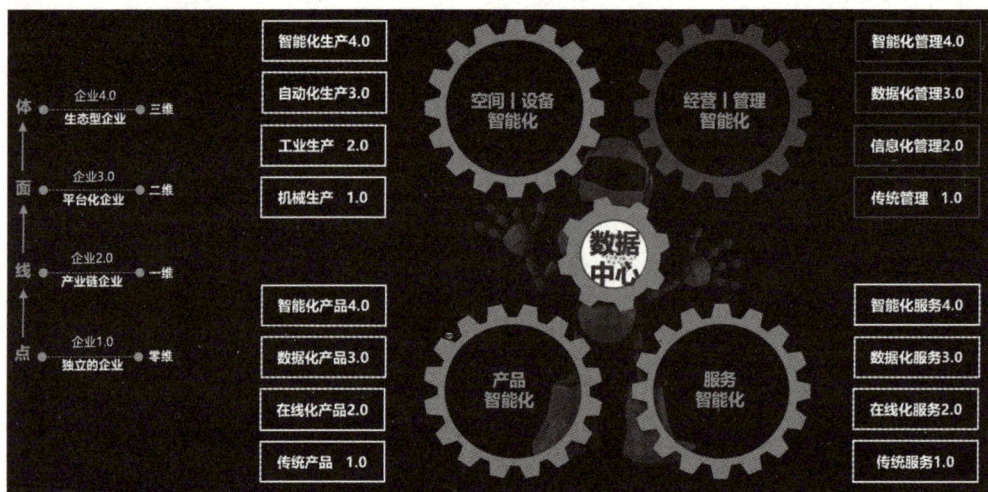

图 1-12　企业由零维转型为三维概念图

　　当然，企业的维度升级需要从信息技术到数据技术的支撑。从零维的点状企业升级到一维的线状企业，不仅需要产业链的整合，还需要信息技术的高效对接，而二维的平台化企业的发展需要数据技术作为支撑，三维的企业则需要一个基于数据智能的操作系统实现全方位的智能化互联互通。

企业 1.0，零维的企业做公司

　　原始状态的企业是点状的。某个人因为掌握了一门手艺，于是拉来一帮兄弟，建设工厂，开始生产产品并卖向市场，之后成立了一家公司。这家公司从供应商处购买原材料，然后将生产的产品销售给有需求的客户。这家公司是一个供应链条上的一个点，是点状的企业。

笔者拜访过一个客户，该企业有超过 60 年的历史，在一个县城。这家企业的产品一直非常畅销，但这几年一直没有突破企业规模发展的瓶颈，目前企业的营收规模一直保持在 50 亿元左右。

当笔者深入了解了这家企业的供应链体系和销售服务体系后发现，这家企业前端的供应商也是自己投资的公司，后端的销售代理、批发商也都是自己旗下的公司，企业的生产需要环保服务，便成立环保服务公司承接公司的业务，如废气处理、废水处理、固废处理，工程基建服务都由自己旗下的公司负责，公司的产品需要包装，就成立一家公司专门做包装。更为震惊的是，这家企业还开办了幼儿园、酒店等，认为这是"肥水不流外人田"。

这样的企业就是点状企业，是一个封闭的体系，是一个自成系统的小社会。

点状的企业不愿意与他人分利，所以就不会有他人乐意与其合作，如果自成体系，则容易限制发展空间，进而限制发展规模。没有供应链的效率支撑，企业的产品在市场上就不会有竞争力，没有压力下的内部管理，员工整体能力和素质水平就不会太高，也就很难吸引到优秀的人才。

企业 2.0，一维的企业做产业链（管道型企业）

企业要想突破发展瓶颈，必须打破自身的边界，与上下游紧密合作，这样才能提升整个供应链的效率。要将企业所需要的供应端交给别人做，可以优选那些做得好的，能够在产品技术含量、产品质量、生产效率及供应价格方面更有优势的企业提供所需的前端供应，这样生产的产品才能更加有优势。在后端，无论是物流仓储，还是零配件原料，只要与有足够规模和效率的企业合作，就能更好地扩大市场、扩大展能。

如果将前端供应端交由自己成立的公司负责，虽然短期来看利润没有外流，自己也扩大了营收规模，相互之间的配合也更好。但是从长期发展来看，因为前端缺少市场竞争压力，它们在供应产品的技术、效率和价格方面都会落后于市场，从而可能拖慢企业的步伐。后端也一样，没有外部市场中心竞争者，它们不会花更多的时间和精力提升自身的技术水平与效率，最终会拖慢整个供应体系。这就是零维企业的弊病。

随着企业的发展，企业必须更加开放地引入合作者，前端供应端的合作者越多，越有竞争性。供应端在技术改革、产品研发、技术创新、效率提升、降低成本上更有压力，也会产生更多的动力，从而提升整个供应链的能力。有了更强大的供应链，才能促进企业的发展。海尔最初也是什么都做，现在其将供应端交由其他人做，反而提升了效率，降低了成本，还获得了更好的服务，从而支撑企业能够更快、更好地发展。

优秀的企业会在产业链上做文章，在强化自身企业管理之后，整合前端供应链和后端供应链，实现前后端的融合，将企业发展定位在更高的层级上，以开放的态度扶植更多的合作者，从而实现发展规模的突破。在整个产业链整合的过程中，企业从一个单点企业延伸到整个产业链的融合中，成为一个"链条"状的企业。

这种企业重视整个链条的健康和平衡，能够站在整个供应链的视角发现问题，甚至通过技术转让、集采等方式扶植相关企业的发展，不求短期的利益回报。在合作中追求合理定价，采购前端零部件供应和相关的配套服务，而不是压低价格，打压供应商。

整个产业链示意图如图 1-13 所示。

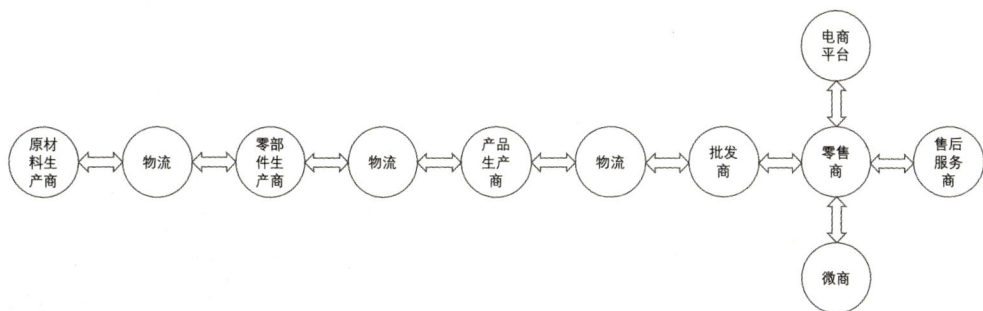

图 1-13　整个产业链示意图

产业链企业重视整个产业链条上盈利的平衡，不是谋求自身利益的最大化，而是谋求产业链整体利益的最大化。所以，其在合作上重视的不是"我赚钱"，而是"一起赚钱"，即使企业规模变大了，仍然不是"以大欺小""店大欺客"，而是追求"共赢、双赢"。

所以，当企业站在产业链体系思考原有的竞争战略时可以发现，有些管理理论需要重新审视。例如，竞争战略中的"五力模型"强调前后端上下游业务的竞争关系，以提升整个产业链上的"议价能力"为评价标准。在过去独立企业模式下，整个产业链就是一条食物链，在研发设计端和后端品牌营销端有更高的利润分配。但在产业链模式下，这种模型就存在问题：过度强调某一个环节的利润高低导致整个链条不够顺畅，就像一个管道，有的环节粗，有的环节细，而整个管道的输送能力由最细的部分决定。

然而到了产业链的企业，此时"协作关系"大于"竞争关系"，原有榨取前后端利润的模型已经不再适用，产业链企业需要考虑的是如何辅助前后端提升技术水平、提升效率、降低成本，维持整个产业链的利益平衡，管道中各个环节的粗细匹配才是最佳的产业链，才能有最高的效率。

企业 3.0，二维的企业做平台

随着互联网技术的快速迭代和发展，电商的崛起，信息技术从单向传播到双向传播再到多向传播，数据技术逐步在整个经济社会中发挥作用，衍生出很多平台化的公司。这些平台化的公司通过建立一个"平台"，聚合相关产业资源，基于信息技术和数据技术为供需两端提供精准匹配，提升信息流通效率，降低交易成本，使各种信息透明化，打破了原有的信息不对称，让更多的闲置资源得到最大化利用。

早期的平台，如阿里巴巴、淘宝、eBay 等，其通过一个产品交易平台实现了供应端和需求端的配对，撮合交易完成，并通过电子支付，实现了高效率的交易，不用面对面交易，可以跨越时空进行交易。平台型企业逐步发展起来，这些平台往往整合多个产业，提供丰富的产品和服务供用户选择，聚合了多产业的参与者。

除电商平台外，有些企业也在谋求内部管理的平台化和产业链的平台化。海尔通过"人单合一"的管理创新，打破企业与员工原有的雇佣关系，以共同投资创业的方式，将海尔分化为上千个小的业务单元，独立核算，并以阿米巴的经营方式为"小海尔"提供服务。避免了初创企业过高的融资成本、管理成本、营销成本和人力资源成本，并通过独立核算的模式激励每个"小海尔"有更强的市场竞争力，将海尔转化成一个"公司平台"。这个平台提供的是创业服务、创新服务、品牌服务、供应链服务、市场营销服务等，甚至包括管理服务、人力资源服务、财务服务等，这是典型的公司内部管理的平台化升级。

万科地产于 2014 年 4 月推出事业合伙人制度，其中包括三个方面的创新：第一，合伙人持股计划，这是股权激励模式的一种，激励高层管理团队做出更大的贡献；第二，事业跟投机制，即在有新的项目时，公司管理者可以参与投资相关项目，要求项目团队必须跟投自己的项目，从而提升每个项目管理团队的责任心，并通过做好该项目获得更高的回报；第三，事业合伙人管理方式，即对组织进行扁平化改造，以项目为目标组建临时团队，项目任务结束后就解散，从而提高了组织的机动性，避免了臃肿的"大企业病"。通过事业合伙人制度，万科将自己打造成一个团队创新创业的平台、一个合伙共事的平台，使整个组织更加开放、和平，从而激发万科的发展活力。

无论是海尔模式还是万科模式，平台化转型的核心是"开放"和"下放"，将牢牢把握在自己手中的资源"下放"给前端，以"开放"合作的态度与所谓的前端进行紧密合作。在合作过程中保证合作者的相关利益，把自身的流量、品牌和社会资源对接有需求的前端，利用前端的技术创新、产品创新和管理创新实现后端用户的最大化满足，从而提升企业整体的竞争力，弱化因为管理能力问题带来的组织臃肿和效率低下，从而突破发展的瓶颈。

平台型企业的根基是供需端的联通，如果单纯人为地进行联通与匹配，则效率低下，效果会很差，必须借助信息技术和数据技术实现更加精准的匹配，从而高效地解决两端的问题，提升交易效率，降低交易成本。这是平台的核心，其基础仍然是基于信息化和数据化的能力。

企业 4.0，三维的企业做生态

小米在创业之初是做米 UI 系统的，当其聚集大量的"米粉"之后，开始做手机，当手机销量达到一定规模后，小米开始开放自己的平台，为更多的产品提供平台支撑，打造更加优惠的精品产品。通过平台，创业公司研发的产品能够获得更高的销售额。通过这种方式，小米在短短几年时间就实现了快速发展。

小米的模式已经超越了单纯的平台模式，其聚合了大量的研发设计、生产制造、物流仓储、品牌推广、营销策划等各种资源，构筑了一个围绕智能家居产品体系的生态系统。这个生态系统以手机和操作系统为主体，构筑了智能产品之间无障碍的联通机制，利用产业基金和投资为小米生态"供氧"，以数据技术为小米生态构筑神经网络系统，并通过物联网技术构筑互通、互联的产品生态，服务于消费者的全面需求（见图 1-14）。

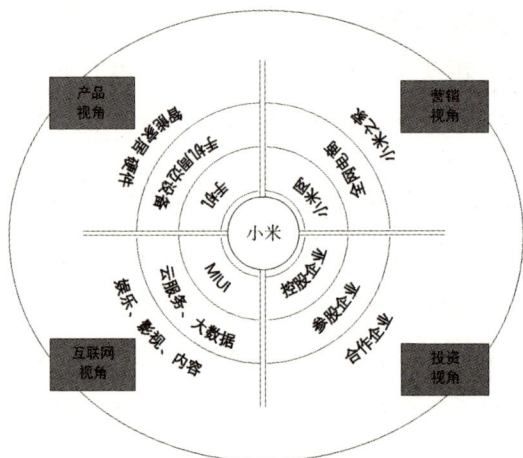

图 1-14　小米的商业生态系统

　　就如苹果一样，小米不再是一家单纯的手机生产商，而是一个生态系统。从不同的视角看该系统就有不同的发现，也会有不同的认知。如果从核心产品和业务来看，小米是一家手机公司，小米手机是其所有产品的核心；如果从营销模式来看，小米可以作为一个"媒体流量平台"，其中聚焦数千万个的"米粉"为小米生态系统中的企业输送流量，并通过小米生态内的企业将流量再聚集回小米生态系统中；如果从投资的角度看，小米是一家孵化器和投资公司，小米通过自己的工业制造体系孵化更多的产品，并投资这些产品，从这些生态企业和生态产品的增长中获得投资收益；从小米的产品系列看，小米围绕手机周边设备构筑了一个电子产品的圈子，然后围绕"米粉"构筑了一个耐用消费品的圈子，未来可围绕这个耐用消费品构筑智能家居、智慧出行等方面的更大的圈子，所以可以把小米看作一家消费品公司；从小米的销售模式看，小米利用自己的平台销售小米旗下的各类产品，所以小米又是一家电商公司。

　　经过研究发现，生态型企业具有以下几方面特征。

　　（1）生态型企业基本都是多元化的，或者是多维度的。

　　生态型企业首先是多元化的企业，与传统管理学理论中的"一家企业要专注于自己擅长的领域"不同，生态型企业都是多元发展的，可以将其称为发展的多个维度。只有将多个维度进行整合，满足用户相对全面的诉求，企业的发展才能够有更高的增速和更大的规模，超越平台型企业的发展规模瓶颈。多元化产品之间都有一个核心联通，如微软基于应用软件服务、苹果基于操作系统、谷歌基于智能算法和操作系统，这都是强相关的多元化发展。

微软，除了聚焦视窗操作系统 Windows，还在服务器操作系统 Windows Server、数据库 SQL Server、应用软件 Office 系列、云服务 Azure、大数据分析（收购了 R 语言开发公司，并开始推动 Power BI 产品的开发）、ERP 软件（并购了 Dynamics CRM 软件）方面有所涉及，并在硬件领域推出各种计算机硬件产品，特别是最新推出的 Surface 系列电脑，其销量几乎开始超越苹果 Mac 电脑。

谷歌，在搜索引擎上构筑了基于信息服务和智能算法服务的大循环体系，通过底层的安卓操作系统赢得了市场，同时在智能汽车操作系统上进一步发力。

苹果，基于 iOS 操作系统构筑了一个从硬件到软件再到服务一体化的生态体系。其硬件共用一个操作系统，不同硬件之间可以实现无缝的联通通信，甚至直接指挥另外的硬件完成相关的任务。未来，苹果在硬件方面（不仅有 iPhone、iPod、iPad、Mac、Apple TV、iWhatch，还会有 iCar、iSheet、iBox 等各种硬件），围绕用户需要的电子设备进行开发，形成各种硬件相互之间可以智能联通的产品生态；通过服务市场整合各种开发者资源，包括软件开发的 App Store、知识开发的 iBooks、音乐内容开发的 Apple Music、视频影视开发的 iTunes Store，以及存储服务的 iCloud。在应用软件上，苹果能够在多终端集成 iLife、iWork、iMove、FinalCutPro 等软件应用。苹果通过优秀的客户体验的软件，集成硬件，形成一个资源发布平台，为终端消费者提供整合的服务解决方案。

（2）生态型企业都是相对开放的生态系统。

开放就能够整合更多的优秀人才、技术和资源。虽然苹果的操作系统是封闭的，是闭源体系，但其生态系统是开放的。苹果通过开放的开发者生态系统，提供服务和内容的企业或者个人，让其可以在苹果的平台上实现梦想，获得发展，从而促进平台的发展。通过 Swift/Xcode，有更多的开发者开发应用软件，延伸了硬件产品的功能，硬件产品的价值不再仅仅是硬件工具，如有了微信、微博等应用程序后，手机就不再是一个手持终端，而是一个沟通交流和交易的平台。苹果的软件服务都是为内容创造者提供的平台，其中包括音乐发布的平台如（Apple Music）、知识发布平台（如 iBooks）、软件发布平台（如 App Store）、影视作品发布平台（如 iTunes）等。

谷歌在开放上更加彻底，通过开源的安卓操作系统，安卓成为市场份额最大的手机操作系统。微软在开放上相对保守，但也通过开放的云服务平台、Visual Studio 等为开发者提供更加丰富的服务。

开放、融合、构建跨平台的生态体系是生态型企业的典型特征。正所谓"一花独放不是春，万紫千红春满园"。

（3）生态系统的发展都需要资本或者产业基金的助力。

小米生态系统的快速发展，投资是不能忽视的力量。雷军在投资圈的人脉关系为小米生态系统的快速发展提供了资源基础。借助产业基金的力量，平台上的创业公司快速壮大，成为生态中的参天大树，当更多的参天大树长成之后就构成了生态化的森林，保证了生态的稳定性和生态的"造氧"机制。

国外的生态型企业在投资方面相对保守，但也通过各种投资辅助基金或者孵化器的方式在孵化一些产品或者项目。在国内，因为环境问题，产业基金的助力非常重要，要想打造生态型企业，背后拥有强大的资本支持是一个非常重要的条件，甚至是必备的条件。

第 2 章

企业数字化转型涉及的技术

与数据技术相关的热词越来越多地充斥在人们日常的生活中，如大数据、区块链、人工智能、机器学习、智慧城市、智能工厂、智能制造、工业 4.0、物联网、万物互联、万物智能、智能家居、数字孪生等。新兴技术大多都会普及，而早期拥抱新兴技术者通常能够获得早期红利。

1．技术发展的规律：技术价值曲线

一般一个重大新兴技术有两个黄金投资期：第一个时期发生在这个技术逐步被人熟知、投资者疯狂投资阶段，因为资本会驱动技术的创新、应用和普及，虽然新兴技术所创造的价值并未达到人们的预期，但是资本的投入使很多小的公司能够获得快速发展，从而站在新兴技术应用的领航者位置，这也抬高了其他创业者进入的门槛，这个时期可以称为"黄金投资期"；第二个时期是泡沫消退阶段，新兴技术在创新的驱动下逐步应用于各个领域，在每个领域都能够衍生出一些"独角兽"公司，使新兴技术逐步成为"传统技术"，这个时期的驱动力是创新应用。

互联网技术的应用就是这个规律的典型写照。用纳斯达克综合指数基本可以表征互联网技术的市场价值。1990—2018 年，纳斯达克综合指数经历了互联网技术的触发期、过热期、幻灭期、复苏期和持续创新应用期。而目前典型的互联网"独角兽"公司基本都是在其中两个重要时期（过热期和持续创新应用期）成立并进入市场的。在幻灭期很多人失业需要找工作，领英能够在这个时期生存下来是因为其适应了市场的需要；在金融危机来临后很多人需要找到便宜的住房，或者希望将闲置的住房出租出去，爱彼迎的出现也是符合历史需要的。虽然第一个时期存在很多泡沫成分，但也是成为"独角兽"公司最好的时期。

对一项重大新兴技术的应用，如果错过了第一波浪潮，则需要等到技术泡沫被挤掉之后很长的复苏期，同时这个时期考验的是更难的创新应用，而中间的差距大概是 10 年，这是从互联网技术发展周期估计出的。

2．通向未来的"传送门"已经打开

通向未来的"传送门"已经打开，进或者不进是自己的选择，而未来的发展不会以个人选择而有所不同，不会以个人意志为转移。主动的强者会成为技术创新的提速者、受益者；被动的弱者，不但不会阻挡技术创新的步伐，还会成为被淘汰者。人类已经进入一个快速的技术创新迭代发展的快车道，没有人敢在这个车道上停车，也没有人敢在这个车道上倒退，唯有向前冲才是最安全的，能够在这个过程中享受技术红利的，只有跑得快的。

2.1　数据技术可以产生智慧

我们需要思考数据技术的本质，这样才能认识到数据技术所带来的冲击，才能知道如何更好地在数据技术支撑的数字智能时代构筑优势。

数据技术的本质是智慧

随着信息传播技术的应用创新，以及大量数据被采集和沉淀，大数据开始被提出并开始出现基于数据分析和挖掘技术的第一代数据技术应用，其中最典型的就是 O2O，它是一种基于地理位置匹配和交易撮合的服务模式。后来，数据技术被进一步应用，基于闲置资源供给与资源需求精准匹配技术的共享经济开始显现出活力，涌现出了诸如爱彼迎、优步、滴滴等各种共享经济平台，这是互联网技术＋数据技术的第二代应用。现在基于数据智能的各种应用创新层出不穷。

仔细对比信息技术和数据技术的不同可以发现，信息技术提供的是超越时空

的信息传播，而数据技术则是在数据分析和挖掘基础上的精准匹配。所以，大数据技术或者数据技术的本质是信息加工的技术，从信息传播到信息的深度加工，这是新的变化，而且这个变化是深刻的，是颠覆性的，比信息传播技术对社会的影响更加深远。

任何技术都是在延伸人类的能力，技术的应用提高了人们改变世界的能力。信息技术作为信息传播的技术，提升了人类器官传播信息的能力，使人们能够超越时空对信息进行传播。人类传播信息的主要器官是嘴巴（说）、眼睛（看）和耳朵（听）。互联网延伸了嘴巴说、耳朵听和眼睛看的距离，超越了时空，改变了人们的沟通方式、社交方式、交易方式，为人们的日常生活带来巨大的便利，从而改变了人们的生活方式。

人类处理信息的器官是大脑，作为信息处理技术的数据技术，将要改变的是人们的大脑。所以，数据技术将彻底升级人类大脑的思考能力，提高人类认知世界的能力，提升人类的智慧。这个技术对人类的影响将是深远的、颠覆性的。因为人类作为生物链顶层的动物，其最强大的器官是大脑，人与人的不同在于大脑的不同、智力的不同。人与动物的本质不同也是人类能够更好地使用大脑，能够处理更多的信息，拥有更先进的大脑创造出的科学和技术。而未来的数据技术将改变这个器官，提升这个器官的能力，数据技术必将触及"人"的本质，加速人类的"进化"。

数据技术威力尽显

目前，大数据技术才刚刚起步，人们所需要处理的数据量还不够多，数据质量还不够高，数据散落在各个角落还没有被整合在一起，还未对人类的智慧和决策构成威胁，但这一天已经不远了。在国家大数据战略的促进下，越来越多的数据技术企业涌现出来，提供了大量数据采集、数据处理和分析挖掘的算法，我们利用数据的能力在不断提升，而这个提升速度又是呈指数级加速的。

当拥有更多的数据之后，我们可以对这些数据进行深度分析和加工，为企业的经营和管理效率提升带来新的方法。电商平台可以利用用户在平台上的购物习惯分析用户的需求，向用户精准推荐他们需要的产品和服务，从而进一步提升平台的销量；微信可以分析其用户的习惯和偏好，精准推送各种广告，从而让广告的点击率和转化率得到大幅度提升；生产制造型企业可以通过数据发现各种产生浪费资源的环节，从而优化生产工艺、排产计划、资产利用率，使生产制造更加智能，从而降低库存，提高周转效率，实现更加精准的交期控制；贸易型企业可以通过客户购买数据的研究，分析出哪些产品更受其客户的喜欢，从而精准采购，实现供需的精准对接，提高贸易的效益。

所以，数据技术是人类认知的技术、思考的技术和决策的技术，它延伸了人类大脑的能力，使人类能够处理更多的数据和信息、加工出更多的知识、创造更多的智慧，甚至能够做到让人类无所不知、无所不晓、无所不能。

未来数据技术的巨大价值如图 2-1 所示。

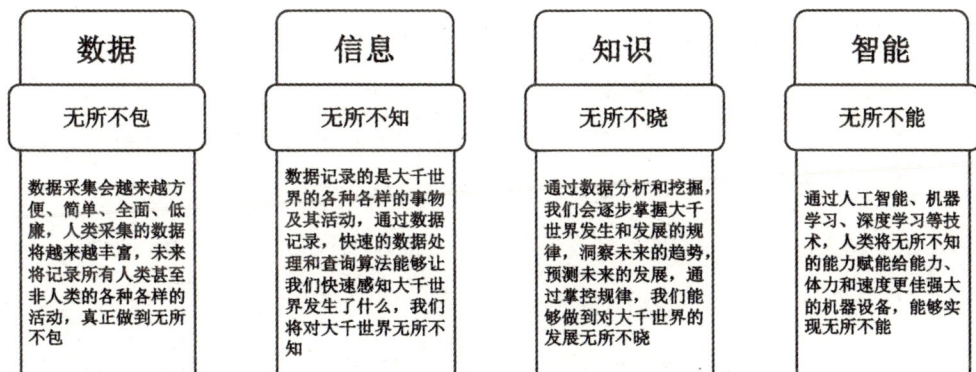

图 2-1　未来数据技术的巨大价值

未来企业的竞争优势将基于数据构建

IT 技术的换代升级过程如下：第一代，信息的单向传播；第二代，信息的双向传播；第三代，信息的精准传播。每一代技术的应用都创造了一个时代的神话，在国外，在 IT 技术的第一代时出现了网景、雅虎等巨头互联网公司，在第二代时出现了谷歌和 eBay、亚马逊等巨头公司，到了第三代出现了 Facebook、Twitter、Netflix 等公司。在中国，在第一代时出现了互联网的三大门户网站，即搜狐、新浪和网易；在第二代时有阿里巴巴、百度、腾讯和京东；到了第三代则出现了微信、美团、滴滴和小米等。

那么数据技术的第一代、第二代和第三代将是什么呢？

（1）目前数据技术还处在第一代，这个时期人类指挥计算机进行"思考"，通过人类的各种算法和模型，从而产生人类对世界新的认知，并且更好地改变世界。这是数据技术的第一代，也是现状。在这个时期，至关重要的三个要素是数据、算法、算力（运算能力），这三个要素的融合能够创造出新的信息和知识，创造出人类更高级的智慧。也可以用公式表示为

$$未来智慧 = 数据 \times 算法 \times 算力$$

企业通过数字化转型，应用高效的数据采集、传输和处理硬件设备，通过建立数据中心对数据进行分析和挖掘，为生产、经营和管理提供决策支持，在这个不断积累更多数据的过程中，也不断积累更多的算法，从而提升企业洞察市场、洞察用户、洞察行业和产业的能力，形成企业的核心竞争力，从而成为行业或者市场的领导者。其中，数据、算法和算力成为企业的竞争优势，而且是可以持续的竞争优势，这种优势无法快速获取，也无法被竞争对手轻易复制。

（2）第二代数据技术。在上述公式中，数据技术都可以自动发挥出作用。数据采集的智能化，利用数据技术实现数据的自动和智能采集；如果被数据技术武装的计算机也能够创新出算法，其算法能力将被大幅度强化。人类创造算法，有效率问题，人类需要吃饭、休息，而被数据技术武装的计算不需要休息，7×24 小时工作，其算法持续迭代和优化，将远远超越人类的能力。在第二代数

据技术时期，计算机指挥计算机创造认知、知识和智慧，将比人类更加智慧。目前，第二代的产品已经有了一些雏形应用级产品，如下棋机器人、智能机器人、生产机器人、无人驾驶汽车等。

（3）第三代数据技术。数据技术武装的计算机与人类一起思考，融合在一起，在情感方面、创新方面，人类和计算机深度融合，无法区分彼此，新的超人类将会出现。所以，未来的发展趋势，无论人们是否接受，人和计算机的融合已经开始，未来的深度融合将无法分清楚人是计算机，还是计算机是人。

正在迈向"机喻时代"

随着数据技术的发展，人类的学习方式将发生范式性的变化。社会学家玛格丽特·米德曾将人类社会划分为三个阶段：第一个阶段是"前喻文化"，即晚辈主要向长辈学习；第二个阶段是"并喻文化"，即长辈和晚辈的学习发生在同辈人中；第三个阶段是"后喻文化"，即长辈反过来要向晚辈学习。

"后喻时代"的出现，是因为科技革命，尤其是信息技术的发展，社会结构发生了巨大的变化。科学发展从不停息，随着数据技术的催生和演进，人类将进入下一个阶段——"机喻文化"，这时人需要向智能机器学习。

图灵奖得主 Jim·Gray 提出"第四范式"的概念。第一范式是实验科学，发生了什么自然现象就记录下来，下一次就知道如何重复。第二范式是理论科学，通过总结发现自然现象背后的规律，如牛顿总结的三大定律。第三范式是计算科学，在第二范式中，推演是靠手工完成的，到了第三范式时可以使用计算机总结规律，如天气预报，靠手工是无法完成的。第四范式是数据密集科学，机器可以代替科学家进行规律的总结，夸张地说，到了这个阶段科学家可能就要失业了。

当第四范式实现时，人类也就迈向"机喻时代"。不仅人类的学习方式会发生变化，组织的学习方式也会发生变化。组织通过生态体系的广泛连接，采集四面八方的数据，并实时地转为智慧，使组织成为智慧的容器，继而将智慧精准地输送给任何一个需要的员工，这将极大地增强员工的能力。

知识学习的变迁与知识形成的革命如图 2-2 所示。

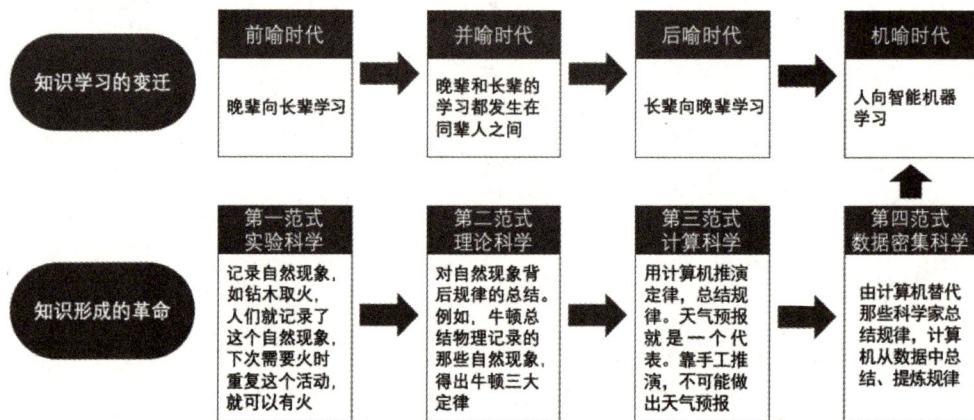

知识学习的变迁	前喻时代	并喻时代	后喻时代	机喻时代
	晚辈向长辈学习	晚辈和长辈的学习都发生在同辈人之间	长辈向晚辈学习	人向智能机器学习

知识形成的革命	第一范式 实验科学	第二范式 理论科学	第三范式 计算科学	第四范式 数据密集科学
	记录自然现象，如钻木取火，人们就记录了这个自然现象，下次需要火时重复这个活动，就可以有火	对自然现象背后规律的总结。例如，牛顿总结物理记录的那些自然现象，得出牛顿三大定律	用计算机推演定律，总结规律。天气预报就是一个代表。靠手工推演，不可能做出天气预报	由计算机替代那些科学家总结规律，计算机从数据中总结、提炼规律

图 2-2　知识学习的变迁与知识形成的革命

2.2　构建"感知—思考—响应—反馈优化"闭环

既然数据技术是延伸人类的"思考"能力，那么人们就需要从仿生的角度研究人类"思考"的方式，从而打造大数据的"思考"能力。

大数据底层模型

先想象一个生活中的场景，如洗澡，先打开水龙头，在绝大多数情况下，人们会把手伸在花洒下用手感知水的温度，如果温度过高就会调节阀门，把水调凉一些，然后伸手感知水温，如果温度过低则再调节水龙头阀门将水温调高一些，这个动作会一直做下去，直到获得合适的水温后才去洗澡。这个过程就是典型的人类"感知—思考—行动"的基本模型。

人们通过手感知水温，就相当于人们通过手采集数据的过程。手将水温数据通过神经网络传递到大脑，这是数据传输的过程；大脑就会对这个数据进行思考，做出判断，应该将阀门向哪个方向调节，调节多少，这就是数据分析和挖掘的过程；然后大脑做出决定，形成指挥手进行调节的指令，这就是决策指挥过程；然后将决策信号通过神经网络传输到肢体，指挥肢体做出响应。这就是一个感知到响应的完整过程。

手做出调节阀门的响应之后，继续伸到花洒下去感知水温，之后水温信息通过手传递到大脑之后做出判断：水温是否合适，如果不合适，再指挥手做第二次调节，这就是人类"感知—响应"系统的第二个循环，不断循环，直至得到最合适的水温。

如果是在自己家中洗澡，则人们可能会有一个记忆，当阀门在哪个位置时水温是最合适的，调节多大的幅度会带来水温多大的变化，这些就形成了"知识"，基于对这个水龙头的"知识"，人们可以更快地调节到最合适的温度。这个过程通过"感知—思考—响应"模型的循环完成知识沉淀，并使整个行动变得更加高效（见图 2-3）。

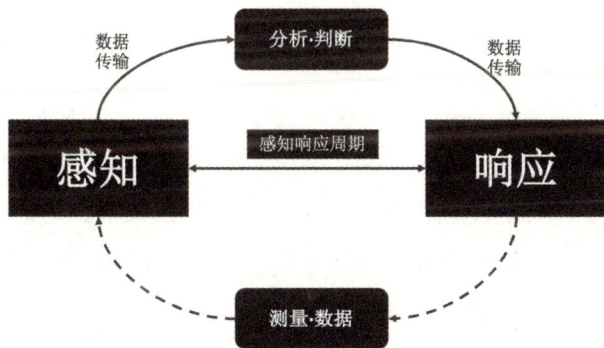

图 2-3　大数据底层模型："感知—思考—响应"模型

生活中处处都是"感知—思考—响应"模型，有些是有意识地构建这个循环闭环的过程，有的是下意识的。当人们第一次做某事时会主动构建这个闭环，从而对外部世界的变化做出主动响应，这个过程需要大脑的积极参与；当人们对这个循环形成多次循环，获得"知识"之后，就会交给"下意识"或者自主神经处理这个过程，此时这个循环闭环已经成为人们自己的"能力"。在企业管理中也是如此，第一次做事时，人们缺少经验和知识，所以需要探索，这时候的决策不够精准，当经营管理中的活动做过多次之后，人们就会有经验，形成自己的方法，成为企业的诀窍，能够更加高效地处理日常经营和管理活动。人们的经验越丰富，走的弯路就会越少。

下面用生活中的场景解释这个过程。例如，人们驾驶汽车。最初，人们不会驾驶汽车，需要到驾校找教练学习开车，取得驾照且购买汽车之后才开始上路开车。开车的过程是一系列"感知—思考—响应"的闭环。当看到前面的障碍物时，需要告诉我们的肢体，向某个方向转方向盘躲避障碍物，因为不知道该转多大的角度进行变换，所以会出现过大或者不足的情况，致使汽车行驶不稳；当速度减慢，则会告诉肢体减速，告诉脚抬脚松油门，当看到前面有速度更慢的汽车需要减速时，就告诉脚去踩刹车。开始的时候，人们不知道一脚踩多深能获得什么样的刹车效果，往往会使劲踩，车在急刹车时会剧烈震动。整个开车过程中，大脑不允许被打扰，所以人们开车时非常紧张，大脑随时在思考和判断，并不断修正转方向盘的角度和踩油门、刹车的幅度。当进入一个陌生的市场或者陌生的领域时，人们都需要一个学习和适应的过程。

当开车时间长了，就会非常熟练，很多动作已经变成下意识的动作，而且在转方向盘的角度、踩油门和刹车的幅度上有了很好的效果，这时候人们甚至不知道是大脑在指挥手脚在开车，变成了"老司机"。很多开车的动作都是下意识的，甚至是无意识的，这时驾驶能力得到大幅度提高。对应到管理上，当人们在一个行业中时间很久，就会深谙这个行业的"窍门"，就能够游刃有余，驾轻就熟，轻松处理各种情况，如果企业中所有的人都是"老司机"，那么企业的竞争力就会大幅度提升。

实现瞬时决策

未来的大数据技术或者数据技术也正是一个这样的循环闭环。人们通过各种智能硬件设备采集数据，然后通过互联网技术、移动互联网技术、物联网技术、通信技术等将数据传输到数据处理器，在数据处理器中通过建立的模型算法，对数据进行分析和挖掘，形成对事物的认知和判断，基于认知和判断，中央处理器做出如何响应这些数据的"决定"，然后形成响应指令，将指令通过通信设备、互联网技术、移动互联网技术、物联网技术传给控制器，由控制器对事物进行调节控制，再进行下一个循环闭环。如果上一个循环闭环发出的指令没有很好的效果，则中央处理器的算法必须能够自动调节，针对响应得到的效果，形成反馈机制，这样一个基于数据和算法的大数据技术的闭环就能够形成，从而逐步构建智能化的体系。

在这个闭环中，任何一个环节的缺失都无法创造真正的价值，在任何一个环节缺失的企业都不是真正的大数据企业。现在市场上有很多大数据企业，有的是做数据采集的，有的是云计算企业（但只提供计算能力），有的企业是做算法的，有的是做通信的，有的是做数据传输的，都自认为是大数据企业，但如果不能构建这个闭环，则都只是大数据领域的服务商而已。

传统的市场调研企业或者数据检测企业的核心职能就是采集市场数据，帮助甲方实现基于数据的反馈，但这些数据最终如何影响决策，这些企业可能并不知道。所以，市场研究企业如果没有与广告公司结合，就无法深度加工市场研究数据并形成真正的决策报告，而只是提供数据分析报告而已。有些媒体监测企业通过在各种媒体上进行数据埋点采集消费者端的行为数据，但是这些数据是否真正形成决策，也存在无法形成闭环的缺陷。

企业的经营和管理决策也必须是这样一个循环闭环。如果缺少其中一个环节，企业经营和管理决策可能就会出现问题。在洗澡场景中，如果手因为事故失去了感知水温的能力，那么将手伸到花洒下试水温就没有意义，如果不知道现在的水温是高是低，那么调节水龙头阀门的动作就变得毫无意义，有可能本来合适反而会被调节为不合适。在企业的经营和管理中，如果没有足够的数据，企业的经营和管理决策就变得不仅没有任何意义，反而是非常危险的。如果企业的领导者不能感知更全面的数据，就会造成"盲人领导盲人"的情况。所以，在企业管理中，应主张"无数据，不管理；无判断，不决策"。

具有敏捷性

"感知—响应"是人们认知世界、改变世界的基本模型，是大数据技术的底层模型。在这个模型中，还有一个参数就是从感知到做出响应的时间，这个时间可被称为"感知响应周期"。再次回到洗澡的场景，如果手感知到温度很高，需要调低温度，人们会马上调节，而不是等待 10 分钟白白浪费大量的水资源。如果等待 1 秒就调节则很正常，如果等待 5 秒再调节就会显得慢腾腾，如果等待时间超过 10 秒就会有人感到着急，但没有人会等待 10 分钟再进行调节。

在企业经营管理中，经常开月度经营会，主要是对上个月的数据进行分析，研究这个月如何调整，从而做出新的调整方案。如果每个月 1 日开上个月的分析会，上个月 1 日发生的事情，现在才做出调整，时间已经过去 30 天，但 30 日的事情可以算是及时调整，那么在开月度会的情景下，平均"感知—响应"的周期是 15 天。

即使如此，绝大多数企业很难做到 1 日就开月度会。这是因为很多统计数据还没有完成，财务可能需要 3 天才能完成财务数据统计；人力资源部需要 5 天才能核算出所有的工资和人力成本，做分析报告可能也需要 1 天，做完报告还需要寻找数据分析找到的问题点，找到问题的根源才能汇报，所以还需要 2~3 天，这样月度会到了 10 日才能召开。在这种情景下，该企业经营和管理决策的"感知—响应"周期就从 15 天变成 25 天。

未来的市场竞争将越来越激烈，企业间的竞争都是争分夺秒的，谁在这个过程中能够更快地做出正确的决策，谁就是市场上的胜利者。因此，必须将"感知响应周期"逐步缩减,从 25 天缩减到 15 天,从 15 天缩减到 5 天,再缩减到 1 天,甚至缩减到 1 小时,直到达到"瞬时决策"。要想做到这个体系化的"感知—响应",利用数字化技术实现的闭环必须构建起来,并能够自动执行。而这个要求在信息化时代的软件系统是无法做到的,必须借助最新的智能硬件自动采集数据,在分析模型上逐步优化,能够及时做出分析判断,在响应指挥系统上,尽可能采取自动化的控制器自动做出响应。

迭代升级的模式

从数据技术背后的"感知—响应"模型可以感受到,数据技术不是一次就做正确,而是在做的过程中不断思考和总结,然后形成更加正确的决策,从而保证能够持续做出更好的决策。也就是说,"感知—响应"的闭环,每一次循环之后都能够比上一次更好,这种模式就是"感知—响应"模型的闭环循环效应,即迭代效应,换一句话说,数据技术与信息技术不同,信息技术是一次性交付的完整的软件产品,可能会存在迭代升级的可能。当安装 Office 2010 版本时,必须卸载 2007 版本;当安装 2016 版本时,需要卸载 2013 版本。但是数据技术是不断迭代的版本,不需要卸载之前的,因为数据必须保持连续性,所以必须在原有数据模型的基础上进行优化迭代,从而保证第二代比第一代更好,而且在每一代产品上必须实现每日都迭代,不断成长,积累经验。这就类似于人类知识的积累,当一个知识被发现并传播之后,人类能够不断传播,并在原有的知识基础之上进行深度迭代,比上一代更强。

另外,信息技术往往要求的是产品和服务的一次性到位,而数据技术对应的产品和服务往往是迭代效果,一次比一次更强大,一代比一代更优秀,每次算法的升级都是数据技术的进步,而这个进步的频率和周期不是按照软件的版本进行的,而是基于数据与应用场景应用的不断反馈带来的,这个迭代周期可以是一年,也可以是一个季度,还可以是一个月、一周、一天,甚至可以是一个小时。数据技术的迭代效应比软件技术的升级更加猛烈和快速。

很多企业和 IT 从业人员对这个效应认识不足，在对数据技术项目招标时，希望供应商提供的是一个完整的解决方案，是一个成熟的产品，是一个既适合 A 公司也适合 B 公司的产品。如果一个算法能够适合所有的企业，那么这个算法就是没有价值的；如果一个客户的标签算法适合所有的企业，那么对客户所打的标签就没有任何竞争优势可言。例如，将客户分成男女，但产品是男装和女装，所以将客户分成男性和女性带来的优化效果其实不会有太大的差异，因为这是普适性的标签。

但同样是女装，如果将女装产品打上完全不同的标签，如外向型、潇洒型、内秀型、张扬型、知性型、聪明型、乐观型、潇洒型、信仰型、贵族型、淑女型、主妇型、奋斗型等，那么所涉及的服装款式绝对比只将人分为男人和女人受欢迎。数据技术的应用需要结合业务场景不断迭代和升级，一次比一次更优化，一次比一次更精细，能够做到从千人千面到一人千面。

数据驱动工业互联网转型升级

信息化提升了人们交易的效率，在终端的交易环节，利用信息技术实现了超越时空的交易模式，各类电商提供了便捷的交易方式，但这仅仅是在整个供应链的单点的环节上。企业采购可以使用电商模式，企业的销售也可以采用电商模式，但两者往往以孤岛的形式存在，并没有从产业链整体效率角度出发建立新的打通产业链的交易模式。也就是说，信息技术为商业环境带来的变革还是不够彻底。

随着数据技术的应用，如果数据技术在所有产业链环节被应用，就能够出现一种新的电商模式，这个电商模式是基于产业链的，从最初的原料端到零部件端，再到成品的销售端，同时每个环节的生产也都加入这个新型的电商平台，除了能够实现物的交易，还可以实现技术的交易、流程的交易、生产的交易、劳动力的交易、空闲资源能力的交易，包括生产线、生产设备、厂房空间、库存空间、物流车辆、司机、生产工人等。因此，未来的这个机遇产业链整个产供销环节的所有人、财、物和技术都可以通过这个平台进行共享与交易，从而大幅度优化整个产业链的效率，大幅度降低生产成本，大幅度提升响应终端需求的能力，大大消除整个产业链的各种浪费（见图 2-4）。

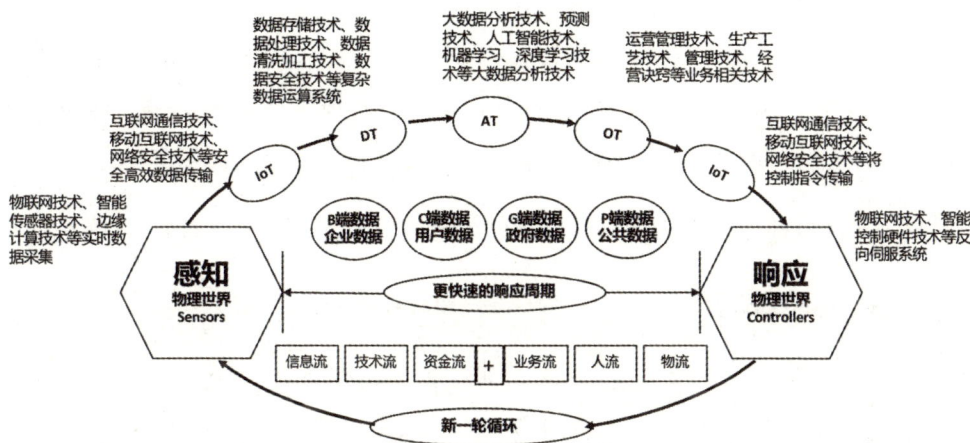

图 2-4　基于"感知—判断—响应—反馈优化"闭环的工业互联网概念框图

这种整合全产业链条的基于数据技术构建的互联网称为产业互联网，英文简称为 IIoT，英文全称为 Industrial Internet of Things，也可称为产业物联网，因为在这种互联网中，上网不仅仅是人们使用的手机、电脑、服务器，还有生产设备、终端智能化产品及整个产业生产环节的各种物理存在，也包括物理空间的上网。

一般情况下，当终端商超有产品采购需求时，通过终端电商环节在该网上提交采购需求，这时就需要确定生产该产品的 A 厂家是否有库存，如果没有库存，就要确定 A 厂家是否有足够的产能接该订单，如果 A 厂家没有空余产能可以使用，那么订单就会被推迟。但是，如果终端商超、A 厂家、B 厂家、供应链和原料供应商都在一个互联网平台上，终端商超的采购系统和销售系统接通该平台，物流厂家接通该平台，并将车辆信息和运行信息接入该平台，有 N 个能够生产此产品的厂家接通该平台，将设备情况、设备使用情况、设备使用计划等（即产能信息）

上传平台，同时，针对该产品的 *M* 个原材料供应商能够将其库存、生产产能等信息上传平台，此时，当终端发起一个订单需求时，系统自动安排有闲置产能的厂家进行生产，以有最高效率和最低生产成本的产能优先利用为原则，然后自动安排前端原材料供应商为系统指定生产厂家供应原材料，以原材料价格、品质和交付周期的综合考评为原则，自动安排相关的闲置物流车辆将原材料运送到生产厂家，并在厂家生产完成之后自动安排物流车辆将产品配送到终端商超下订单的商家，这个过程中 A 厂家的产品可以由 B 厂家生产，按照 A 厂家品牌、研发和设计的知识产权分享收益，各个环节都有利可图，并且效率得到大幅度提升。

基于多次智能交易撮合的产业互联网平台概念图如图 2-5 所示。

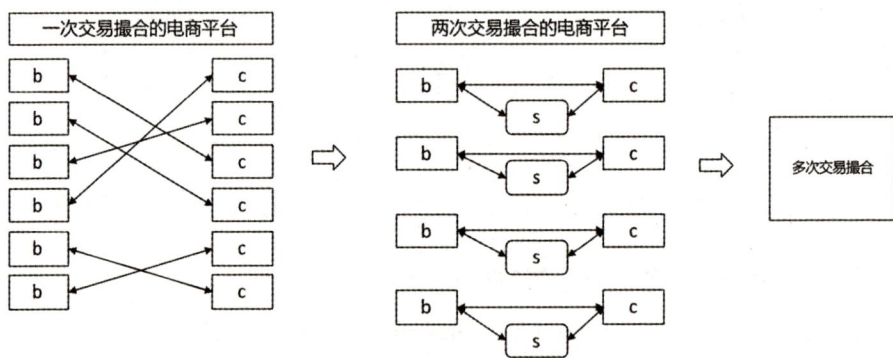

图 2-5　基于多次智能交易撮合的产业互联网平台概念图

这个配置过程不需要人为干预，所有上平台的主体都签署智能合约机制，并对自己的产能利用和生产产品进行各个环节的动态定价。这种跨产业链条和供应链条的多次智能匹配与交易撮合类似于美团现在的后台机制，只是美团后台只进行两次智能匹配和撮合，后台指挥商家接单、骑手接单的都是算法在指挥，没有人为的干预过程，只要将算法设计好，就可以自动运行。上述场景只是比美团的场景更加复杂，跨越了更长的产业链和更长的订单下单交付周期。

上述工业互联网平台并不只是一种想象的场景，而是已经被某些企业付诸实施，笔者曾经参与到至少两个这种产业互联网平台的规划设计中。因为项目还在规划设计和初创时期，处于保密期间，所以不便透露具体的平台运营方和平台的实施主体，也不便透露目标产业。

2.3　数据应用的四个层级

用数据发现问题

某企业有近 200 人的销售队伍，销售人员每天打电话、约客户、拜访客户，从而保证企业能够承接更多的业务，卖出更多的产品／服务。销售人员的活动每天都被统计并上报到总部，以及汇总到企业商业智能平台上，这些数据包括销售人员的电话记录、拜访记录、在客户端打卡记录，以及客户下单记录、客户直接在官网下单的订单记录等。

将这些数据在平台上统计及汇总，能够看到每个销售人员都做了什么、平均每个电话的通话时长是多少、每天和多少个客户通电话、平均与每个客户每个月的通话次数是多少，也包括每个业务员每个月外出拜访客户多少次、平均每次拜访时间是多长、平均每次拜访成交多少销售额、每个销售订单平均需要业务员打多少次电话和拜访多少次才能够成交，从中也能够看到不同业务人员的差异。通过对以上各个指标进行排名，能够看到哪个业务员更勤奋、哪个业务员更高效、哪个业务员业绩更好。通过对历史数据进行对比，还可以看到哪个业务员在快速成长、哪个业务员的业绩止步不前等。

通过数据可以知道过去发生了什么，近 200 个业务员每天都在干什么、干得怎么样、谁干得好、谁干得差。这就是数据应用的第一个层级：用数据指标表征发生了什么，并评价发生的结果，找到问题所在，能够监控业务的进展，监控企业经营和管理活动，让所有的行为都能看得见。

用数据发现规律

此企业中有两名业务分析师，一名是初级业务分析师，一名是高级业务分析师。初级业务分析师负责统计以上指标，并将指标分发给各个相关部门，包括销售部门、人力绩效考核部门等。高级业务分析师要对这些数据进行分析，通过建立实时数据分析模型优化整个销售团队的绩效。

高级业务分析师对这些数据进行分析，主要发现以下几方面规律。

（1）高频度拜访客户的成交率达到了 70%，而做过一次拜访后的 5 天内不再拜访，那么客户的成交率为 38%。

（2）每次拜访客户之前一般要与客户通话 4 次以上，而且通话次数越高的客户成交率越高，且客单价比通话次数少的客户高出 20%。

（3）在企业中，电话通话次数与拜访次数的比例平均是 4.5:1，对于此数据，业绩好的业务经理平均在 6:1 以上，业绩差的业务经理的比例在 3.5:1 以下。

（4）业绩好的业务经理一般保持同客户 3 天 / 次的沟通频率，其中通过微信沟通平均每天都有，而业绩差的业务经理平均 7 天与客户沟通一次。

为了确认沟通频率和强度与成交的因果关系，高级业务分析师对 10 个业务经理进行了访谈，采集了更多的数据。通过分析新采集的一手调研数据，高级业务分析师得出以下几个结论。

（1）业绩好的业务经理更加擅长与客户沟通，而业绩差的业务经理往往不太愿意与客户进行沟通，不主动联络客户，而是到了不得不联系时才与客户通电话。

（2）业绩差的业务经理不想与客户沟通的原因是他们认为该客户成交意愿不强烈，所以没有与客户通电话的积极性，造成沟通频率较低。

（3）业绩差的业务经理宁愿拨打更多的客户电话，并在高意向客户中寻找比较容易成交的客户，而不愿意在一个客户上花费更多的时间。

结合数据分析和实际调研结果，高级业务分析师得出如下假设：提高业绩较差的业务经理与客户沟通的频次可以提升他们的业绩，并且通过电话沟通预约见面拜访，适度增加拜访次数也能够提升业绩。

于是高级业务分析师与销售总监做了研讨，决定让业绩较差的业务经理提高与同一个客户的通话频次和拜访频次，以检查是否可以提升这些人的业绩，从而验证高级业务分析师的假设。销售总监同意该提议，于是在周例会上对业绩排名在后 50 位的业务经理提出了要求：每天给客户打一次电话，没有成交之前每 3天必须去拜访一次客户。

高级业务分析师随时监控数据的变化，1 个月之后，排名在后 50 位的业务经理该月份的业绩比上个月上升了 20%。排除企业业绩环比增长的 5%，业务经理行为的改变直接带来 15% 的绩效提升。

这就是数据的第二层应用：发现规律，洞察事情为什么发生，找到事物背后的规律，形成企业的管理诀窍。

用数据发现未来

高级业务分析师的分析成果得到检验，也为销售部门带来巨大的收益，得到销售团队的认可，他们经常与高级业务分析师探讨优化销售管理的办法。之后，市场总监也来找高级业务分析师，询问帮助预测电商平台上销量的方法。

此企业在线下通过 200 人的销售队伍进行产品推广，企业的线上业务由市场部门负责，市场部门除经营管理企业的品牌和各种广告投放外，还负责线上平台的推广业务。为了能够提升线上旗舰店的销量，市场部门需要花费大量费用在平台上投放广告，通过竞价排名将自己的产品排在客户搜索页的前面。

高级业务分析师根据该市场部的活动判定，电商平台上的销量一定与两个核心要素有关系：一方面是企业产品在平台上展示给用户的次数，另一方面是营销费用花费后平台推送的广告量。前者可以用旗舰店的自然流量计量，后者可以用投放的营销费用计量。如果能够构建销售量和这两个因素的量化关系，就能够预测未来的销量。要想预测未来的销量，还要预测自然流量的展示量和需要投入的营销费用。

在与市场总监沟通后，该高级业务分析师就从市场部门得到了营销费用花费的台账数据，通过企业的数据平台导出了历史上每日的销售量数据，利用电商平台的后台可以找到旗舰店每日在客户面前通过自然流量展示给客户的次数数据，这包含一年多的数据。

于是该高级业务分析师把自然流量做了时间序列分析，得到一个近似估算值，即近期每日的自然流量大约在以每天 1.3% 的速度增加；同时，高级业务分析师把销售量数据同流量数据和销售费用做了二元一次回归分析，得到一个销售量和自然流量与营销推广费用之间的统计关系模型，即

$$Y=aX_1+bX_2+c$$

当知道 a 和 b 的值之后，就可以预测未来的销售量。该模型通过了历史数据校验，可信度很高，是成立的（在 95% 的置信区间上通过统计分析校验）。

于是，高级业务分析师向市场总监询问下个月每日投放的营销费用，如果有营销费用预算，则基本可以预测未来的销量。但高级业务分析师还是不太确定，所以需要跟踪监控，可以尝试 1 个月，观察预测是否准确。现在的模型是用线性来假设的，随着销量的增长和自然流量的增长不知道是否会影响这个线性，所以只能先尝试进行预测。

市场总监按照高级业务分析师的预测模型估算了销量，前 10 天误差都很小，比较精准，为了取得更好的销售业绩，完成月度目标，市场总监加大了营销费用的投入。当增加幅度不超过 30% 时，原先的预测公式基本精准；但当超过 30% 时，

预测值的偏差开始加大。

市场总监又找到高级业务分析师询问原因。高级业务分析师分析数据之后说，可以有更高的销售业绩。高级业务分析师说，一般事物的发展都遵循一个 S 形曲线的规律：刚开始时增速很小，随着规模的扩大，会有一个高速成长阶段，当过了这个阶段就会进入一个缓慢增长的阶段，之前的预测模型是按照线性预测的，在 S 形曲线的某个阶段内是可用的，但在提高 30% 的投放费用之后，就进入高速成长阶段。现在如果持续加大投入费用 30% 以上，甚至双倍，就能够快速进入成长的快车道，而且获客成本会大幅度降低，从而提前完成任务目标。

市场总监对此将信将疑，但为了超额完成业绩目标，他大胆冒险，将营销费用连续 N 天双倍投放，在电商平台上近乎"霸屏"了，销售量大幅度提升，生产部门和发货部门打来投诉电话，现在无法及时供货，企业需要扩大生产。

这就是数据应用的第三个层级：通过研究事物发展规律，有把握地预测未来，并找到未来发展的路径，提前做好准备或者采取措施。

用数据发现规范（范式）

高级业务分析师帮助市场部大幅度提升业绩，并由此受到各个业务部门的"爱戴"，市场总监为了提高业绩，又找到了高级业务分析师，询问再度提升业绩的方法。

为了找到方法，高级业务分析师在一个星期内天天跟着企业的高级销售经理跑业务，每天观察高级销售经理是如何工作的，并不断记录各种笔记，将各种销售人员和客户谈话的关键词记录在 Excel 中，把客户的典型问题记录下来。一个星期后，市场总监找到高级业务分析师询问情况，高级业务分析师告之正在研究，市场总监将信将疑，还是任由高级业务分析师继续他的"陪同出差"工作。

一个月后，高级业务分析师找到市场总监，并告诉市场总监，需要规范业务经理的"话术"，且要设定每次出门拜访的"目标"，以及与客户对话的"规范"。市场总监询问这样做的原因。

高级业务分析师回答说，经过一个月的实地数据采集，将业务经理拜访的客户大概分成五大类：第一类是刚刚听说过产品的客户，表示出对产品的兴趣，属于感兴趣客户；第二类是觉得产品不错，想深度了解产品优势和竞争品对比的特点的有意向合作客户；第三类是已经倾向于产品但觉得价格有点高的高意向且准备购买产品的客户；第四类是已经购买产品的客户，业务经理去回访和答谢的客户；第五类是多次购买过产品的客户。

笔者按照这五类客户数量分别做了统计，大致是一个漏斗的形状，而且观摩了优秀业务经理和普通绩效业务经理针对每类客户的不同沟通技巧，发现了其中的差异，所以接下来需要按照"客户体验地图"对客户的成交进程进行分类，然后按照优秀业务经理的做法规范所有人的拜访时机、拜访策略、谈话技巧（话术），并指定每一次拜访的成果目标，除排名在前10位的优秀业务经理外，其他人都必须遵循这个管理规范。

首先要对业务经理进行培训，并且必须通过考核，严格执行。让排名前10位的优秀业务经理做培训师，并做考试的考官，通过后才可以上岗。关于客户的进程情况笔者根据CRM系统中的数据进行分类，并且会为每个客户打上销售进程标签，以供业务员参考。

数据价值应用的四个层次（金字塔）如图2-6所示。

市场总监知道高级业务分析师自有他的办法，所以就参照执行，执行1个月后，业务经理的业绩上涨，线下销售的产品库存减少得很快。

这就是数据应用的第四个层级：用数据制定行为规范，全员遵循，以确保更优秀的业绩。

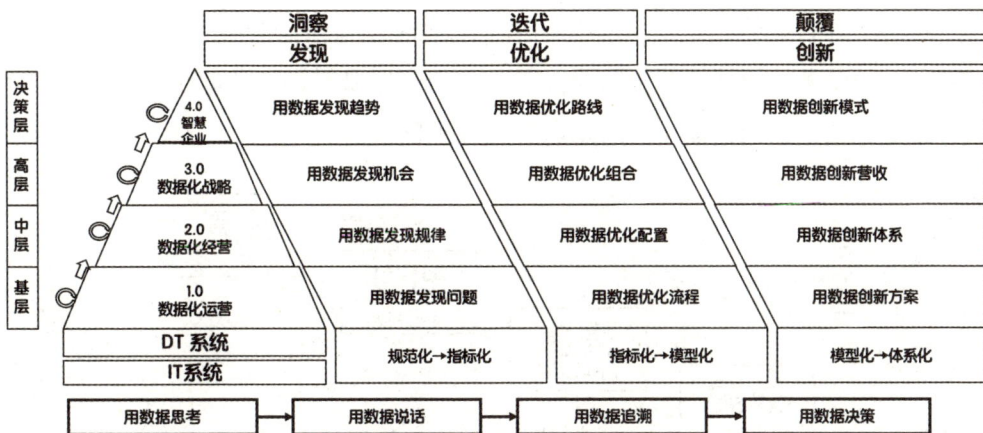

图 2-6　数据价值应用的四个层级（金字塔）

综上可知，数据应用的四个层级具体如下：第一个层级是描述性分析，通过数据统计汇总"发生了什么"。

第二个层级是诊断性分析，通过数据模型和算法找到事物间的规律，回答"为什么会发生"。

第三个层级是预测性分析，通过逻辑规律进行预测，并回答"将要发生什么"。

第四个层级是规范性分析，回答"应该做什么"（见图 2-7）。

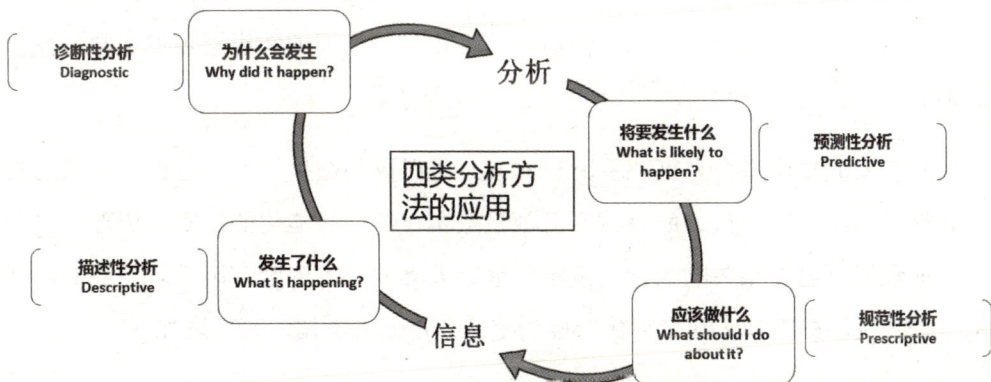

图 2-7　数据价值挖掘的四种类型

图 2-8 显示了从"数据"（Data）到"信息"（Information），到"知识"（Knowledge），再到"智慧"（Intelligence）的全过程。我们可以从数据中获得信息，从信息中获得知识，从知识中获得智慧。

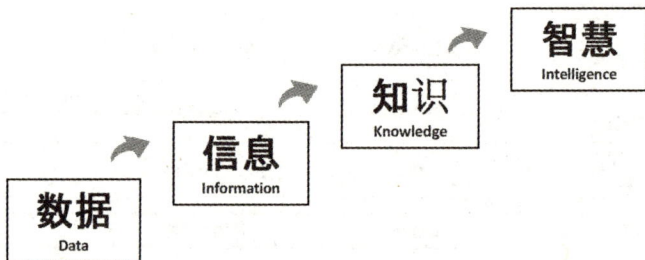

图 2-8　从数据到智慧的迭代升级

2.4　企业的发展离不开的七大类数据技术

数据技术的概念在逐步延伸，大数据的概念也逐渐被矫正，不再被认为是"大量且杂乱的数据集"，数据技术的广义定义也逐步被更多人接受。数据技术的广义定义包括数据采集技术、数据存储技术、数据传输技术、数据处理技术、数据分析和挖掘技术、数据应用技术，在数据管理方面还有数据管理技术、数据安全管理技术、数据质量管理技术，甚至与数据相关的物理硬件也逐步加入数据技术的范畴。

从广义的角度讲，未来几乎所有的技术都可以与数据技术发生关系。因为未来必然是数字化的时代，所有的产品都是数字化的、智能化的。本节梳理了与企业生产和经营管理相关的七大类技术，这七大类技术的深度应用将对企业的生产和管理产生深刻影响，并带来颠覆性的变革。这七大类技术可表述如下。

（1）与互联网、移动互联网、工业 Wi-Fi 等相关的通信技术。

（2）以物联网和数字化智能硬件设备为主的数字采集设备与反向伺服设备。

（3）各种软件应用在社交上的应用和创新。

（4）数据分析和挖掘的技术。大数据分析技术是在数据的基础上产生信息，在信息的基础上产生人类的知识，在知识点积累过程中塑造人类的智慧，是数据技术的核心技术。

（5）区块链技术。区块链技术是虚拟世界的信用机制，类比现实世界的信用机制，现实世界的信用机制衍生了金融体系，使人类经济获得高速发展，虚拟世界的信用机制技术——区块链技术将在未来的数字世界获得更有前景的应用，虽然目前很多人还看不清楚。

（6）云计算技术。算力是未来大数据计算技术实现的最重要手段和工具。

（7）虚拟现实、强化现实和数字孪生技术。通过虚拟现实技术和强化现实技术，可以构筑一个虚拟空间，成为真实物理世界的补充，从而在构筑物理世界时能够事前优化对物理世界的设计和规划。数字孪生技术也为设计、研发和工艺制造环节及制作物理空间副本提供了新的思路。

这七大类技术是截至目前已知对未来数据智能时代最重要的基础技术，值得每位读者关注。

移动互联网、移动通信技术

以前人们对历史的研究只能借助历史上留存下来的记录，如果没有记录就无法知道其发生过。过去，人们的记录能力有限，最初使用甲骨、墙壁（壁画）等记录历史，由于没有文字，只能通过图画的方式进行记录，记录的信息非常有限。目前，人们可以采用的方法非常多，如奥运会中心比赛可以用影像回放进行重新裁定结果。这得力于两种非常重要的技术——数据采集和数据传输，如果数据无法传输就无法存储，数据就无法得到保存，也就无法回放，从而无法进行分析和研究。

最早的手机是模拟信号，人们只能通话，不能传递消息，如无法使用大哥大发送短消息，但自从电信信号数字化之后，手机能够传递数字信息，不仅能够发送短消息，还能发送图片和声音。在 2G 时代，手机能够上网，能够与强大的互联网联通，这样手机就有了更大的使用空间。因为有了移动互联网才有了智能手机，手机能够接入互联网，手机的本质发生了根本性变化，为人们随时随地传输信息带来了无穷的便利。同时，随着智能手机数据采集能力的提升，以及移动互联网传输速度的提升，为传输更多数据带来了便利，并降低了成本，使更多数据得以采集和传输，移动互联网的诞生大大加速了大数据时代的发展。之后，虽然 3G 技术优于 2G，但并没有本质上的提升，直到 4G 技术的成熟，中国绝大多数地方都能通过 4G 实现信息的高速移动传输，大数据时代才真正开启。现在 5G 技术正在试用普及阶段，有些地方开始尝试 5G 技术的推广。随着 5G 传输速度的提升，人们可以采集并记录更多的数据，这时大数据时代才真正到来。目前能够处理的数据和处理数据的算法仍然有限，绝大多数情况只能实现数据技术应用的第一个阶段，就是从数据中发现过去发生了什么，发现问题，发现事实，发现事物到底发生了什么。所以，在事物为什么发生的研究上还有很大的空间。

从本质上看，移动互联网技术可以提升人们采集数据、传输数据和存储数据的能力，这是源头的能力。此方面的能力得到增强之后，人们会越来越接近"无所不知"，就是所有的事物和事物的活动都被记录。

现在概念版的 6G 已经出现，每秒传输的数据量能够达到 TB 级别，数据将无所不采集、无所不传输、无所不存储。移动互联网通信技术是人们要充分利用的技术。人们通常使用的手机通信技术只是移动通信技术的小部分应用，其实还有更多的独立应用场景。

例如，一个工厂没有必要完全使用电信运营商提供的基站，因为会受限于移动运营商提供的基站的传输量的限制，甚至受运营商数据通道的拥挤程度影响，从而影响生产环节实时数据的传递效率，进而影响生产，这个时候可以考虑布局自己的"移动网络系统"。又如，如果地铁和高铁的数据传输使用电信运营商的网络系统，那么高铁和地铁是无法正常运营的，所以它们必须有自己的网络设施，能够应付每秒百万级数据的传输和毫秒级的信号通信。因为任何的不稳定和信号传输出错都会是灾难性的。

随着数字化智能工厂的建立，万兆级的网络布线系统和千兆级的互联网访问在大型生产制造企业内兴起。数据的实时性、准确性和全面性越来越制约企业的发展，这个时候关注移动互联网技术的应用，在必要时通过采购相关技术服务，实现数字化智能企业建设，是数字化转型企业需要随时研究和观察的。

目前，大型的数字化工厂基本上都是自己部署基于工业 Wi-Fi 或者自建"小基站"的移动互联局域网，在厂区、园区或者一个社区内建立能够高速传输的网络系统，从而不必依赖电信运营商提供的互联网系统。可以想象，一个大型智能化的购物中心不可能依赖电信运营商采集和传输各种用户信息，所以必须自己布局商业 Wi-Fi，能够随时采集消费者和商户的信息，这个时候商业 Wi-Fi 就是最佳的选择，较大的园区甚至需要布局"小基站"，从而实现无缝的数据采集和传输。

一般的企业家或者读者可能无法理解商业 Wi-Fi 和小基站，下面笔者将阐述一个应用场景和案例，以供大家参考，专业人士可以忽略下面的几段内容。

目前，一般的大型购物中心都是全空间布局商业 Wi-Fi，这个商业 Wi-Fi 与家庭中的 Wi-Fi 相似，但又有一些不同。相似的地方就是这个 Wi-Fi 能够为所有进入购物中心的手机提供无线上网功能，有些地方是有密码的，有些地方是无密码免费提供的，包括星巴克、机场 Wi-Fi，在这些地方都可以免费"蹭网"，但是有些购物中心没有提供免费使用的 Wi-Fi，并且也不打算提供 Wi-Fi，但是一旦进入这个购物中心就能够查看到很多需要密码的 Wi-Fi 网络。

　　绝大多数人基本不会把 Wi-Fi 功能关掉，大都是让手机自动连接 Wi-Fi。例如，进入办公室，手机就自动连接办公室的 Wi-Fi，回到家手机就会自动连接家里的 Wi-Fi。这也就意味着，手机可以自动搜索可用的 Wi-Fi，然后连接互联网供人们使用。只有涉密岗位从业者或者对自己的行踪要极力隐藏的人，才会离开一个区域后将 Wi-Fi 功能关闭，到了需要上网时再开启 Wi-Fi，因为人们希望随时收到微信或者其他 App 的消息。

　　既然手机能够自动连接家里或者办公室的 Wi-Fi，这就意味着手机随时随地都在搜索一些可用的 Wi-Fi，正是这个自动搜索功能暴露了手机的行踪和轨迹。智能手机随时随地都在试图连接 Wi-Fi 信号，当搜索到 Wi-Fi 信号时，手机会自动连接，将自己的"身份证号"提供给 Wi-Fi 路由器验证，当提供的"身份证号"和密码都正确时，Wi-Fi 路由器就接通手机与互联网的通信，建立通信信道。利用这个机理，商业 Wi-Fi 在不用连接手机 Wi-Fi 的情况下就能够识别手机，然后根据信号的强弱测定距离，通过立体空间中的三个 Wi-Fi 就可以精准定位人们在这个空间中的位置，而且还是三维空间位置。这样当人们带着手机进入一个购物中心之后，所有的行踪都能被商业 Wi-Fi 记录。商业 Wi-Fi 和家用 Wi-Fi 的不同之处有：商业 Wi-Fi 的主要目的是采集用户的行动轨迹信息，甚至记录手机"身份证号"，后台数据库能够知道该顾客一周来过这里几次。

　　目前，三大电信运营商也在为商家提供数据服务。三大电信运营商对所有的客户都贴上了标签，这个标签的数量成千上万，是基于人们对手机的使用习惯、访问流量、出现地点、花费、通话情况、联络人等行为数据。然后，基于手机的识别码能够为商家反馈这个客户的标签，从而让商家能够非常精准地判断都是哪类客户进入商场或者门店，从而更好地优化产品选择、货架布局、客户动线。商家只需要购买三大电信运营商的数据服务，就可以通过购买某一类标签的方式获知进入商场或者门店的客户群特征。这种数据并不涉及个人隐私和敏感数据。

　　在生产制造型企业的工厂中，商业 Wi-Fi 应用场景非常多，可以做监控，做考勤，做轨迹分析，做安防，做厂区或者园区规划，也可以做各种管理改善，而这些场景都不需要厂区的员工做出任何变动和调整，数据自动被采集和分析，并给出各种数据分析结果，甚至包括一些安防的预警。例如，凌晨 3:00，几个陌生的手机终端在试图连接布局在空间中的商业 Wi-Fi，在识别出非客户和商户的基础上，这个商业 Wi-Fi 系统就可以发出警示：有陌生人半夜三更进入购物中心某位置。如果这个人的行为异常，与一般客户的行动轨迹不同，就可以根据其行为特征判断是不是盗贼，而这一切都不需要盗贼打开手机连接商业 Wi-Fi。

现在企业大多采用指纹识别或者脸部识别的方法进行考勤。这种考勤都是强制性的，必须在固定地点打卡、采集指纹、进行人脸识别，这些考勤方式本身会带给员工心态上的一系列影响，如感觉企业在监控自己，计算自己的出勤，计算自己的工作时长，计算自己的勤勉程度等。在这种心态下，员工与企业是对立的，是"敌我双方"，不利于企业文化的构建。

如果采用"无声"的考勤和评估系统，以及数字化的绩效系统，那么打卡、指纹打卡、人脸识别打卡等都可以被抛弃。通过手机的移动跟踪，借助无处不在的摄像头采集数据后的人脸识别技术，可以随时观察和管控员工的各种活动细节。所有代打卡、代考勤等行为可以避免，而且能够知道员工在整个工作时间中是否真正在工作。考勤的目的是希望员工能够来上班，但员工到场不见得就是在"上班"，不见得是真正在工作，通过新技术的应用，不仅可以知道员工是否来上班，还能够知道员工是否真正"在工作"，这就有了本质的区别。

通过移动互联网技术与物联网技术的融合应用，可以开发更多的应用场景。例如，在一个化工厂，通过具有红外线和紫外线采集功能的摄像头，能够识别出某个地方是否存在气体的泄漏，是否存在一些不规范的操作，是否存在液体的"跑、冒、滴、漏"，是否存在生产安全所有必要的监控。如果具有"跑、冒、滴、漏"智能监测摄像头，则各种化工厂的安全事故就会大幅度减少。又如，某化工厂发生爆炸，原因是氯乙烯泄漏遭遇明火后引起危险化学品运输车辆的连环爆炸。如果有智能监控系统，对于无色无味的气体泄漏都可以监控出来，那么就可以避免事故恶化。安全事故大都是隐患造成的，这些隐患通过数据技术其实是可以预先监控的，从而提前预警，事前防范。

企业要关注移动互联通信技术的发展和移动数据采集设备的创新，并积极应用这些技术实现更先进的管理，在效率、安全和环保等方面不断开拓出新的应用场景，不断创造新的价值。

物联网 IoT 设备数据采集、边缘计算和反向伺服设备技术

在工业 4.0 被提出之后，越来越多的企业开始关注空间和设备的智能化，有了智能工厂、智能车间和智能生产线的重构设计及应用。智能空间和智能设备离不开物理层的数据采集。如果真正按照智能工厂概念设计，除物理层的数据采集外，还需要智能伺服系统，就是当空间或者设备的运营指令传达给智能控制器时，操控物理层的设备做出相应的调整，实现无人干预的智能控制。这种反向控制设备的系统被称为"反向伺服"，根据智能分析得到的指令对设备的运行进行实时调控。

目前，设备数据采集部分的技术相对成熟，能够针对设备的各种运行状况进行高效的实时数据采集，包括对设备或者装置运行中的温度、压力、流量、频率、转速、磨损、油液液位、润滑油浊度等进行实时采集，从而分析和判断机器设备或者装置的运行情况。但在智能反向伺服方面，受限于设备或者装置的自控系统或者控制方式的改造力度大，需要原来设备厂家的重新改造，甚至需要重新采购具备反向控制能力的设备对原有设备进行置换，而不是对现有设备进行智能化改造，进展较为缓慢，智能化实现程度较低。

企业在做数字化转型的过程中，可以与前端设备供应厂商建立战略合作的关系，这样可以随时关注数据技术的应用，协同前端共同开发相关的具备反向伺服的智能设备，以更好地完成数字化到智能化的改造。小米在推进 IoT 布局方面也

采用了"投资＋孵化"的模式，而不是自主研发，通过吸纳更加专业的技术团队和企业做物联网，分散风险，让自己聚焦在擅长的手机领域，同时，小米吸纳的生态企业，在系统上又能够与小米的系统实现整合，这就如同一个开放的系统，小米整合了更加专业的第三方开发者，一旦成功，小米也可获利；如果失败，第三方开发者则承担大部分风险。

目前，物联网发展还处于前期阶段，多数物联网设备都还只能采集数据并上传云端，能够做到智能反向伺服的设备非常少，未来会有越来越多的实现数据闭环的设备。

社交化技术

社交化技术看上去不像其他技术那么直观，其实社交化技术是数据技术应用一个非常重要的创新，而且这种技术的创新还在不断出现新的版本。这种社交化对企业的前端采购、内部管理和后端营销与销售都具有深刻影响，并且有可能彻底改变企业的经营模式及组织形态。

社交化技术改变了人们之间的合作方式，必然会改变组织的架构形式，新型的动态"军团制"组织形态正在形成，配合"军团制"机制的"三台化"组织正在创新。

社交化改变了消费者获取信息的方式，也会改变企业宣传和营销的方式，改变企业交易的方式，并且利用这种方式消费者的偏好数据更容易被采集，从而能够更好地研究用户诉求，改善产品和服务，增强客户体验。利用数据技术，消费者不必再到商场中试衣服，而是直接站在一个有摄像头的镜子面前就能够利用数字智能成像技术、虚拟现实技术实现立体试衣服，专业形象设计师还可以根据消费者的各种体形指标、性格偏好等提供基于形象设计的智能推荐。

社交化技术改变了组织内部的合作关系，在过去企业组织的形态是"科层制"，由基于专业分工的"科"和不同能力水平的"层"组成，现在绝大多数组织都是科层制的组织架构体系，这是一个基于专业和权利关系组成的矩阵状结构。随着社交媒体在企业组织沟通中的应用，这种科层制逐步被打破。其中一种升级是基于产品经理（PM）的"蜂巢式"组织：基于一个产品，构建该产品的相关组织，如微信和QQ，分别有服务这两个产品的产品经理、后端开发、前端开发、人力资源、财务等相关人员，这种"蜂巢式"组织是以产品为中心的。

但是，现在越来越多的组织正在打破这种固定的或者稳态的组织形式。当客户有了一个具体需求之后，企业内部甚至包括企业外部的部分合作者共同组建一个群，讨论相关的客户需求及解决方案，并在一个较短的时期内快速解决客户诉求。当客户的诉求被解决之后，这个群就会被解散。当有新的客户诉求进来时，新的群被组建，然后再被解散。这种组织可以称为"军团制"，一个基于客户需求或者某一项特定任务组建的"军团"，这次"战役"结束之后，"军团"解散，成员回归到自己的组织，等待下一次客户需求，或者下一个任务 / 项目。这种组织类似于机动部队，随时响应战场的变化，所以称为"军团型组织"（见图2-9）。

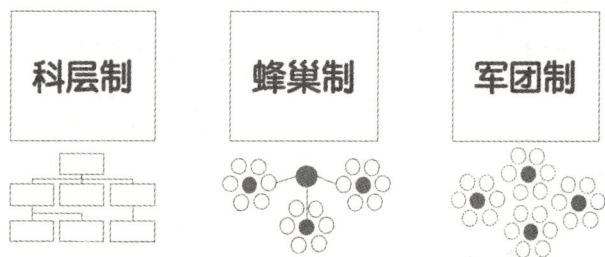

图 2-9　数据技术驱动和组织形态变革

"军团制"改变了组织的权利关系和决策权限，站在一线的人往往会掌握更多信息，有更高的决策权，站在后端的"高层领导"根据前线的需求，在企业的"后台"调集各种资源服务于前端，从而形成基于"前台、中台和后台"的"三台型"整体组织模式。另外，需要层层汇报的机制被打破，指挥"战斗"的人不是高高在上的"高管"，而是"听得到前线炮火的战地指挥官"，这种组织才是真正以客户为中心的组织。"蜂巢制"组织是以产品为中心的，而传统的科层制是以老板为中心的。新的组织形式是动态的，需要更快速的信息传播和更快速的响应机制，必须借助信息技术和数据技术实现信息与数据的充分共享。

为了适应这种敏捷型的动态组织，阿里巴巴首先提出了"三台型"组织：通过构建强大的基于数据的中台，利用具有强大技术实力的后台，为"前线打仗的先遣部队"提供充足的"弹药"和支持，确保组织的敏捷性。目前，"三台型"的组织形态，彻底打破了过去科层制的组织形态，正在成为越来越多的企业的管理模式。"三台型"组织也是目前支撑生态型组织最有效的组织形态（见图 2-10）。

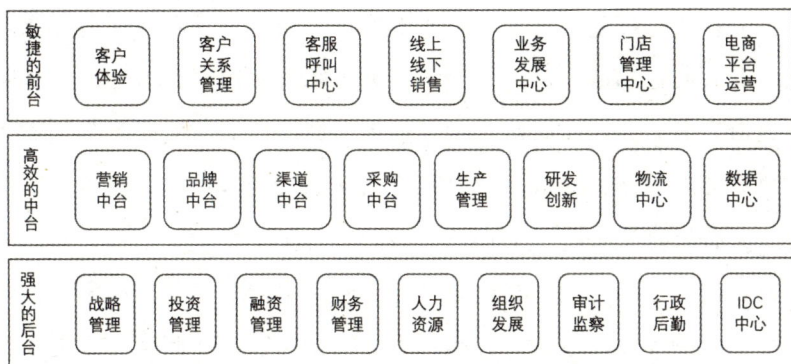

图 2-10　"三台型"组织的架构图

员工之间的通信交流数据也是非常有价值的。某家集团公司的人力资源部组织发展职能（OD）深度分析了集团内部员工之间利用社交网络沟通的数据，得到哪些部门之间沟通最多，哪些岗位之间沟通最多，其中并不涉及沟通的内容，而是就沟通的数量和沟通的频次进行分析，之后在办公室空间布局、组织架构重组方面做了更多的调整，从而优化了员工之间的沟通效率：将沟通频次和数量最多的两个部门在公司的办公区域中设置为最近，让员工能够走几步就可以面对面对话，而不是利用手机发微信或者发钉钉消息；在部门之间合并时，优先合并那些沟通频率高和沟通数量多的部门；针对组织职能调整，将高频沟通的岗位尽可能调整到一个部门，从而优化岗位间和部门间的沟通效率。

大数据分析和挖掘技术

数据技术的核心是从数据中分析和挖掘出信息、规律，形成对现实世界的感知和认知，通过数据分析和挖掘做出判断，并形成行动决策方案，指挥相关的业务部门或者业务活动，从而做出更有效的行动，再借助数据采集对采取的决策进行检测，形成反馈机制，然后不断优化感知、认知和判断，优化行动方案，从而可以更有效地对外部世界进行响应。所以，数据分析和挖掘技术是数据技术的核心，没有对数据的分析和挖掘，就不会有数据价值的创出。

目前，大数据算法大多还是基于数学、统计学、运筹学、计量经济学等学科沉淀的数据分析方法。随着大数据技术的发展，新的算法被创新，越来越多的算法被应用，但人们在这些算法上的进步还处于初级阶段。明悦数据科技对大数据算法做了大量研究，并在实践中应用了近百种算法之后，发现目前绝大多数算法是分类算法和关联算法，少数部分是基于数学的预测算法。在探寻数字世界规律的过程中，还有大量未被开发的算法。对比、分类、聚类、网络、回归、时间序列等算法是非常普遍的算法，在企业经营和管理中有更多的应用场景，但这些算法不是直接运用就能够产生效果，而是需要结合实践，不断优化，提升算法的精准度。

人们常用的画像算法就是一种分类算法，针对客户的各种典型性特征，匹配产品和服务的典型性特征，从而能够形成更加精准的产品或者服务的推荐，目的是能够更好地匹配客户需求，形成最佳的撮合交易。

随着数据量的增加，算法实现的难度越来越大。如果是上亿条数据，则普通计算机遍历一遍都需要非常长的时间，如果要对数据进行排序、筛选、查找，则算法计算次数越多，对计算能力的挑战就会越大。对 TB 级和 PB 级的数据进行秒级查询与秒级响应，就需要采用更先进的分布式存储和分布式运算，这方面的技术需要借助开源软件的发展。大数据底层数据处理算法已经得到有效发展，针对绝大多数的企业应用场景，目前开源的大数据底层数据处理算法基本能够满足需求。

现在有些企业已经开启了人工智能算法研究，借助人工智能、机器学习和深度学习的算法，机器能够自己优化算法、产生算法，从而能够自己生产"知识"和"智慧"，创新的算法能够驱动商业的创新，使经营和管理在更聪明的机器的指挥下获得更快速的成长。

无论是人工的算法设计，还是机器自动产生的算法，都需要结合业务场景进行迭代，这种"迭代效应"越早研究就可以越早使用，从而实现更多次的迭代，算法就能够更加先进、更加精准，从而在激烈的市场竞争中更具有竞争优势。

区块链技术

提起区块链技术，更多的人会想到比特币，一个虚拟投资货币，也有人会认为它是另外一个泡沫。这是对技术本身的特性不了解导致的偏见。不谈技术本身如何实现，对不真正编写代码的人，只需要知道这个技术的原理及其未来的强大影响力即可。

日常生活中会发生各种各样的交易，这些交易是靠什么保证交易的正常进行的？一般为了保证交易双方的利益，需要法律的约束，通过法律保证交易双方的公平，并保证交易按照既定的规则进行。交易双方还可以根据业务场景，用合同的方式保证双方履约，如果任何一方违约，法律就成了保护受损一方利益的武器。

例如，李某向朋友借一笔钱，朋友担心李某不归还，于是要求李某写一个借条，写下借钱的数目并承诺还钱的条款。当李某拒绝归还时，朋友可以拿着借条起诉李某。但是，为了保证借条的真实性，在金额巨大的情况下，需要有第三方见证人，必要时需要到公证机关进行公证，确保双方都会遵守约定。这是现实中的场景。这个场景在互联网的虚拟世界中无法进行，所以必须通过线下解决，即使借钱是通过网上转账完成的，也需要线下签署合同，并打印出来，在第三方见证下签字。

即使线下有各种约束条件，仍然有很多人赖账，或者伪造合同，给另外一方造成损失。为了解决这个问题，需要按指纹、盖公章或者制定各种防范措施。这种情况使现实世界的交易成本和交易效率大打折扣。一个市场是否规范，就在于这个市场中人们是否都遵守约定的规则，是否有完善的法制环境。如果有人故意破坏规则而得不到惩戒，就会有更多的人破坏规则，规则就会名存实亡，信用机制就会变得越来越重要。信用是在多次交易之后对未来诚信行为的预测。

在虚拟的数字世界中也需要建立一种机制，以保证合作的双方能够在一个既定的规则下参与游戏，一方面要有充分的证据留存，另一方面要通过合约机制自动完成相关交易，降低合作过程中的反悔概率。能够在虚拟数字世界做到"使命必达""承诺必履"，这就产生了模拟现实合约机制的一种技术，即分布式记账技术。

假设一个场景，甲是菜市场中上百个卖家之一，平时大家在卖菜的过程中经常相互"借菜"，当甲的西红柿卖完了，但甲的长期客户到菜市场买西红柿时，他便从卖家乙那里临时"借"5千克西红柿销售给客户。当这种"借菜"次数非常多时，大家都容易忘记，但是大家都不会记账，于是找菜市场的会计丙，丙将上百个卖家之间的"借菜"行为记录下来，谁欠谁的都一目了然。

某天，乙向甲借50千克西红柿，之后甲向乙索要，但是乙想赖账，于是拿5千克西红柿贿赂菜市场的会计丙，丙就把乙欠甲50千克西红柿改成5千克，甲觉得不公平，但是因为账都在丙这里，也别无他法。随着菜市场会计受贿赂增多，会计丙逐渐失去了大家的信任，所有人都不再找会计记账。

为了确保没有人可以赖账，每次相互"借菜"时，菜市场中的上百个卖家都在自己的账本上记下谁欠谁多少菜，而不再找菜市场会计记账。当乙还想赖账时，甲就寻找其他卖家作证，乙就无法赖账，即使他修改了自己的账本，其他上百名卖家的账本他也无权修改。这就是分布式记账的原理。上百个卖家同时记账在现实生活中不现实，但在互联网上可以通过算法实现，这就是区块链技术的分布式记账机制。这种记账可以采用公开的、透明的方式，大家都可以看得到，也可以采用加密方式，虽然账本记录在服务器上，但是其他人没有办法解密他人的数据阅读其数据，当需要证伪时可以用区块链技术的解密算法进行验证。

区块链技术还不仅仅是通过分布式记账、不可篡改约束相互的信用，它还有一个智能合约机制。例如，乙借甲 5 千克胡萝卜，并答应他进货后，如果有 2.5 千克西红柿或者 5 千克胡萝卜库存时，则自动归还甲 2.5 千克西红柿或者 5 千克胡萝卜，交易自动完成，无须人工干预。这个条件签署后，当乙有了菜，甲就自动将菜拿走，双方自动销账。如果甲不让乙拿走这些菜，就属于违约，自动公布给菜市场的所有卖家，所有的卖家都不会再借菜给乙，乙在菜市场就没有立足之地，最终被清理出菜市场。

这种约定和交易方式可以在虚拟数字世界利用区块链技术轻松实现，这种机制被称为"智能合约"机制。智能合约一旦签署，系统自动执行，无法人为干预。

区块链技术的三大优势具体如下：①分布式记账机制，区块链上一台记账机失效，其他机器自动填补，确保账面数据一致，不丢失数据；②不可篡改的终生追溯机制；③不能事后人为干预的智能合约机制。这样就构建了虚拟数字世界的另外一种信誉约束机制和信用保全机制，这种机制是去中心化的信用保全机制。在现实生活中，在去中心化的信用保全机制模式下，一旦中心化记账者违约，则无法保证相关者利益，就如同菜市场的会计丙，一旦他失信，整个菜市场的中心化账本就会失信。而区块链技术则可以有效地避免这种情况。

目前，区块链技术可以采用公链机制、私链机制和混合链机制。区块链技术已经在社会上被普遍采用，并起到了非常好的效果。

某钢铁集团利用区块链技术正在推动钢铁行业流动资产的贷款服务、动产供应链金融。过去，作为钢铁贸易商，若要购买 2 000 吨钢材，需要 1.2 亿元的资金，虽然前端有订单，但是因为没有足够的自有资金而无法交付订单。为了有足够的资金购买钢材，只能把这 2 000 吨钢材抵押给银行贷款，而在办理抵押时，银行需要封存这批钢材，直到企业还清贷款才能解封这些钢材，但这会影响钢材的销售。

利用区块链技术之后，企业可以通过钢材库存"上链"和其银行账户"上链"，签署智能合约，在供应链金融平台上进行贷款。钢材作为抵押物不用封存，仍然可以随时销售，当销售到一定量之后，抵押物留存量少于抵押贷款要求的额度时，则自动从企业账户中划转资金，还一部分贷款，企业仍然继续销售其钢材，当钢材都销售完成时，贷款已经还清，企业不仅赚取了销售钢材的利润，还归还了贷款的本息。

该钢铁集团通过发起供应链金融服务，利用区块链技术搭建了供应链金融平台，第一年投资 10 亿元的金融资金，同年就获得 2 亿元的利润，投资回报率达到 20%。

未来区块链技术会越来越普及，特别是在算力提升后，区块链会有更多的发挥空间，特别是在多方参与的产业链大数据项目上。目前，因为分布式记账，整体效率有些低下，但随着算力的提升，效率瓶颈会被突破。

云计算技术

云计算技术是未来三大核心竞争力之一，强大的算力能力支撑规模化企业的数字化转型，借助强大的算力，能够实现每秒亿级数据的处理。阿里巴巴和腾讯在超算方面拥有领先技术。在每年"双十一"期间，每秒上亿元订单的处理能力是阿里巴巴技术的优势；而在春节期间，人们相互问候发微信，腾讯能够在服务全球近十亿用户时游刃有余，这些都是强大的算力在发挥作用。

云计算是最先普及的一种服务，现在各种云计算市场快速发展起来，从最早开放出来的 AWS，再到中国的阿里云、腾讯云、浪潮云、华为云、联通云、电信云、移动云、百度云等，这些服务为企业算力需求提供了强大的保障，而不需要自己部署大批量的服务器，增加运维成本，只需要根据需求，在虚拟化技术的支持下不断扩展即可。

虚拟现实、强化现实和数字孪生技术

1. 关于 BIM

BIM，俗称"建筑信息模型化"，是利用 3D 模型设计的，最早由 AutoDesk 于 2002 年提出。BIM 的核心是通过建立虚拟的建筑工程三维模型，利用数字化技术，为建筑模型提供完整的、与实际情况一致的建筑工程信息库。该信息库不仅包含描述建筑物构件的几何信息、专业属性及状态信息，还包含非构件对象（如空间、运动行为）的状态信息。借助这个包含建筑工程信息的三维模型，可以大大提高建筑工程的信息集成化程度，从而为建筑工程项目的相关利益方提供一个工程信息交换和共享的平台。同时，运动行为模型可以在建筑物实际建造之前，通过模拟运行，消除设计环节可能存在的不合理设计，优化建筑物的使用效率，同时在运行安全保障方面做到事前监测。

其实，BIM 可以认为是早期的虚拟现实（Virtual Reality）技术，就是对现实世界的虚拟化和数字化，从而构建一个虚拟的数字空间。与此对应，一种被称为数字孪生的技术概念被提出。所谓的数字孪生就是与现实世界并行的一个数字化的世界里的另外一个存在。随着数据技术的发展，BIM 的版本不断升级，它提供了建筑物的完整的信息库。

可以想象一下，现实生活中人们是真实存在的，而在网络世界，人们的各种网上活动行为构成了另外一个数字化的"我"存在，并构筑了一个并行的数字空间。人们在这个虚拟数字空间里有感情，有情绪，有喜怒哀乐，有同事关系，有社群关系，还有商业交易关系，等等。虚拟世界中的"我们"就是数字孪生。

2．从 BIM 到 CIM

智慧城市，Smart City，2010 年 IBM 正式提出智慧城市的愿景，智慧城市是指利用各种信息技术或创新意念，集成城市的组成系统和服务，以提升资源运用的效率，优化城市管理和服务，以及改善市民生活质量。智慧城市经常与数字城市（Digital City）、智能城市（Intelligent City）相提并论，利用数据技术，人们可以更好地优化城市的运维，能够改善城市的效率，改善人们生活的环境，改善人们的生活质量。

利用 BIM 技术的扩展，人们可以构筑一个虚拟的数字城市，这个城市不仅有建筑物，还有各种市政设施和人们生活的数据，这些数据聚合在一起，构筑了智慧城市的数字化虚拟现实，是城市的数字孪生。所以，CIM（City Information Modeling，城市信息模型化）的概念被提出，目前城市数字孪生也在某些城市开始试点，特别值得关注的是雄安。

3．数字孪生普及应用

一台机器在制造之前就有一个设计模型，这个设备一旦被制造出来，当设备运营数据被全面采集之后，就有一个并行的数字化设备也在数据不断采集中真实存在。现实中的设备出现故障，数据被采集，数字孪生的虚拟设备也"出现故障"。数字孪生是真实物理世界的副本，而这个副本能够随时调阅查看和分析，能够为诊断物理世界的问题提供可追溯的全生命周期过程。物理世界中这个设备出现故障，人们无法倒序回去，现实世界中没有月光宝盒可以使人们回到从前，但基于全面数据采集的数字孪生可以，人们可以利用数字记录，全面追溯设备的运行情况，找到设备出现故障的原因，从而帮助人们更好地设计和优化设备设计与制造，帮助人们更好地优化设备的维护和保养，为人们更好地改善物理世界提供数字化的模拟模型。

电商越来越成为人们购物的首选途径，但是网上购物无法事先真实体验，收到产品之后才能真实体验，如果不合适只能选择退货，造成了物流成本和退换货处理成本的浪费。如果能够利用虚拟现实技术，使消费者购物之前在虚拟世界中先体验一遍，退换货的概率可能会大幅度降低，同时还可以提升客户的体验。阿里巴巴推出了一款试衣镜，当顾客站在镜子面前，镜子内置的摄像头采集其身材的数据，利用人工智能算法，为顾客提供穿上这件衣服后的样子，让顾客虚拟试衣服，这就是利用虚拟现实技术实现的增强客户体验的数字化业务。

未来，人们可以足不出户就在全世界"旅游"。因为景区可以利用虚拟现实技术构筑一个数字孪生，让人们"身临其境"地参观各地的美景。

未来，人们不用出差去见客户，可以利用虚拟现实技术和全息影像技术实现具有现场感的同客户非面对面的真实的沟通。

2.5　企业数字化转型是趋势

"跨界打劫"现象越来越普遍

随着数据技术的发展，人们所处的外部环境变化越来越快，越来越多的企业领导者开始感知到变化所带来的威胁。"跨界打劫"现象层出不穷，很多企业已经不再单纯将同行作为竞争对手，而是抵抗"外敌入侵"（见图 2-11）。

酒店	爱彼迎	自如
电信运营商 联通、电信、移动	微信	钉钉	**汽车** 福特、丰田、大众	谷歌	百度
银行	支付宝 微信支付	余额宝 花呗、白条	**电商** 淘宝、天猫、京东	美团	抖音
出租车	滴滴打车	共享汽车	**OTA** 携程、去哪儿、途牛	高德导航	百度地图
家电 海尔、美的、格力	小米	苹果	**餐饮**	盒马	超级物种

图 2-11 数据技术驱动的"跨界打劫"现象

移动、联通、电信三大运营商原本提供的是通信服务，随着微信、钉钉、QQ等网络聊天和沟通工具的普及，人们的交流沟通不再以电话为主，而是以微信和语音为主，同事多方通话不再采用电话会议的方式，而是以微信电话会议的方式进行沟通。三大运营商已经不再是通信公司，而是基础网络提供商。从通信意义上定义的三大运营商已经从原来的"物流公司"变成信息"高速公路"的建设方和运营方。

过去人们都是利用银行存钱和支付，现在人们开始在余额宝、微信钱包中存钱。人们的投资渠道也逐渐从在银行购买投资产品转向互联网金融投资。现在人们购物不再刷信用卡，而是利用京东白条和花呗支付。真正打败银行的不是竞争对手，而是支付宝、微信支付、余额宝、花呗、京东白条。

中国三大家电巨头海尔、美的和格力，它们担心的不再是竞争对手抢占自己的市场份额，而是担心小米和苹果快速地蚕食其用户市场份额。新零售的崛起，使原有的电商、线下商超、餐饮店都紧张起来，因为它们的生意正在被盒马、超级物种等新型的零售方式改变，消费者的购物习惯已然发生了巨大的变化。

数字化是实现"跨界打劫"的超级武器

仔细分析"跨界打劫者"就会发现一个超级武器——"数字化",利用互联网、移动互联网、物联网等新兴数据技术,向传统的产业和传统的业务模式发起挑战,是"跨界打劫者"的超级武器。

小米利用互联网、移动互联网、物联网和社交技术,构筑了一个动态的生态体系,用短短的 10 年时间逼近超过 30 年历史的海尔和格力,以及有 50 年历史的美的。滴滴利用移动互联网技术构建的共享出行平台,在没有一辆出租车的情况下打败了传统的出租车公司,成了名副其实的最大的出租车公司。

利用数据技术,对传统业务进行改造升级,有了数据技术的助力,新的业务模式更高效、更精准,并且有更好的客户体验。以前打车时只能到路边招手拦车,不管刮风下雨,人们都要在路边等候随机路过的出租车,现在有了数据技术,人们可以在办公室先找好车,平台根据司机和车辆的闲置情况,就近派单,车到楼下时用户再下楼,直接上车。滴滴专车司机态度非常亲切,并提供一系列服务项目,是因为有客户评价系统。

近几年新零售发展迅速,所有新型零售模式都有数据技术的身影,无论是遍布写字楼的售卖机,还是新兴超市的自助结账,以及新型咖啡厅的自助点单等,数据技术采集各种各样的消费者数据,并利用这些数据优化消费者的体验。

数字化转型成为新趋势

数据技术的应用普及正在改变人们的日常生活。人们选择扫码(二维码)购物、扫码通勤、扫码出行、扫码订餐、扫码取快递,二维码背后的数字经济正在改变人们的生活方式。

戴尔在 2017 年对企业客户做的调研显示:超过一半的企业领导认为,"他们的业务在过去的 3 年已经发生了巨大变化"。有 45% 的企业领导认为,"他们的业务在未来 3~5 年将会过时，必须寻找新的出路"。但是，有 48% 的企业领导并不知道"未来 3~5 年后他们所处的行业将会是什么样子"。未来，必然是一个快速变革、创新迭代加速的时代，越来越快的变化使人们无所适从。

但有一个趋势是非常明显的，即数字化。所有的企业都面临数字化的转型压力，也都需要进行数字化转型。相关调研显示，有 78% 的首席执行官表示实现数字化转型对他们企业未来两年的发展是至关重要的。另外，由 IDC 针对"世界 2000 强"的企业首席执行官所做的调研显示，有 67% 的首席执行官会在 2017 年年底将数字化转型作为其战略的核心。数字化转型的重要程度和紧迫程度可见一斑。越来越多的企业会加入数字化转型的大军中。

据了解，国内的企业也纷纷加入数字化转型的大军中，其中不乏大型的企业集团，也有小规模的企业。小规模的企业有数千万元级别的，也有数亿元级别的。它们利用数据技术，在客户体验、业务流程、生产制造、物流供应等方面开启了数字化转型的升级。

华为的数字化转型则更早，华为是国内一家一直在技术上注重投入、在管理上一直创新的企业。华为在数字化转型方面的努力，一直是其他传统企业学习的标杆。

这些领先尝试数字化转型的企业运用各种各样的方式在数字化转型的跑道上开启了赛跑式的转型。因为它们知道，谁在数字化进程中落后，谁就将在市场竞争中落后。数据技术已经是企业持续发展的必需品，从底层的云计算布局，到数据中心建设，整合企业信息系统孤岛中的数据，到采用数字化重构业务流程，甚至对组织架构进行重组以确保数字化转型的成功。

第 3 章

企业数字化转型的
方式与策略

3.1　企业数字化转型方式

数字化转型是一项战略挑战，自是艰难的，但也是必须达成的。关键的问题已经不是要不要转，而是从哪里转和如何转。要回答这个问题，必须从两个维度进行思考。

（1）变革的深度。这需要对竞争环境进行深刻的研判，具体来说包括以下问题：自己所从事的行业正在发生哪些变化？存在哪些动荡和不确定因素？是否具有可塑性和可预测性？"跨界打劫者""互联网数字巨头""潜在的技术创新创业者""未来的产业生态整合者"是否正在挑战行业规则？基于对这些问题的思考，可以确定变革的幅度：一个是变革幅度比较小的增强式战略，战略和商业模式并没有发生变化，只是通过数字化技术，增强既有的战略，使成本更低、效率更高、收益更丰厚。另一个是变革幅度比较大的重塑式战略，即通过数字化技术重构企业的战略和商业模式。

（2）变革的广度。这需要确定在哪些层面进行变革：一种方式是重点突破，即根据战略需要找到一些关键的场景，优先进行数字化升级；另一种方式是全面推进，即对企业的各项管理工作全面梳理，进行系统性的数字化再造。这需要考虑企业的数字化能力、盈利水平等因素，进而确定变革的广度。

从这两个维度出发，可以确定四项数字化转型的策略（见图3-1），具体包括精益式转型、增强式转型、创新式转型和跃迁式转型。

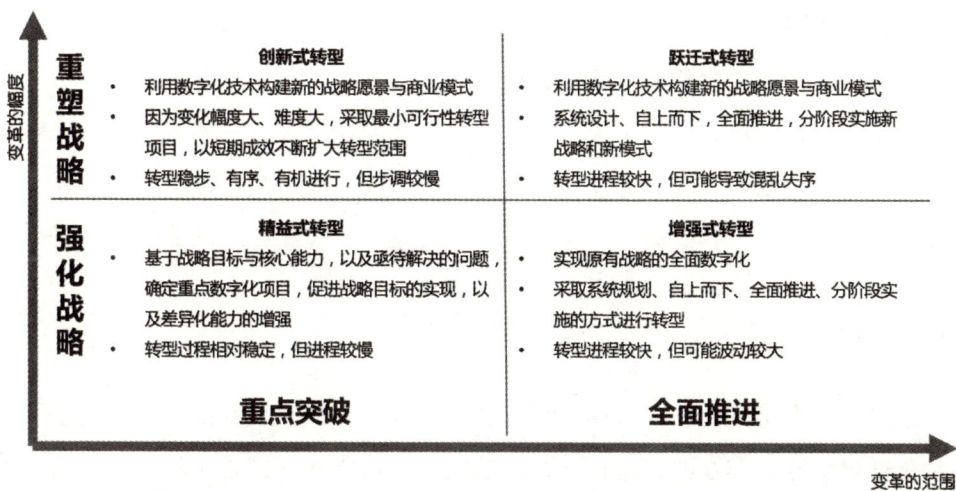

根据环境可塑性、可预测性及战略转换成本确定变革的幅度：①强化战略；②重塑战略。

根据企业盈利性、数字化能力及变革阻力确定变革范围：①重点突破；②全面推进。

图 3-1　数字化转型策略矩阵

精益式转型

采取精益式转型策略的企业，其所处行业相对稳定，短时间内不需要重新设计战略和商业模式。企业基于战略需要，从产品和服务、生产方式、管理方式或商业模式层面，找到重要和急需的场景进行数字化变革，从而更强有力地推动战略目标的实现，强化企业的战略优势。这是目前数字化转型中企业广泛采取的一种策略。

目前，虽然数字化转型的呼声很高，但是数字化转型究竟为企业带来哪些价值、到底值不值得做，一些企业是将信将疑的；对该投入多少资源和人力、在多大范围内进行变革等问题，企业内部也难以达成共识。采取精益式转型的好处在于：选择重要、急需的场景进行数字化，短期见效，通过一个个场景的成功，制造一系列的"小胜"，帮助企业看到数字化的价值，并认同数字化转型的必要性，为后续更深层的数字化转型奠定基础，赢得更多的资源、人力和物力，赢得更广泛的变革积极性和主动性。

精益式转型策略与构建企业数字中心的逻辑是一致的。数字中心，即企业的数字化平台。按照平台的思路进行分析，一边是数据，一边是场景（应用），数据与场景之间存在跨边效应。随着企业数字化场景的增加，会丰富和扩大企业的数据量；同时，随着数据的增加，可以促进企业投入更多场景的数字化。场景中也存在网络效应。因为管理是一个系统，各种场景都是相互关联的，一种场景的数字化会激发另一种场景的数字化。所以，企业在数字化转型中，通过一两个场景的数字化，可以带动和引发持续的变革。

当然，有人可能会认为这种转型方式相对缓慢，缺少战略高度，不可否认的是，这种可能性是存在的，但也不是必然的。在数字化的探索过程中，是可能催生战略性变化的，明茨伯格将其称为"自然涌现"的战略。例如，为了提高销售，人们进行用户数据的分析，在分析中，可能发现用户的新需求，可能因此研发新的产品、提出新的价值主张，带来战略上的变化和创新，所谓"小变积大胜"。当精益式转型获得成功之后，企业就可以采取增强式转型或创新式转型，进行更大广度和深度的变革。

采取精益式转型策略需要把握三个要点：第一个是进行场景优先级规划，即梳理可能的场景，找到哪些场景是重要的，哪些是急需的，哪些是短期可见效的，从而确定数字化转型的起点和优先性场景，具体方法可以参照图3-2。第二个是充分发挥自下而上的力量，各部门的骨干对场景的理解是最深刻的，更知道怎样可以取得成功。当然，需要他们与数据技术层面的同事紧密配合。第三个是"效果可视化"，当每一场景数据化活动成功时，哪怕是阶段性成功，都要将其效果和价值通过可视化的方式传播出去，这样做可以证明数字化的价值，提高变革的认同度和支持度，这个过程也是塑造数字文化的过程，可以促进后续的全面数字化转型。

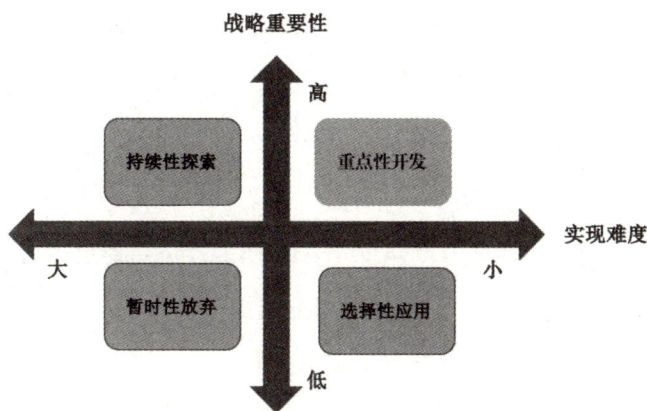

图 3-2　数字化转型场景优先级筛选矩阵

从笔者的咨询实践来看，有以下几类特别重要的场景。

第一类是销售类场景，销量、利润等与之相关的问题，都是企业特别关注的问题，这个层面的数据相对丰富，通过数据分析，很容易表现出价值。例如，一家项目客户的行业竞争十分激烈，利润非常低，销售是其十分关注的问题。在帮助企业完成数据治理的一些工作之后，对其数据进行分析取得了显著效果。通过数据分析，可以找到合理的促销费用值，低于这个值，所做促销是无法增加销售量的，所以很快就增加了这家企业的销售费用回报率。

第二类是财务类场景，如付款、报销、成本核算总台账，无须多说，没有哪家企业不关注这个问题。资金的周转效率直接影响一家企业的生存状况。例如，一家年产值为 2 亿元左右的企业，因为市场较好，业务发展很快，企业快速扩张，但是现金流成了企业壮大的瓶颈。该企业上游都是规模较大的企业，只能现款现货购买原材料，甚至在紧缺时还要预付款订购，下游的回款周期为 3 个月。这家企业规模做得越大，需要的现金流就越大。所以，通过数据优化资金流，提高"财效"是非常重要的。

第三类是人力类场景，如员工绩效、选拔提升、人才库等活动。人效的分析是企业能力最直接的体现。在同样的模式下，人均产值、人工成本率是衡量企业管理效率最直接的指标。利用数据技术优化人工，提高人的产出效率是很多企业都非常重视的。

第四类是运营类场景，通过数据化优化运营问题，可以明显提升效率。例如，一家石化类的项目客户，过去收发油效率非常低，导致客户排队的情况比较严重，同时影响周边的交通状况，牵制了企业的销售效率。为此，该客户开发手机用户端，方便其用户能够远程进行排队、预估等待时间等，以提高客户感受。同时，企业也可以监测排队状况，及时做出应变。

增强式转型

与精益式转型类似，增强式转型也不存在战略与商业模式层面上的变革，不同的是，增强式转型对全场景采取齐头并进式的数字化升级。这种转型通常是中层骨干与数字化专家推动完成的，变革更加系统化，如果推动得力，往往可以更加快速地彰显数字化的巨大价值。不少企业倾向于采取这种转型策略，期待变革整体性地、快速地完成。这自然是好的，但是企业需要对自身特点有深刻的理解。

特别需要注意的是，采取增强式转型策略必须将战略作为第一焦点。转型之初，必须保证战略是明确清晰的，这样才能有的放矢地应用数据技术，使数据技术能够真正地服务于战略，真正地增强企业的竞争优势。如果无法建立战略与数据技术的适配性，那么会导致两个问题：一个是数字化转型的效果不理想，可能产生对数字化价值与前景的怀疑，影响变革信心；另一个是导致资金、资源和人力的浪费。例如，某家企业从多个层面进行数字化探索，包括智能制造、组织、流程等，并自认为其管理比较高端，但是其业绩并没有提升。其问题就出现在战略层面，只有彻底搞清楚战略，而且是正确的，数字化尝试才是有意义的。

创新式转型

与前两种转型策略不同的是，在创新式转型中，战略与商业模式层面发生了本质性的变化。采取这种转型策略的企业，一般其竞争领域已经或者即将发生巨大变化，原有的竞争优势正在被摧毁，如果不快速进行战略变革，很可能失去现有的市场地位，甚至被淘汰出局。

"持续性竞争优势"是战略管理的核心，是任何一家企业都致力于谋求的，但越来越难以成为现实。即使通用电气这种被中国企业家推崇的常青企业，在 2018 年也被挤出道琼斯指数。有学者研究了美国 40 个行业、6 772 家企业的数据，并得出如下结论。

（1）在美国，虽然确实有一些企业具备持续性竞争优势，但数量极少，仅占企业总数的 2%~5%。

（2）近年来，企业能够保持持续性竞争优势的时间越来越短，或者说企业越来越难以保持持续性竞争优势。

（3）一些企业虽然无法长期保持稳定的优势，但是能够连续保持"暂时性竞争优势"，也就是说，这些企业即使一度失去竞争优势，也能再度重新夺回。这样的企业的数量正在增加。

当下，企业的竞争环境变得更加动荡，逐渐进入管理学家丽塔·麦格拉斯所说的"瞬时性竞争优势"状态，也就是企业必须不断地进行业务转型和战略变革。

这就意味着企业必须不断认知竞争环境的变化，并及时做出有效的战略决断。过去，企业通常利用迈克尔·波特提出的五力模型分析和认知竞争环境，但这一模型是一种静态理论，它假定产业结构是既定不变的，这显然已经不适用于当下。每个行业都正在或者即将被数字化技术重构和刷新，行业间不断发生跨界和融合，也在形成新的行业。无论是面对传统行业的重构，还是面对新兴行业的生成，都需要一种新思考框架。因此，笔者提出如图 3-3 所示的新五力模型。

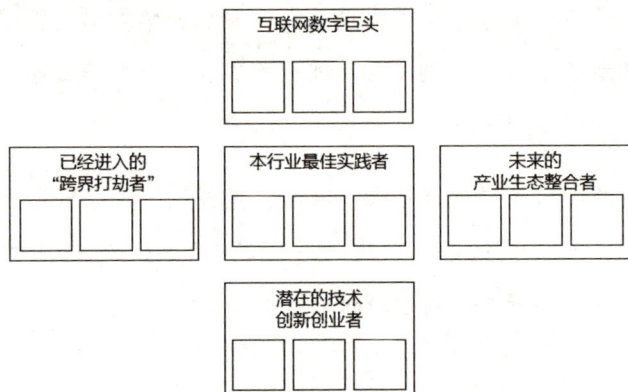

图 3-3　商业环境分析的新五力模型

　　在认知商业环境的变化之后，应将问题落在商业模式的创新设计上。商业模式理论的兴起源于互联网热潮，因为人们发现这些互联网企业在价值创造的方式上不同于以往的企业。一个很明显的特征是，价值创造的方式是跨行业边界。因此，在数字化转型中，谈的更多的是商业模式的设计，而且把商业模式视为一个超越战略的视角和范式。设计具有创新性乃至颠覆性的商业模式可以参考第 1 章中介绍的方法。

跃迁式转型

　　跃迁式转型策略是最具挑战性的，这是因为企业的商业模式、产品、服务、生产方式和管理方式都同步进入变革状态。既可能带来巨大的成功，也可能带来巨大的风险，需要企业采取更加审慎的态度，对商业环境与内部环境、能力进行评估，可以从以下几个角度着手。

　　（1）领导力维度。企业家及管理团队强烈支持数字化转型。跃迁式转型，对企业是一种巨大的变革，需要领导者具有强大的意愿进行持续推动——明确数字化愿景与方向，鼓舞全员努力探索的热情，以及提供强大的资源支持等。

　　（2）文化维度。采取这种挑战性比较大的转型方式，需要有强大的文化基础：

一是变革型文化，即全员拥抱变化，具有变革的热情和动力。二是试错型文化，鼓励员工尝试和探索如何利用数字化技术，允许失败，反思失败，不断迭代。这里需要一种"犯错的艺术"，即犯"正确的错误"，所谓正确的错误，就是有价值的错误，能带来高质量的反思。三是数据型文化，管理者要相信数据的力量和价值，全员能够把数据利用作为一种基本的、普遍的工作能力。在笔者提供咨询服务的过程中，也经常会发现这样的现象，管理者不相信数据分析的结果，这是因为他们已经习惯用经验和直觉决策，对自己的决策水平更加自信，这种心理也很好理解，管理者过去一直是如此决策的，并且都是成功的，他们不相信数据。关于数据型文化的塑造，下文会用专门的章节进行讲述。

（3）能力维度。需要评估自己的数字化能力，包括数据治理水平、硬件设施、人才储备等方面，跃迁式转型需要更强的数字化能力，否则数字化目标可能流于空想。当然，数字化能力的建设也需要一个过程，技术本身会不断发展，各种技术对企业来说，是否需要、是否合适，这都是需要考虑的。企业也要不断评估自身的数字化能力，从而与数字化战略和需要相匹配。

3.2　企业数字化转型所应具备的实力

选择转型方式还需要考虑两个非常重要的因素：一个是自身实力，另一个是外部行业稳定性。自身实力是内因，外部行业稳定性是外因，企业必须考虑内外部的条件从而选择转型的策略和路径（见图 3-4）。如果不考虑自身因素，盲目地转型，转的步子过小，就会落后于竞争对手，使自己失去时间机会；转的步子过大，如果能力不能支撑，反而会影响企业的现金流，甚至使企业失去信心。

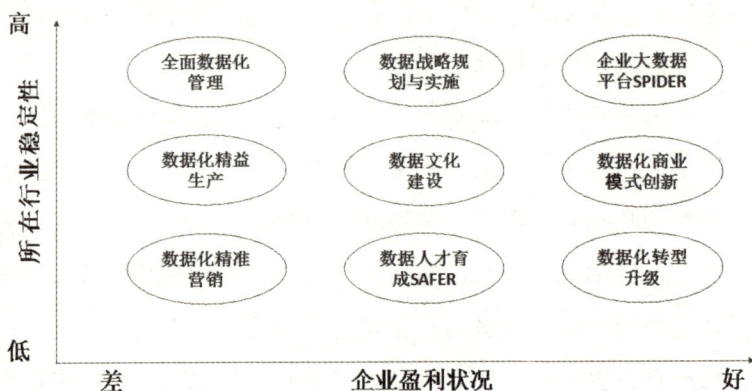

图 3-4　数字化转型维度选择模型

行业稳定性评价是观察企业是否有足够的时间应对转型的问题，如果行业稳定，在行业内的企业考虑转型或者在转型期内可以慢慢转，这个可以看作"有闲"；而企业自身能力状况主要考虑目前企业的盈利状况，是否有足够的"钱"投资数字化转型，毕竟数字化转型需要在数据技术、软硬件条件及人才上进行投资，这个维度是"有钱"。

如果一家企业既有钱又有闲，则可以选择较大的转型幅度和广度，通过搭建数据平台，整合数据资源，在企业的各个业务端普遍开展数字化应用，实现转型升级一步到位，彻底拉开与竞争对手的距离。

如果一家企业没有钱，但是行业相对稳定，则说明这家企业在行业内管理水平相对较弱，没有太强的竞争实力，但行业内的优势企业要想"吃掉"这家企业的业务，也不是那么容易，可能存在客户关系壁垒、区域壁垒或者技术壁垒。那么这家企业需要系统解决管理问题，全面应用数据化管理，提升效率，降低成本，提高利润空间，从而使自己变得"有钱"。

如果一家企业很有钱（盈利能力很好），但是行业不太稳定，行业正在发生颠覆性变革，则说明这家企业在本行业内还是很有实力和竞争力的，有较高的盈利能力水平，这时企业就应该选择系统地规划设计数字化转型升级路线，拉开与竞争对手的距离，继续引领行业发展。

如果一家企业既没有钱又处在剧烈变革的行业，这时生存是企业的第一要务，先赚钱是第一选择，为了能够先赚更多的钱，确保生存没有问题，需要利用数据技术开拓市场，赢得更多的客户，或者通过更加精准的营销手段降低营销和销售费用，提升利润率。

资本决定速度

现在是一个资本决定速度的时代，当拥有足够的资本实力时，不仅要有足够的资本做更大的事情，还要有足够的试错能力，如果没有足够的资本实力时，每一步都应非常谨慎，而且要从小的尝试开始，不断沿着转型升级的路径，做一步收割一步的成果，提升盈利能力之后再逐步投资。

盈利能力是企业增强投资资本实力的关键。只有具有足够的盈利能力，企业才能有足够的信心投资未来的发展。如果只是存量资金强大，那么现在的业务的"造血"能力已经下降，留给企业转型升级的窗口期就非常短，必须通过数据技术应用快速补充企业的"造血"能力。

当企业有足够的财力投资转型发展时，应优先投资转型升级，如果过多地考虑股东回报，将利润通过股东分红的方式分出去，那么企业可能会失去转型良机。在企业经营状况好的时候不投资数字化转型，当企业经营压力越来越大时再采取措施就为时已晚，那个时候公司没有资金，优秀的人才也都失去信心，这个时候转型，人力、物力、财力都是压力，更重要的是缺乏信心。

当一家企业经营状况非常好且发展非常快速时，企业出台政策大家都会信心满满，并且努力支持；当企业经营不善时，高层开始为自己谋求出路，中层会因为收入问题怨声不断，基层也会人心惶惶，这时再做出任何决定都没有人会相信，大家只相信眼前能够得到的利益。发展能够掩盖所有管理问题，而不发展会让所有的管理问题暴露无遗，只要企业发展停滞，所有的管理问题都会成为大问题。

数字化转型不是"救命药"，而是"保健、健身或者进化的药"，所以一家濒临倒闭的企业不能考虑利用数字化转型实现起死回生。数字化转型是一个系统化的长期投资，是更具有远见的企业战略选择。虽然那些在生死边缘挣扎的企业也需要利用数据技术实现营销的精准化，提升自己的盈利能力和存活的概率，但无法进行系统化的数字化转型投资。

环境决定选择

企业发展离不开外部环境，企业推进管理变革必须考虑外部环境因素，而数字化转型是一个影响更加深远的变革，这个变革更要考虑到外部环境因素。按照外部环境分析的要素来看，需要从六个方面考察，从而确定外部环境的状况，有些是共性的状况，有些则与行业本身有关系。

目前，人们对大数据和数字智能有了更多的认知，并且逐渐习惯了数字化的生活，对数据技术逐步持接受甚至持欢迎的态度，这些都是积极的因素，是企业数字化转型的外部土壤。

外部环境分析模型 STEEP 如图 3-5 所示。

在技术方面，数据技术逐渐成为人们熟知的领域。但是，在技术方面，不同的行业目前所受到的冲击程度不同，有些行业对数据技术的应用比较敏感，有些行业还处于逐步实施过程中。

结合以上各种因素的分析，可以形成对外部环境稳定性的判断，整体评价人们所处的外部环境对数字化转型的友好程度（稳定程度）。行业是否稳定或者是否处于快速洗牌，是企业数字化转型必须考虑的外部条件。

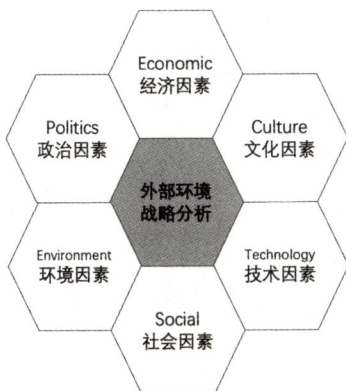

图 3-5　外部环境分析模型 STEEP

如果企业所处的竞争环境、行业状况或者外部政策环境是非常稳定的，市场格局不会在短期内发生巨大变化，那么企业还有足够的时间应对转型变化，无论企业采取什么样的措施，市场格局在很长一段时间不会发生太大的动摇，这个时候企业可以考虑提升数字化转型的深度和广度，必要时采取一步到位的策略，从而在行业稳定时考虑颠覆行业的事情，使企业自身成为行业的"鲶鱼"，成为重构行业格局的主导者。

巨变行业求创新

如果行业瞬息万变，行业内的创新和新秀不断，不断诞生新的"黑马"，那么市场竞争格局随着资本、技术和创新的引入，不断涌现新的挑战者，也有新的模式在威胁行业的稳定性，这时企业没有足够的时间采取措施慢慢转型，而是必须应对每日出现的新的挑战和竞争，必须在这个"唯快不利"的格局下保持自己的竞争地位。

目前的零售行业在"新零售"创新方面不断出现新的"黑马"，如瑞幸咖啡（Luckin Coffee）、盒马、超级物种等，这些新零售企业不断创造新的模式，不断利用互联网和社交媒体发动对线下零售企业的冲击，这时零售企业都已经感受到威胁和危机，所以必须采取紧急措施，快速实施数字化转型，在模式和方法上必须借助最先进的方式、方法与技术，力争在数字化转型竞赛中能够突显出来，成为赢家，而不是落后者。

与零售行业类似，金融、保险、物流行业也在发生巨大变化。本来是一些富数据的行业，自身也有大量的数据，但是因为缺少对过去数据资产的整理和盘点、加工和利用，数据处于沉睡中。当大数据技术在互联网企业中被推广应用之后，这些超级互联网企业反过来开始"打劫"金融、保险和物流产业，很多互联网企业都已经将业务延伸到金融服务、保险服务和物流服务中。

本来金融和保险业务有行政许可拍照的制约，有比较高的防火墙，但当互联网企业进入该行业之后，这道防火墙就会变得非常脆弱，没有任何还手之力，因为互联网企业拥有太多的流量及数据，它们对客户有更深刻的基于用户行为习惯的各种数据，能够更加精准地洞察用户的需求，与传统金融和保险企业相比，能够为客户提供更好的产品和服务，能够通过互联网的流量入口更容易地触达客户，还能够通过互联网平台为用户提供更好的体验。

过去，保险索赔要跑断腿，而现在基于互联网和移动互联网的保险服务机构，只要将相关的事件或者证据拍照、扫描上传，就能够自动获得相关赔偿，甚至都不需要提交纸质文档。一方面这些企业的运营管理成本更低，处理效率更高，客户体验自然更好。基于大数据的分析，成本可以更低，保险的价格可以更低，可以给用户更多折扣。UBI（Usage Based Insurance）虽然早已提出，但现在基于大数据的分析，能够对用户有更多的数据采集手段，才能真正做到基于使用习惯的保险服务。

稳定行业求突破性发展

在相对稳定的行业，企业需要谋求超越竞争对手的发展，利用数据技术奠定在行业中的地位，确保持续领先于竞争对手。没有一个行业是绝对稳定的，数据技术正在渗透到所有的行业，现在的稳定不代表未来的稳定。数据技术对未来具有颠覆性，所以应提前布局，做好准备，甚至主动发动引领行业的数字化革新。

例如，石化行业的市场格局相对稳定。一方面，石化属于重资产、重技术的领域，对于试图通过模式创新快速进入该行业或者颠覆该行业模式和格局的新进入者，在资本、技术、人才上的要求非常高，不会有大量的之前互联网创业潮般的新进入者，也不会有大量的资本带动这个行业的创新潮，因为投资额高、风险大；另一方面，该行业的巨头企业在未来 3~5 年不会发生翻天覆地的革命性变化。

数据技术在石化行业，不仅在市场端有应用的空间，数据技术所引领的智能化生产、自动创新的产品或者服务，以及带来的人工智能还会逐步渗透到石化行业从采购、供应、生产、物流到零售的各个环节。在采购端，通过多要素分析，建立对未来价格更加精准的预测，为采购环节赚取利润；在生产端，通过打通各产品价格到盈利核算，实现生产控制的自动优化和调节控制，实现柔性生产，以产出价值最大化为目标，将月度生产计划优化为每周生产计划，结合生产智能控制，优化到每日甚至时时刻刻的自动产出优化调节；在销售端，通过数字化技术的引入，提升客户体验和客户忠诚度，同时优化物流环节效率等。因此，数据技术其实已经开始渗透石化行业。

石化行业三端的优化决定企业最终的盈利能力。第一个端是采购，原油价格随时变动，早一天和晚一天下单，价格不同，但产品相同，价格差异直接影响企业的利润。第二个端是生产计划，原油经过冶炼可以产出不同的产品，不同的产品又有不同的价格，不同生产参数带来不同的产出，哪一种产出方式产值最大，是由不同产品的价格决定的，随着终端价格的变化，随时优化产出，是生产计划的作用。过去一般一个月制订一次生产计划，随着数据技术的应用，以及智能控制设备的使用，从每个月一次变成每天进行调整，能够做到随时根据市场价格波动优化企业的产出。第三个端是销售，每天终端产品的价格都会不同，早卖一天或者晚卖一天，每吨产品就可能会多赚或者少赚几百元。把握好价格变化趋势，通过更加精准的价格预测，提升盈利能力，这也是销售环节数据技术的应用场景。

钢铁、水泥、能源等行业也有类似的情况，但行业非常稳定，短期内不会发生巨大变化，这是因为这些行业是重资产、重技术，属于资本密集型的传统行业，不太吸引新兴资本，而创新技术团队前期创业没有足够的资金撼动这些行业的结构。但是，在这些行业，谁先采用数据技术优化经营和管理决策，谁就能够在行业内获得更高的盈利能力和竞争力。这时企业可以考虑较为激进的方式，采用"一步到位、直击要害"的策略，通过在深度和广度上进行较为彻底的转型，在行业还处于较为稳定的时期，储存爆发的力量，引领行业变革。

3.3　企业数字化转型路线选择

企业在选择数字化转型路线时，不能一厢情愿地自主选择，必须结合自身情况和外部市场环境状况进行选择。自身情况包括现在的水平和能力，以及自身的市场地位与盈利状况。盲目地跟风选择会使自己在数字化转型过程中处处碰壁，失去信心，最终导致失败。

看企业的数据应用能力

如果自身数据资产状况很差，历史数据没有得到很好的管理，缺少数据基础，那么在数字化转型过程中所采集的数据是很难加工处理的，因为企业没有处理数据的经验，没有数据分析的方法，没有从数据中挖掘商业洞察的习惯，这些新的数字化设备所能够沉淀的数据得不到很好的分析和挖掘，无法应用，就不会发挥出价值。例如，很多企业采用了新的技术、新的数字化设备，投资很多智能硬件设备，这些设备采集的数据都被"搁置"在服务器中，得不到有效挖掘利用。因此，应优先考虑提升管理者的数据意识和使用数据的能力。

　　笔者服务过一家传统的生产制造型企业，该企业雇用了一名技术员工之后才发现原来的设备具备生产过程中的量尺功能，能够在喷涂工艺过程中测量物料表面的面积，而且这个功能模块还有数据接口，能够直接与多数的 MES 系统（生产执行系统）连接，实时采集生产过程中物料表面的面积，这个表面面积的测量一直是这家企业生产部门希望采集的数据。其实很多企业的先进设备都有功能冗余。例如，微软的 Office 套件，绝大多数人都只是使用了微软 Office 中很少的一部分功能。这只是一个类比，在数据技术方面，人才的缺失导致的数据浪费是非常普遍的现象，企业不是没有数据，而是有数据但没有得到深度分析和挖掘而已。

　　某医药集团是国内比较领先的中药企业，因为过去医药行业利润较高，在利用先进信息技术和管理技术方面没有太大的压力，生产和销售等各个环节都比较传统，传统的制造，传统的流通，传统的门店管理，除简单的 ERP 和 POS 收银系统外，其他的信息系统非常弱。虽然此企业年营收超百亿元，利润达十几亿元，但信息化投资方面每年的预算非常少。现在的高层管理团队热衷于数字化转型，并且在管理体系上模仿华为、阿里巴巴和腾讯等企业建立"三台"管理体系，要建设数字化企业，并提出了远大的口号和愿景。但这些变革举措经过一年多的努力，仍然只停留在 PPT 报告中和开会的演示文档中。企业的采购、生产、流通、销售，以前怎么做，现在还怎么做，没有任何变化。管理团队的能力限制了企业推进数字化转型变革的进程。如果高层管理团队没有足够的对自身团队能力的认识，贸然提出的口号和举措都是一厢情愿的。

　　这家企业并不是没有在团队能力建设上做过投资。恰恰相反，这家企业曾高薪聘请了四大咨询机构的专业顾问推动数字化转型落地，但是也仅仅提升了他们团队做 PPT 的水平，各种先进的概念一直在讨论中，就是无法实施，通过猎头公司招募的高层管理者在 3~6 个月基本上就会离职。问题的本质不是引入高层管理者和专业咨询顾问，而是企业整个管理层的数据能力有待提升。

　　企业数字化转型能力评价模型如图 3-6 所示。

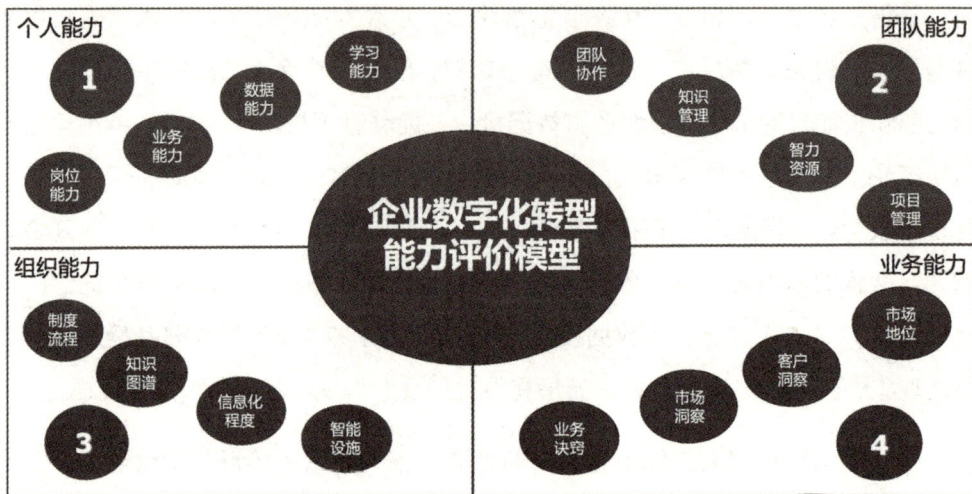

图 3-6　企业数字化转型能力评价模型

企业中的个人能力可以通过人力资源的岗位和任职能力进行系统性盘点，在胜任力盘点的过程中，加入数据能力的维度，确保企业在数字化转型过程中有足够的人才能够胜任转型过程中相关举措的落地和实施，以及价值实现。必要时，在每个业务部门都设定一个数字领导者，或者标杆榜样，以榜样的力量在各个业务口径埋下数字的种子。

从个人能力到团队能力，要系统性地提升，强化团队协作，加强知识管理，特别是新知识的导入，在引入智力资源，如外部顾问或者猎聘的高级专业人才等方面，融入实际的项目管理过程中，确保个人能力能够转化为团队的能力。

有些数字愿景的提出要结合自身实际，过于"暴力"的转型会伤及组织本身，产生过大的组织波动，就不会是一个好的转型方式。某些企业在数字化转型过程中，因为愿景过于宏大，而实际管理又过于传统，高层管理团队每三个月就换一次。在感慨高层转型决心的同时，有人认为这样的转型动摇了企业的根基，老员工逐步离开，一群外部聘请的高薪人才对业务不熟悉，转型过程举步维艰。

在组织方面，要从制度和流程设计角度重新思考数字化转型的配套性制度和流程，建立团队的知识图谱，强化知识管理，将团队的知识管理推及组织知识管理，沉淀数据中发现的规律，形成新的认知，建立案例库。在组织建设方面，信息化是基础，也是手段，在智能硬件设施建设过程中要强化软件的建设。

所有的个人能力、团队能力和组织能力都要与业务能力融合，利用数据技术进行洞察，包括对市场的洞察、对客户的洞察，形成业务经营和管理的诀窍。企业在市场上的地位是业务能力的抓手，更是业务能力的体现。

看企业的资本实力

数据技术应用需要投资，不仅需要在硬件上的投资，还需要在软件上投资，同时需要在人才上投资，必要时还需要聘用顾问或者专家提供服务，这些都要花钱。如果企业没有足够的资本实力，在推动数字化变革过程中捉襟见肘，或把数字化转型的目标设定过高，投资额度过大，出现短期无法收回投资的情况，企业就会陷入困境。

数字化转型愿景目标提出后还需要设定阶段性目标，量化阶段的投入与产出，并进行敏感性测试：如果数字化转型过程中收益目标未能实现，那么企业是否有足够的资金继续支撑数字化转型。企业为了改造工厂为智能工厂，需要投入几千万元资金，预计的投资回收期是两年，如果第一年和第二年的收益优化目标都未能实现，那么企业是否会陷入资金困难，如果会，那么就需要制订备选计划，是通过融资消化压力，还是通过出售资产渡过难关。

在评价企业自身实力的过程中，不仅需要考虑企业有多少资金可以用于投资的问题，还要考量本企业在市场中的地位，盈利水平相对于竞争对手是否更高。如果企业投资数字化转型，竞争对手"趁火打劫"，企业必须竞争应对，如果没有足够的竞争实力应对竞争，那么可能会在转型过程中陷入被动。

如果资金实力不足以支撑大手笔的投入，那么企业需要分步实施，采取阶段收割成果的方式逐步推进。这也是绝大多数企业应该考虑的因素，笔者一直坚持推荐这种方案。在数字化转型过程中，当企业积累了一定的数据，就要开始利用数据，优化管理，优化客户体验，优化经营投入，合理配置资产，确保阶段成果能够建立团队的信心，能够坚定团队持续推进数字化转型的决心。

3.4　企业数字化转型要内外兼修

企业数字化转型按照实施的先后顺序可以有三种选择：第一种是"由外而内"，第二种是"由内而外"，第三种是"内外兼修"。所谓的"由外而内"是指企业实施数字化转型，利用数据技术的方式先从企业外部触点开始，然后逐步在企业组织内部推行数字化。"由内而外"的方式则恰恰相反，先在企业组织内部实施，然后逐步延伸到相关合作方，包括客户端、供应商端和战略合作伙伴。"内外兼修"则是同时推进。

由外而内，优先提升客户体验和改善供应商关系

多数企业优先采用"由内而外"的方式。通过提升客户体验，以及加速供应链流程提升供应效率，都是从企业组织外部合作方着手推进数据技术的应用。

通过在客户接触点上，利用数据技术，提升客户体验和感受，增加科技含量要素。例如，在购物环节不再采用传统方法服务客户，而是使整个交易流程都使用新兴数据技术完成。又如，在零售企业中，传统的结账柜台被拆掉，取消收银员服务，全部自助结账，客户在货架上选取商品，然后自助扫描商品的条形码形成结账单，客户自己扫码支付后离开，该过程没有任何人为干预，全部由客户自助完成。这就是全程利用数据技术，减少了服务员、收银员，提升了科技感，节约了柜台空间。再如，"无人"咖啡厅，客户只需要自助扫码下单，支付完成后，

自动咖啡机制作咖啡，然后由客户取走咖啡。现在很多餐厅也都采用自助扫码下单，不需要在柜台下单或者服务员到桌子边上点单，既节省了人力，也节省了空间，提高了效率，提升了客户体验，同时还可以采集丰富的数据。

企业外部（供应端与客户端）的痛点分析示意图如图 3-7 所示。

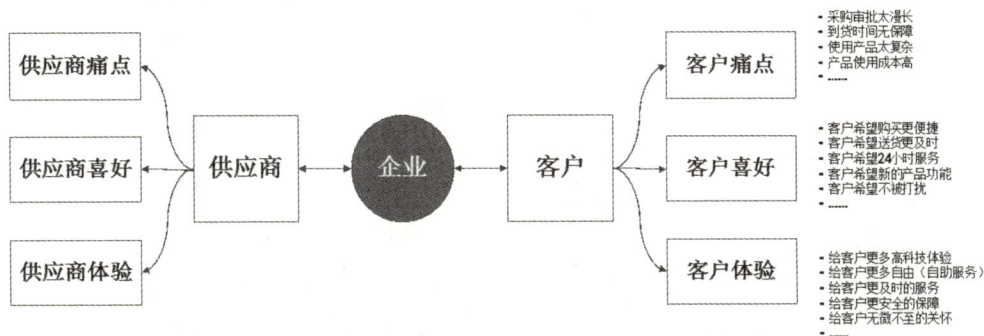

图 3-7　企业外部（供应端与客户端）的痛点分析示意图

客户端或者供应商端的数字化创新，可以选择与团队共同进行"头脑风暴"，找到哪些创新点能够带来新的客户体验，或者改善客户痛点，或者满足客户的喜好诉求。通过"头脑风暴"，从投入产出的角度选择优先顺序进行创新设计。

在每个客户接触点上都可以构想数据技术应用，都可以用采集到的数据进行优化，甚至实现在每个接触点上针对会员或者能够识别客户条件的"千人千面"的定制化服务。外部数字化转型为企业带来的是外驱力，在提升客户体验的过程中拉动企业经营绩效的增长。

改善客户体验是一项赛跑似的竞争，越来越多的企业开始推进数字化转型，在提升客户体验方面，谁领先谁就能够更好地获得市场。日常生活正在被数据技术改变，各种流程都在简化，包括政府部门的各种行政审批工作，也都简化到"最多跑一次"这种量化的目标上，能够远程解决的绝对不要现场办理，能够在移动端完成的，绝对不要回归到电脑端，能够减少环节的，就尽力减少所有能够减少的环节，让客户感觉舒服，让客户感觉受到尊重。现在几乎所有的商业，特别是在 C 端（个人消费者），如果没有移动支付，就不是与时俱进。所以，企业也要随时跟进最新的客户接触点上的数字化技术应用和服务模式创新。

这些数字化技术应用的创新都会带来新的数据，针对这些数据的深度分析和应用挖掘是企业必须考虑的。如果只是采用新的会员模式、新的付款方式、新的服务客户的方式，数据还是在系统中，没有进行分析，那就不是真正的数字化转型，仅仅是模仿。

由内而外，改变生产方式、管理方式和决策方式

有些企业选择从内部管理的数字化出发，通过数据技术提升内部的运营管理效率，以及经营和管理的精准性。数据技术带来了新的组织管理方式，甚至是新的生产方式。数据技术在企业内部的应用能够发挥的价值也是巨大的，只是很多企业还未意识到而已。笔者曾在多家"世界五百强"的外资企业任职，并且所在的外资企业信息系统建设基本上比较完善，数据记录比较完整和规范，数据分析都有固定的方法和模板，并由专人负责。但是，国内的企业一直不太重视在管理上的投资，在信息化建设方面相对较弱，在数字时代来临时，还没有搞清楚数据技术到底是什么，更不会明白数据技术究竟会对目前的行业和市场及其经营产生什么影响，所以需要启蒙，需要从底层的基本逻辑启蒙。

其实，数据技术的应用能够彻底改变人们的沟通方式、管理方式、决策方式、生产方式，这些改变都是首先从内部改变开始的。过度强调外部的变革是跟风的企业，不见得不会成功，但从内部做好准备的企业一定是具有前瞻性思想的企业。

1. 利用数据技术改变沟通方式

信息技术和数据技术的应用首先改变的是人们的沟通方式。企业内部是否使用目前最流行的、大家最习惯的聊天方式进行沟通，决定着这家企业是否与时俱

进，是否有一个开放的态度接受最新鲜的事物。目前，微信和钉钉等各种公共聊天工具已经非常完善，企业内部在工作中的使用就是一种对外部沟通方式的适应。企业管理，首要的工作就是沟通，如果没有有效的沟通，管理就不会存在。如果采用更加有效的沟通方式，企业的管理方式必然随之改变。

当使用高效的、现代的沟通工具进行管理沟通时，企业就已经开始了新的管理创新、组织创新甚至业务流程的创新。业务流程中的信息传递是否采用了最新的信息传递方式，决策链是否使用了最先进的决策方式，高层是否使用了最先进的即时聊天工具或者在线工作工具，这些都是利用数据技术改变管理的一些外在表现。

如果要评价一家企业的数字化水平，则应首先看董事长采用何种方式进行审批、决策、发号施令。如果还是纸质文档的审批，喜欢握着一支笔体现自己的权利，那么这家企业的数字化水平一定值得怀疑，或者至少不如它们对外宣传得好。从高层到基层，所有人都必须适合最新的管理方式的变革、沟通方式的变革、流程控制的技术应用等。例如，多年前万科地产制定战略规划时，为了推进信息化建设，推动无纸化办公，王石在初期时拒签任何纸质文档，只在电脑上签署相关文件，这才使企业逐步实施了信息化办公，逐步提升了办公效率。可想而知，在企业推动管理方式变革的过程中，改变习惯是非常困难的事情。高层要有决心，高层要参与其中，高层要坚持，这些都是企业推动数字化技术在管理沟通中应用落地的保证。没有高层的参与，其他人都采用数字化，但高层只认纸质文档，一切就会回归到原点。

2. 利用数据技术改变生产方式

数据技术的应用正在改变人们的生产方式。现在关于工业 4.0 和智能生产的技术已经相对成熟，在生产方式变革上已经走在了管理的前面。数据技术正在改变各行各业的生产方式，不仅有生产制造型企业，还有服务型企业、高科技企业和贸易型企业。

　　传统生产制造型企业的变革是显而易见的，随着人工成本的提高，越来越多的企业开始采用智能设备替代人工，逐步实现无人工厂化的生产，如富士康也在谋求如何利用智能机器人替代成本越来越高的手工劳动。这里需要重点关注自动化与智能化的区别，过去人们将一些数据技术引入之后就称为智能化，这是一个严重的误区。自动化是设备根据设定的条件进行自动化生产，不需要人工干预；智能化强调的则是数据打通之后，能够根据生产需求自动调整生产线，能够在同一个生产线上生产出不同的基于随时可能调整需求的不同的产品。现在很多高举"智能化工厂"旗号的企业，充其量只能算是自动化工厂。

　　例如，某药厂为了能够得到政府的智能化工厂改造补贴，改造了一个车间，车间基本实现了无人化的操作，所有的生产过程都是机械自动调控的，既有 AGV 实现自动化的输送，也有自动化的加工设备进行连续自动化的生产。但是，这个工厂只能根据生产计划部门每天的生产计划组织生产，然后按照计划编程，实现当天的生产。因为该药厂的前端销售和后端采购都是非常传统的模式，所有数据在整个供应链上没有完全打通，算法没有前后配合，所有的计划都需要员工手工核算，盘点物料，以及确认可生产条件等。这说明如果没有全流程数据的打通，即使使用了智能化设计，该药厂也只能算是生产环节的自动化而已。

　　目前，互联网等高新技术企业基本的生产方式可以算是智能化的。人们日常使用的各种导航基本都是算法在自动计算，随时结合当时的路况，提供最优路线的计算，然后随时调整出行路线，不需要人工干预。这种方式就是智能化，一种系统和算法指挥人根据路况随时调整与优化路线的模式。

　　有些服务类企业也在通过数字化技术提升智能化水平，现在应用最广泛的是"新零售"。零售行业能够根据终端门店的客户诉求，随时调整配货和送货情况，能够根据不同门店的诉求，实现最小库存的管理，能够根据业务活动带来的销量预测未来活动的销量，从而做到随时补货和送货，确保最小库存下的最优资源配置。

3．利用数据分析改变决策方式

过去企业的经营和管理决策以经验为主，所以工作时间越久的人积累的经验越多，形成了更多对行业和市场的认知，以及对管理的认知，能够做出更好的决策，所以企业为他们提供更高的薪资、更高的层级，并且赋予更高的权限，让他们在管理者的岗位上能够做出更重大的决策。企业招聘时也要求有若干年的行业经验，也要用过去的经验证明自己做过什么，积累了什么知识和经验，也用过去的"简历"证明个人到底"值"多少钱。这是企业传统的模式，是缺少数据的模式，因为缺少数据的积累，所以缺少对数据的分析，更缺少对知识的总结。因此，企业更加依赖个人经验，而越来越值钱是过去的做法。

未来真正进入"后喻时代"时，不是看谁的经验丰富，不是看谁的工作时间长，不是看谁做过的项目多，而是看谁能够对数据有更深刻的洞察力，谁掌握了更多处理数据和分析数据的方法，谁能够从即时获取的数据中得到更多的诀窍，能够做出更好的分析和判断，从而能够做出更好的决策，谁就能成为更高层的管理者，这将与年龄无关，与工作阅历无关，与是否在更高岗位层级无关，当然，与学历也无关。当到了"机喻时代"，企业会更加依赖机器，更加依赖算法，更加依赖企业是否有更加丰富和更加全面的高质量数据。管理者的作用被弱化，机器算法和数据采集成为企业的竞争力，是企业经营和管理决策的基础。

智慧型企业数据体系金字塔可参考图 1-10。

未来的管理方式一定会变化，而且正在变化。目前掌握数据技术的管理者正在发挥作用，他们利用数据分析发现管理问题，能够及时提出新的解决方案，能够在管理中发挥更加重要的作用，在职级上就会晋升更快。数据分析与挖掘是未来管理者的基本能力，虽然过去的经验也仍然有效，或者有一定的效果，特别是过去基于数据分析的方法的经验，能够让管理者更具有创意地找到数据分析的方法，从而能够更好地分析数据，得到更及时的结论指导经营管理决策。

利用数据支撑管理决策，人们的分析能力决定其在企业中的价值和职级，未来的管理者的能力模型已经发生变化。在数字智能时代，企业管理者的能力除了过去的经验积累，还需要懂得业务，懂得数据分析，具有更宽的知识面，才能胜任不同层级的领导力，才能在职场上获得更好的发展。笔者提出了从 I 型人才到 O 型人才的晋升模型，所有的管理者都需要在这个过程中不断学习和积累，并在更宽的知识面上掌握更多（见图 3-8）。未来"军团型"组织模式下，在军团战役中，跨兵种的人才是军团的领军者，是真正指挥战斗的人。

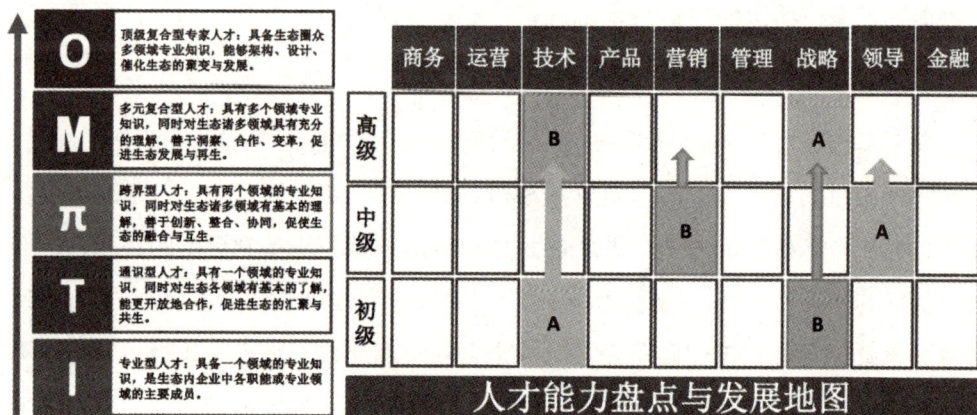

O 顶级复合型专家人才：具备生态圈众多领域专业知识，能够架构、设计、催化生态的聚变与发展。

M 多元复合型人才：具有多个领域专业知识，同时对生态诸多领域具有充分的理解，善于洞察、合作、变革，促进生态发展与再生。

π 跨界型人才：具有两个领域的专业知识，同时对生态诸多领域有基本的理解，善于创新、整合、协同，促使生态的融合与互生。

T 通识型人才：具有一个领域的专业知识，同时对生态各领域有基本的了解，能更开放地合作，促进生态的汇聚与共生。

I 专业型人才：具备一个领域的专业知识，是生态内企业中各职能或专业领域的主要成员。

	商务	运营	技术	产品	营销	管理	战略	领导	金融
高级			B				A		
中级					B			A	
初级			A				B		

人才能力盘点与发展地图

图 3-8　人才晋升的 IT π MO 模型及人才能力盘点与发展地图

内外兼修，长远规划，阶段实施，收割阶段成果

企业在推动数字化转型时也可以采用内外结合的方式，既在内部推动数字化技术的应用，改变生产方式、管理方式、组织方式及办公环境等，提升内部组织效率，更好地做决策，也要在外部触点上推动数字化转型。不同行业在内部和外部的紧迫性上可能不同，需要企业结合自己所处的内外部环境进行分析。

笔者推荐的原则是长远规划，阶段实施，并且实施一部分就锁定一部分的成功。任何企业的资源都不是无限的，无论是外部资源还是内部资源，在有限的资源条件下推动数字化转型，并让阶段的成功鼓舞团队士气，建立信心，提高动力，

提高参与度，提升员工的积极性。对内部数据应用要强化管理，提升管理者管理数据、分析数据和应用数据的能力，对外部要通过更加精准的数据分析，获得更好的市场洞察力和客户洞察力，必要时，接入外部数据资源提升营销的精准度。

3.5　利用数据技术构筑产业生态

企业的数字化转型会逐步打破企业的边界，延伸到相关合作方、产业链，甚至整个产业生态。数据技术在企业中的应用也在打破各种组织壁垒，使组织变得更加开放，企业内部数据与外部数据的贯通，形成新的数据算法，对企业的商业模式也会形成新的冲击。例如，可以以电商作为讨论的基础思考数据技术应用之后对企业组织的颠覆模式。

电商平台的一次交易撮合

互联网在提供支付方式创新时衍生了很多平台化的企业，包括国外的亚马逊，以及国内的阿里巴巴和京东等各种电商平台。电商平台基本上只提供一次交易撮合，提供一个端对端的交易匹配。利用数据提升匹配的精准性，从而提升客户的购买体验，电商平台获得快速发展，改变了人们的购物习惯。仔细研究这些平台就会发现，这些平台所做的都是基于需求和供应的一次匹配，形成一次交易撮合，是产业链的终端环节，提升了最终产品的交易效率，降低了交易成本，提升了整个产品端的流通速度。

当然，在产业的中间环节也有很多 B2B 电商平台，如钢铁交易、零部件交易、化工产品交易、建材交易等，这些交易平台也是基于一次交易撮合的平台。一次交易平台的兴起是第一代的电商平台，如果一次性完成多次交易撮合，则是对现有电商平台的升级。

美团的两次交易撮合

美团是在阿里巴巴实物电商之后发展起来的另外一个 2C（面向消费者）业务的服务电商平台。美团上市获得较高的估值，在激烈的电商平台竞争中能够获得如此高的估值也是有原因的。美团最典型的交易模式是人们通过这个平台订餐，美团选择商家为顾客提供餐饮服务，这个时候美团选择就近的骑手（送餐人员）为这次餐饮服务提供递送到家服务。美团平台既提供了匹配的餐饮服务商家，也提供了最佳或者最高效的骑手接单递送，在这一次交易中隐藏了两次匹配和交易撮合。通过后台的精准算法，能够在提供餐饮服务时提供最佳的服务购物体验，提供最适合的推荐和最高效的服务遴选，而在选择骑手方面则是更加动态的，即基于地理位置服务的最佳匹配，从而可以以更低的送餐费用为用户提供最好或者最快的服务。例如，从一家餐饮店订单到同一个写字楼中的送餐服务优先推送给同一个骑手，这样就能够优化骑手的送餐路线，一次送餐可以送更多份，从而更高效地提高骑手送餐效率。从消费者端来说则是一种服务共享，通过共享送餐服务，消费者支付的送餐费用就会更低。

产业促进平台的多次交易撮合

笔者曾经策划过一个产业促进平台。这个平台主要服务时尚产业，包括服装、箱包、首饰、鞋帽等。时尚产业（包括周边服务）在中国的年产值接近 15 万亿元，既包括服装生产、服装加工，以及更加前端的面料原料生产和纺织加工等，也包括服装设计、秀场、教育、广告推广、交易会、订货会等各种产业服务业态（见图 3-9）。

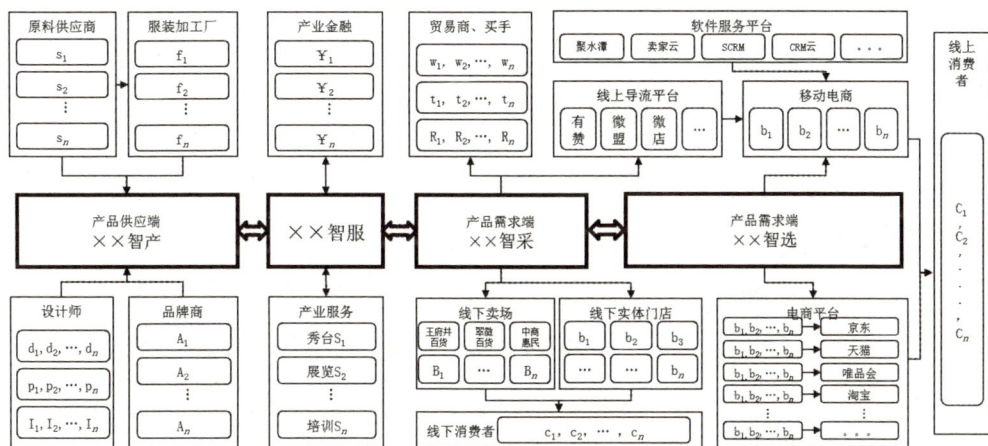

图 3-9　时尚产业生态运营商的业务规划模型图

假设有这样一个场景：某小区旁边的路边有一家服装店。该服装店的老板娘本身就是一个做衣服能手，她自己设计和制作的衣服非常好看，满足某一类人群的需求，自己销售（一个典型的手工作坊）。因为手艺好，该服装店的生意还是很红火的，但因为是手工作坊，规模不大，所以利润也不高。

笔者给她提供了平台，她可以将其服装设计图纸、加工工艺要求等在网上发布，并通过平台上的模特公司、经纪公司和摄影公司将其设计的服装进行包装，能够有很好的展示图片放到平台上。同时一个 VR 公司结合智能算法，能够根据不同人的体形定制化设计成不同的 3D 立体穿着效果，并通过平台展示给大众。

因为她设计的服装非常好看，适合某一类人群的审美诉求，被服装行业的一个"买手"看中，这个买手希望能够制作 10 万件衣服销往他的渠道市场。但是制作 10 万件衣服，在 1 个月内交付，需要有几百台服装加工设备的工厂才能完成订单，也需要近 1 000 万元购买服装面料和辅料，金额巨大，该服装店没有足够的实力承接这个 10 万件的订单。

但是，笔者提供的平台后台有产业基金提供支持，平台上不仅有服装加工企业的产能、面料供应商、物流企业，还有买手、卖手、设计师、经纪人等。通过区块链技术的智能合约机制，当买手下订单之后，这个平台就直接将需求匹配给具有相应产能的生产厂家，将面料订单提供给面料供应商，将货物配送的订单提供给物流公司，所有过程中的资金除了买手预付的 30% 的预付金，其他的支出由产业基金暂时垫付，10 万件订单交付之后，买手付款给平台，平台再将各环节的资金支付之后，其中包括支付给服装设计师每件 15 元，即 150 万元的知识产权使用费之外，剩余部分由平台获得。在这个交易过程中，整个订单进行了超过了5 次交易撮合，包括资金垫付过程中产业基金的使用。这种平台就是产业促进平台，而平台运营商在这个交易过程中没有任何人为参与，平台根据算法选择生产厂家、面料供应商，根据最优价格、最优品质及最优交付周期进行匹配。

传统产业的交易匹配，是人与人、线下的交易，通过采购的搜索，人与人的线下交互，纸质的交易合同，以及各种长期的谈判、询价、比价、议价等流程完成，该过程中有信息不畅、关系不明、利润不等等各种问题，这些问题导致整个产业的效率非常低下，最终产品中实际物值只是其中很小的一部分，大部分都是交易成本。这种产业大数据平台所实现的是利用数据、智能、区块链、信用机制、智能合约及智能算法，大幅度提高产业各个环节交易的顺畅、可追溯、可评价、及时反馈、随时优化，确保产业运行的效率，大幅度降低产业中无效劳动、无效交易、无效生产，能够最大限度地发挥产业效率。

未来一定会有一种企业平台是产业平台，背后是产业运营商，融合了产业参与者和产业金融，从而形成一个产业生态，新的生态化的产业运营商会逐步出现。

企业内部的多次交易撮合创新

其实在企业内部也存在多头交易需要一次性撮合的现象，需要利用企业大数据平台实现。例如，终端门店要货，将订单提交到物流中心仓库，仓库接到订单之后发送货物，仓库根据库存情况，在库存不足时向工厂下订单，工厂接到仓库订单之后向采购部门下订单，采购部门下订单到供应商，供应商下订单到原料供应商。这其实就是一个利用传统手段进行多头交易撮合的常规情况。在这种情况下，企业靠库存保证订单交付。又如，仓储中心必须备货，只有有充足的备货，门店下单时才能及时交付；工厂需要备货，只有备下足够的成品库存，仓储中心要货才能及时供货，否则只能按单生产，交付周期就会延长；为了能够及时交付订单，工厂需要配备足够的原料库存，只有有足够的原料库存，有了订单才能安排及时生产，否则再次下单订原料，仍然有一个交付期；采购部门为了保证及时采购，需要通过给予一定的溢价让供应商提前备货，这无形中会增加库存成本，提高采购价格。

例如，门店销售的是面包。门店向仓储中心下订单，仓储中心向工厂下订单，工厂需要向原料商（即面粉厂家）下订单，面粉厂家向粮食销售方下订单，粮食销售方向农民下订单采购。如果都没有库存，每次下一个面包订单都需要农民去种粮食，供应周期可能会长达一年。要么关注事件，要么关注价格，在时效性要求高的情况下，企业就需要保持足够多的库存，从而保证及时供应；要么为了降低成本，减少库存，企业就需要更加精准地预测订单，确保最少库存下的及时供货。

对于一家家电生产制造型企业，假设一种理想情况：一家门店每天销售 100 台空调，10 家门店每天销售 1 000 台，这时需要仓储中心每天发货 1 000 台，仓储中心如果为了降低库存，必须从工厂获得 1 000 台空调，工厂每天加工 1 000 台空调，工厂每天收到加工 1 000 台空调所需要的零部件，而这些零部件供应厂家也是每天产出生产 1 000 台空调所需要的零部件。如果每天维持 1 000 台的销量，那么这个稳态的供应链就是均匀的，假定每天送货一次，所有环节的库存就能够保持在平均生产 1 000 台空调所需的库存，是可以做到最佳的。

如果要求门店必须每 30 天订一次货，门店就需要有平均 15 天的库存，仓储中心也必须有 15 天的库存，工厂也会有 15 天的零部件库存，整个空调的供应链就有大量的闲置库存。

如果终端每天的销售量不固定，且不知道明天能够卖出多少台空调，这个事情就会变得非常复杂，这种复杂程度会加大整个供应链的风险。昨天是 1 000 台，今天变成 1 200 台，后天变成 800 台。销售订货时需要按照 1 200 台订货，如果销售 1 000 台就有 200 台库存，如果只销售 800 台，那么就有 400 台的库存。仓储中心为了保证货源，也需要将每天的库存从 1 200 台提升到 1 500 台，而零部件供应商也因为不知道未来的需求量，那么它会下 1 800 台的零部件订单。日积月累，就形成大量的库存。

企业如何利用数据技术实现整个供应链环节的"多次交易撮合"，从而优化库存，打通产供销全链条，这就需要以门店的销售数据作为起点，根据每日的销售情况，对近期的销售进行更加精准的预测，形成门店的销售计划，这个销售计划形成向仓储中心或者分拨中心的订货计划，各个门店的订货计划又形成工厂的订货计划，工厂的订货计划形成工厂的生产计划，生产计划产生物料需求计划，物料需求计划产生采购计划，采购计划形成供应商的供货计划。这是第一个链条的多次交易撮合，是以计划为核心的多次交易撮合。

然后门店的订货计划形成订货订单，这个订单生成分拨中心的采购订单，各个门店的采购订单生成向工厂采购的订单，分拨中心的采购订单形成工厂的生产订单，生产订单生成物料需求订单，物料需求订单生成向供应商采购的订单，这个采购订单成为供应商的供货订单。这是第二个链条，是以订单为核心的多次交易撮合。

供应商向工厂供货，生成供货交易，供货交易成为工厂的入库活动，也是入库交易，是以原料物权转移为主的交易，入库原料在生产线上下料，形成下料交易，下料交易产出成品，形成成品入库交易，成品入库交易转为工厂的发货交易，工厂的发货交易到分拨中心形成入库交易，分拨中心入库之后为各门店配货，形成配货交易，门店接收产品入库，形成门店的入库交易。这是第三个链条的多次交易撮合，这个交易撮合构成了以交易为核心的多次交易撮合。

门店收货之后付款给分拨中心，分拨中心付款给工厂，工厂付款给供应商。

这是第四个链条的多次交易撮合，是以资金为核心的多次交易撮合。

这四个链条紧密地交织在一起，前一个链条为后一个链条提供输入，后一个链条形成对前一个链条的准确反馈，从而形成一个不断优化计划、订单、配货和付款的循环。这个循环通过企业大数据平台自动完成，并自动优化，不断优化迭代过程中，形成高速且敏捷的企业经营管理活动"匹配"＋"撮合"的平台。

企业内部的多次交易撮合，可以减少人为干预，或者减少信息不畅、数据不通导致的延迟、出错、滞留，在瞬时撮合的条件下，门店的信息及时传递到供应商端，供应商端积极配合完成整个交易过程，这样整个企业处在一个高效运转的大数据平台上。这是未来企业的 S2M2C，以及 C2M2S 的全链条打通，形成最高效的运营管理，提高效率，降低库存，提升客户的体验，也提升供应商的满意度，更加愿意与本企业合作，形成企业的竞争力。

未来跨界融合的创新模式

现在流行的新零售模式，除在终端交易上利用数据技术实现交易环节的高效、精准外，还需要改造整个供应链。整个供应链如果能够利用数据技术实现自动化的精准匹配和交易撮合，未来的商业模式就会被改写。

为了确保多次交易撮合的最佳匹配，信息系统必须完善，数据体系必须打通，算法模型必须不断优化，并形成反馈和优化的机制。为了保证这个体系的运转，笔者在为企业提供咨询服务的过程中，总结沉淀了三个模型，利用类比的方式为搭建自我优化的数据体系提供理论支撑，从而在建立数据模型的过程中提供理论指导。这三个模型分别是透明玻璃杯模型、自来水供水模型和供电模型。

1. 透明玻璃杯模型

在喝酒时，为了使每个人都能够喝得尽兴，但不能多喝，喝多了难受，也不能少喝，喝少了会不尽兴，所以"刚刚好"才是最好的状态。这与整个供应链是一样的道理。企业的产品必须满足市场的需求量，即刚刚好，不能多，多了积压库存，卖不出去，少了可能达不到预期的效果。

为了保证每个人都能够喝好，首先需要知道每个人的酒量，在尽兴的时候喝多少，因此必须知道每个人喝了多少，还能喝多少，酒杯里还有多少，酒瓶中还有多少，储备的酒还有多少瓶，仓库里还有多少瓶，所有这些信息都是透明的，所有盛酒的容器都必须是透明玻璃做的，这样可以清楚地看到所有的数据。

数据的透明化是供应链体系的核心思想。门店需要多少货，不仅要考虑门店库存量，还要知道货架上有多少、每天能够卖出多少。分拨中心应该备多少货，需要知道每个门店需要多少，分拨中心还有多少，为工厂发出的订单未来会到多少，这样才能知道分拨中心应该再给工厂下多少订单；工厂也要知道前端的需求，知道门店的量，才能精准地制订生产计划，还要知道原料仓库中有多少原材料，为供应商下过的订单未来还会有多少，还需要向供应商下多少订单才能满足未来的生产需要。

该模型看似非常简单，但在实际过程中，因为流程管理的问题、业务活动的波动、信息不共享、数据不通畅、模型算法不精准，这些想法无法实现。在这个过程中，因为利益冲突，各个环节不能充分开放地共享数据而出现一系列问题。

例如，门店如果有一款产品非常畅销，为了有足够的货可以销售，门店有足够的动机隐藏库存，如果问门店的店长，某款畅销产品还有多少库存，如果他有100件，他会说还有60件，很快就会销售完，需要尽快配货。如果一款产品滞销，门店为了尽快消化库存，避免更高的库存，店长有足够的动机夸大库存。如果店里还有60件，因为不好销售，他会说还有100件，暂时不需要进货，进多了就会积压。这也会导致整个供应链信息的不畅通。

采购部门人员也有足够的动机隐藏真实的数据。如果某原料需求量大，他们会让供应商备货更多，确保自己的供应能够及时。但对内部员工采购部门人员也会隐藏实际的供应商库存量，因为如果告诉内部员工实际库存，当需求量更大时，他们可能会找不到货源，所以如果有 100 件库存，他们可能会告诉内部员工有 80 件，当内部员工要 90 件时，他们还能够游刃有余地调整。这也会导致各种信息的不畅通、不准确。

所以，透明玻璃杯模型说明，所有的环节必须保证数据的准确性，并且能够及时共享信息的变化，从而保证前后数据的准确性。这需要一个强大的数据分享和共享机制。

2. 自来水供水模型

在生活中，对于城市供水，只有供水公司有一定的库存，在整个供应链中没有过多的存储罐存储水，但是我们在家里用水时，打开水龙头就有水，而且关闭水龙头之后也不会导致溢水。

为了保证终端有足够的供水，在整个管道中需要保持足够的水压，确保无论是在 1 层还是 20 层，打开水龙头时都有水，而且上级管道比下级管道更粗，甚至压力更大，但需要保持一定的比例关系和压力关系（见图 3-10）。如果是在企业，则整个供应链中的模型就是，企业需要从前端销售到后端供应过程中保持足够的压力，从而能够为销售提供及时供货，但又不能供应太多，供应太多会带来高库存，也不能太少，否则会导致断货。产品的销售周期越短，对快速响应的供应链要求就越高。面包销售周期只有 3 天，任何高库存必然导致产品回收成本高，卖不出去就要尽快处理，而处理也需要成本。

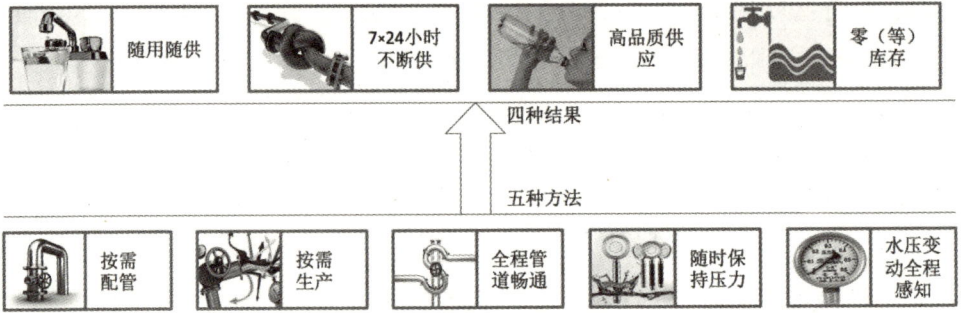

图 3-10　自来水供水模型

3．供电模型

电是无法保存的，只能发多少用多少，多了要么导致电压不稳，烧坏设备，要么采用抽水储能的方式，将电力转化为水的势能，当需要时再通过水力发电转化为电能供电，这种转化会浪费大量的能源，因为每次转化都不是百分之百转化。所以，电力企业必须精准预测用电需求，平衡电压，确保供应的同时减少浪费。

如果设定零库存的目标，不仅仅是本企业的零库存，而是整个供应链，包括供应商和终端门店都是零库存的理性状况，这就接近供电模式，要求前后端的数据和信息随时联通，而且实现基于需求的即时调整（见图 3-11）。

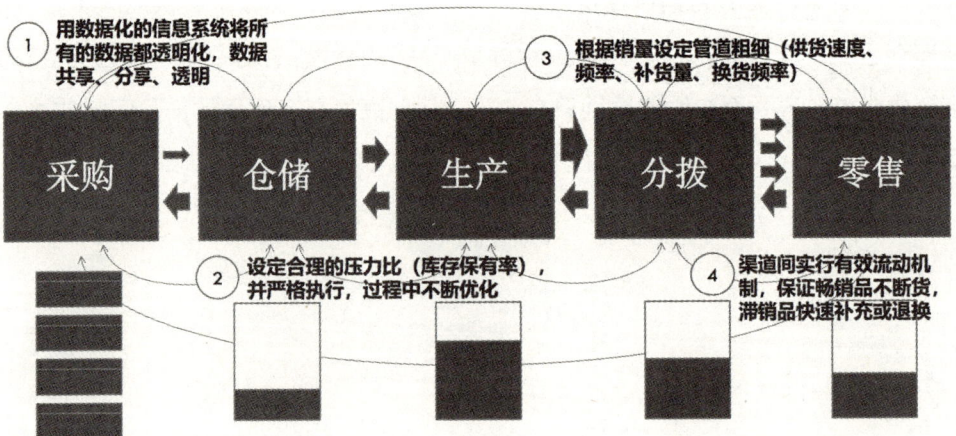

图 3-11　数据化的供应链管理体系

2001 年，笔者还在宝洁供职。那个时候宝洁发起过一个项目，就是把终端门店宝洁产品的销售数据与宝洁的 ERP 联通，保证消费者结账购买每一瓶宝洁的洗发水的数据都能传递到生产线上，如果每天终端销售 10 万瓶，生产线就生产 10 万瓶，以均匀的速度流通到终端，这样就能够保证像供电一样，终端用多少"电"，工厂就发多少"电"，从而保持最基本的流通库存。这是理想情况，但限于组织边界问题、信息系统方面的技术问题，以及供应链体系上不同企业的利益问题，这个理想没有实现。但是，这为供应链管理带来了很多启发。

第 4 章

企业经营的数字化升级

4.1　客户体验数字化

数据技术正在加速改变人们的生活方式、出行方式、社交方式、沟通方式、管理方式，以及社会的组织形式、企业的商业模式。

培养用户的数字化习惯

作为消费者或者终端用户，人们身边数字化应用的例子越来越多。

（1）人们去饭店吃饭，只需要扫描桌子上的二维码即可下单，等服务员将饭菜送到桌子上之后，只需要扫描桌子上的二维码就可以结账，如果需要开发票，可以直接在结账界面选择开发票，填写发票抬头，即可直接获得电子发票。

（2）人们乘坐地铁出行，只需要拿出手机，打开微信小程序或者相关的 App，选择其中的二维码即可进 / 出站，系统会自动计算费用并从绑定的微信支付或者支付宝账户中自动扣费。

（3）人们乘坐飞机，当购买机票之后，绑定过身份证信息的 App，如航旅纵横会推送消息，并直接将出行日程放到手机日历中，还可以随时提醒到时候乘坐飞机，当飞机航班确定后，会提醒选择座位，远程值机，选择好自己的座位并值机之后，就会获得一个"电子登机牌"二维码，到了机场，所有需要检查证件的地方，只需要扫描这个二维码就可以畅通无阻地进入飞机舱，不再需要纸质的登机牌或者机票。

（4）如果员工到企业上班，到达企业门口时，员工需要打卡，目前不需要用员工卡在打卡机上扫描一下，不需要员工用指纹打卡机扫描指纹，也不需要员工在手机 App 上选择本企业手机应用进行打卡，员工只需要走过安装摄像头的门，就会被精准识别且帮助打卡。员工什么时候上班，在哪个位置办公，通过 Wi-Fi 即可进行跟踪，所有过去的考勤方法都已经被颠覆。

（5）如果去超市买西瓜，西瓜太重则不方便带回家，顾客可以选择一个自己喜欢的西瓜，然后扫描该西瓜上的二维码，即可下单，超市自动从绑定的电子支付账号中扣除费用，顾客到家时，西瓜已经配送到家；如果想吃海鲜，在卖海鲜的门店中选择自己喜欢的螃蟹和龙虾，称重之后扫码付款。如果自己不会做，或者做得不够好吃，还可以选择做好后送到家。

（6）如果想选择一件合体且自己喜欢的衣服，到了服装店，可以站在一个虚拟试衣镜面前，扫码识别顾客身份，根据顾客的体形和喜欢的风格，有上万款顾客喜欢且与体形相匹配的衣服可供选择，并按照精准匹配的方式进行排序，顾客还可以通过手势选择衣服，当选中一件衣服时，可以马上看到自己穿上这件衣服的样子，就好像真的穿上该衣服照镜子一样，顾客可以在虚拟试衣镜面前看到了自己穿着该衣服的样子。顾客在这个系统选择的衣服越多，推荐的服装越精准，顾客就越有可能找到自己喜欢的衣服。如果想彻底转换一种风格，系统会根据顾客瞩目和欣赏的时间自动调整后台推荐算法，顾客所喜欢的衣服不需要几秒就调整为新的风格。站在镜子面前，顾客可以在上百万种服装中进行挑选，与日常逛街式选择衣服不同，4 个小时可能真正看到并试过的衣服不会超过 10 件，而在这个系统面前，4 个小时可以把上千件衣服都试一遍。当选择好衣服之后，只需要点头或者对系统说"我要这一件"，系统会自动从绑定的支付账号中扣款，2 小时后到家，该衣服已经被送到顾客的家中。

（7）张先生和他的妻子工作一天，不想在家做饭，下班后选择在家旁边经常去吃饭的餐馆吃饭，服务员送上两个 iPad 让两位分别点餐。张先生在 iPad 上看到的菜品排列顺序与妻子的完全不同，而是按照两位的偏好分别给出菜单的排列顺序。因为当他们走进餐厅时，摄像头已经对两位进行了精准识别，并结合两位过去吃饭历史数据的偏好做出分析，将分析结果以菜单中菜品的不同排序方式分别呈现。当张先生点选某一菜品时系统提示："你喜欢该菜品，但您的太太对该菜品中的某一种成分过敏，你是否还要继续点选？"因为根据顾客的消费历史，该系统记录了张先生的妻子对花生过敏，而该菜品中含有花生材料。

这些场景都不是杜撰，而是已经或者正在成为人们日常生活的一部分，如果不是这样，人们反而会觉得非常不便。当一种数字生活成为习惯，人们会发现过去习惯的东西是那么"落后"。

数字化转型的第一个应用就在客户端，因为这能够在短期内为客户带来差异和提升企业业绩。当客户体验提升之后，客户的忠诚度会随之提高，客单价也会因为精准推送而提升，客户对价格的敏感度也会降低，整个企业的经营效益就会得到快速提升。所以，企业数字化转型在客户端会是首先要考虑的应用领域。

客户关系数字化，洞察客户有基础

数字化的企业与客户接触的过程中会非常重视数据的采集，尽可能采集更多与客户相关的数据，在所有与客户的接触点上，通过利用数据技术，实现数据的自动采集。例如，客户扫码下单支付，不仅记录了客户是谁，还记录了时间和金额、采购的商品，而客户如果用现金购买产品，企业除了知道产品已卖出，其他信息都没有留下。

7-11 便利店最早通过收银过程记录购买产品的客户的性别、年龄段，能够清楚地分析这家门店周边的客户群体和不同客户群体喜欢的商品类型，从而为门店的货品管理、货架管理和采购管理提供数据支撑，成功优化了坪效，提升了经营效益。

现在绝大多数行业的客户都已经习惯数字化的交易流程，所以在交易环节通过数据技术的应用，既满足了客户的需求，也能够采集留下的数字信息，这些信息是非常有价值的，能够为分析客户行为和心理提供基础数据。

在 2018 年年初开始试营业的瑞幸咖啡，在不足 10 个月就在全国约 20 个城市布局了近 2 000 家门店，成为备受关注的连锁咖啡品牌。瑞幸咖啡的成功，不是传统的线下门店的无序扩张，而是基于地理位置的社交服务，通过朋友圈、社交圈、App 等途径，实现多渠道的获客和多渠道的客户体验。笔者第一次去瑞幸咖啡时，发现该店不接受柜台点单，也不接受柜台付款，必须下载 App 才能购买，因为着急与客户在咖啡厅座谈就接受了下载 App 点单，后来发现这个 App 的使用体验非常好，简单直接。

瑞幸咖啡依托 App，将线上、线下结合起来，大大提高了效率。在支付上，瑞幸咖啡不接受现金交易，避免了现金管理的麻烦和漏洞；App 的使用将海量用户消费行为数据化，使用户画像一目了然，对各个城市和门店的销售情况也可以实时监控，门店可智能下单订货，无缝对接供应商；在门店选址上，大数据辅助决策，门店地址距离用户更近。所有这些都可以大大提高营销和运营效率。

客户关系多元化，互动提升体验

通过 App 连接客户，通过微信公众号连接客户，通过微博品牌号连接客户，通过线上购物连接客户，通过线下门店连接客户，在社交化无处不在的时代，多渠道交错服务客户已经成为新趋势，单点的或者单一渠道的传播方式已经过时，每家企业，无论是 toB 还是 toC，多渠道纵横模式已经是必不可少的选择。

Omnichannel（全渠道）是一种内容营销模式，是多渠道协同的策略。全渠道营销模式要求多个渠道协同为客户提升超级数字化的体验，多个渠道不是并行各自为战地服务客户，与客户交互，而是多渠道协同。在这种模式下，企业的营销、销售、线下服务、线上服务、电商平台、App、社交媒体等整合在一起，联动起来，并用数据打通各个环节，确保资源集中服务客户需求，提升客户体验。

最早实施全渠道模式的是金融服务机构，将实名的用户数据作为基础，金融机构能够在各个方位上将用户数据打通，包括线上服务、电商支付、App、线下门店等数据整合，加工成基于消费者行为的精准的客户画像，在每个客户接触点上，精准地为客户提供所需服务。金融、银行、保险等企业，因为有实名认证的数据，比较容易实现这种数据的联通，所以推行较早。但国内的一些金融机构，因为历史原因，各个业务板块相互独立，银行业务、金融业务、零售业务、投资业务等各自为政，数据标准不一致，数据记录不规范，所以数据无法联通，客户画像难以精准，这是历史原因导致的，以前人们不太重视数据，不太重视数据质量和数据规范，也不太重视数据资产的管理。目前，各大金融机构都已经行动起来，通过数据治理与整合，实现数据的连通，从而能够实现多元化渠道整合，推行全渠道模式。

全渠道模式不是多渠道（Multichannel）模式，前者更强调整合和融合，以及各个渠道的打通，不是并行的多渠道触点管理，而是每次与客户的接触都能识别客户，并将相关数据和信息与其他触点渠道进行共享，为其他触点提供服务。当一个消费者在某一家店铺消费后，其他店铺也有了该顾客的相关信息，从而能够更加精准地识别该顾客所需的服务。例如，笔者常住地是北京，经常在北京的某品牌连锁零售店购物，该店将笔者识别为北京某店的社员。当笔者到深圳出差，同样到该品牌连锁零售店购物时，深圳的店铺就识别笔者为差旅客户，当笔者购买牙膏牙刷时，店员就为笔者推荐一款旅行用的充电插座和充电线，或者旅行使用的剃须刀，根据笔者的个性特征，还推荐了某品牌可在飞机上使用的睡眠脖套。这是因为精准的数据识别在服务各家门店，所以需要一个强大的数据后台为各家门店提供服务。

现在很多新零售也在利用数据技术打通各个客户接触点，整合营销模式，传播品牌价值和理念，提升客户接触点的体验，并形成裂变式的传播模式。

数据个性化，从千人一面到千人千面，再到一人千面

当各个渠道数据打通之后，就可以拥有更多的数据集合，能够为客户提供更多基于应用场景的服务。现在的电商平台基本上是通过后台的算法，实现客户的千人千面。同一间办公室中两个邻座的同事同时打开淘宝、天猫和京东平台，他们看到的画面是不一样的，首页展示的商品也是不同的。这是基于这两位同事过去在平台上的购物历史，对他们进行了完全不同的画像，不同画像的消费者看到的东西不同，是更加精准的推荐。有的人可能更加喜欢电子产品和跑步设备，而有的人则更加喜欢养宠物，还喜欢美食，也有的人更喜欢户外运动和旅游，不同的人的需求不一样，可以向其展示不同的页面，精准推荐满足了不同的购物诉求，首页展示的效果和转化率就不同。这些算法在后台不断迭代、优化，能够为平台带来更多的收益。这可以算是电商平台从传统的千人一面的展示到一人千面的展示阶段，是从 1.0 到 2.0 的升级。

如果对客户的各种活动数据进行采集，企业就能够对客户有更加深刻的认识。如果客户购买了猫粮，就可以为客户进一步展示相关的其他用品，如服饰和玩具。如果还是继续展示猫粮，那么首页展示的转化率就会大幅度降低，用户本来是购买猫玩具的，也需要通过搜索找到猫玩具，客户体验也会下降。

同样一个客户，在办公时间利用企业的 Wi-Fi 打开了天猫，虽然她昨天刚刚购买了猫粮，但是在办公环境下推荐猫玩具可能是不合适的。她有可能是办公室的行政人员，需要采购一些办公用品。根据客户过去购买办公用品的购物历史，这时就应该推荐适合其企业使用的办公用品。如果在一个月前客户购买了一个墨盒，这个时候有可能墨盒已经使用完，需要重新购买，此时首页展示墨盒相关产品会更加合适。再查阅客户购买的打印机型号，直接为其精准推荐打印机所需要的墨盒效果会更好。

这位女士之前晚上登录天猫的地点大多是北京的朝阳区，而白天登录的地点是海淀区，有可能她在海淀区上班，而在朝阳区居住。当有一天该客户在上海登

录了天猫，这时首页中推荐的就不能再是猫粮和办公用品，她可能需要一些差旅用品，这时就需要在首页展示差旅产品。

这就是基于场景化的需求个性化。同样一个客户，在不同场景下的诉求是不同的，在不同时间点上的诉求是不同的，需要结合客户不同场景的诉求推荐不同的适合此情此景的产品或者服务。这就是从千人千面到一人千面的升级。

现在的数据技术不仅把消费历史的数据聚合在一起对客户进行画像，还可以针对客户是在家里、办公地点、差旅地点、聚会地点等情景进行有针对性的分析，并将客户在不同时间、不同地点的诉求进一步细化。例如，9:00—11:00 和 11:00—12:00 打开天猫有可能是有不同的诉求，11:00 后有可能开始考虑中午吃什么，肚子开始咕咕叫，这个时候推荐食品和餐饮有可能会带来更大的转化率。到了 14:00 打开天猫，如果推荐的是咖啡，那么转化率有可能更高，因为到了犯困的时候。所以，一人千面是对同一个客户在不同时期的不同诉求。

如果知道这个客户在炒股，当股市上涨时，该客户心情愉悦，那么他会舍得花钱，乐意购买一些高品质和高价值的产品；而当股市下跌时，客户心情不悦，那么可能喜欢购买一些物美价廉的产品，或者购买一些暖心的产品。客户在不同的心情下，打开的页面也应该有不同的颜色。炒股的人可能更喜欢红色，而不喜欢绿色，而在办公室久坐的人，可能希望界面是绿色或者蓝色等。

销售导航系统，让数据指挥人聪明地工作

现在人们出行越来越离不开导航系统。当人们开车时，发动车之前首先考虑的是打开导航，然后输入目的地，查看走哪条路线最合适，智能导航可以告诉人们哪条路拥堵，哪条路用时最短，从而帮助人们选出最佳路线。人们不是不知道路，而是不知道哪条路现在正拥堵，哪条路现在畅通。滴滴打车的导航是以最少的价格选择路径的，而高德或者百度导航是以最短用时优先选择路径的。这种基于过去同行历史数据和现在的拥堵计算的路途用时越来越精准，有的导航系统还可以

根据个人的开车习惯预测用时。算法升级之后，精准度越来越高，人们出行越来越便利。

这里存在一个问题，人们出行越来越依赖导航系统之后，自己的判断能力可能会不断下降，人们不再努力去认路，不再努力思考什么时间什么路会拥堵，哪里车多，哪里车少，人们的认路能力会逐渐退化。如果哪一天导航系统出现问题，人们就会崩溃。当然，这是小概率事件，如果没有战乱或者自然灾难发生，那么这种情况基本不会发生。

在企业内部的经营和管理上也应该建立一套导航系统，使各层级管理者知道每天该干什么，甚至知道如何干效果最佳，这是人工智能在企业经营管理上应用的目标。

笔者目前正在为一家石化企业研究智能管理导航系统，这个系统的目标就是通过数据和算法，告诉管理者每天该干什么，什么时候下采购订单，什么时间价格最低，什么时间是采购的最佳时间，什么时候应该以什么生产条件进行生产，从而实现产品产值最大化，什么时候该联络什么客户，什么时候该给客户什么样的销售优化政策，在这个客户诉求中什么样的销售优惠政策能够打动该客户。这是数据模型和算法的目标，目前正在尝试 1.0 版本，让数据聚合到决策者的手中，使其将管理装进口袋。

首先从销售系统开始。这家企业有 150 多名业务员，主要服务加油站、物流企业、厂矿企业等用油大户。这家企业存量客户达 23 000 多家，平均每个业务员要维护近 150 家客户。维护 150 家客户是非常困难的。之前数据没有打通，看不到每个客户的下单购买情况，很多数据需要从收/发油和财务系统中导出来才能提供给业务员。但即使将这些数据提供给业务员，这些业务员也不会分析，不知道如何解读这些数据。业务员每天的工作就是给客户打电话或者登门拜访，与客户谈业务，说服客户购买企业的产品。但是，汽油和柴油都是有国家标准的，每家企业的产品都是同质化的，客户关心的更多的是价格。在同样的成本条件下，哪家企业能够提供一些优惠政策或者激励政策，哪家企业与其关系好，哪家企业能够提供一些额外服务就选择哪一家购买。销售人员有挫败感，不知道如何说服客户购买自己的产品，因为他与客户保持好的关系，他的竞争对手的业务员也会用各种办法与客户保持良好的关系。竞争是激烈的，销售人员要提高销量似乎只能采取降低价格这个唯一的手段。但是，在完全竞争的市场条件下，价格也会让企业的利润处在一个几乎为零的边缘。

为了改变这个现状，企业需要对客户进行分类、分级管理，哪些客户需要什么服务，如加油站的正规化管理、安全防控知识和日常的安全防护监察/监控，哪家客户需要更多的营销活动指导；同时，哪家客户是大客户，需求量大，增长率高，哪家客户有较大的增长潜力，企业提供的油品在客户的采购量中还有很大的增长空间；哪家客户更加看重品牌的合作，哪家客户更加关注价格，哪家客户更加关注油品品质保障，哪家客户更加喜欢高端油品，哪家客户更需要低端油品等。这些数据需要首先维护全面，对客户进行分类，针对那些服务导向型的客户进行重点维护，因为这些客户价格敏感度低，乐意以更高的价格采购，但是能够享受管理和营销上的服务就会更加轻松，可以将多支付的产品价格用于购买加油站管理服务。另外，那些品质导向型客户需要重点维护，因为可以通过品牌合作，提升品牌的知名度，提高终端客户的影响力。以上客户还要考虑两点：一是客户的成长性，那些快速成长的客户可能会开设更多的加油站，能够带动企业业务的增长；二是客户的采购量占比较少，可以有更大的提升空间，如果采购更多的产品，就增加了产品的市场占有率。

这些信息首先聚合形成客户分类/分级管理的算法，为每个客户在不同的维度上都打上标签，标注相关信息，这样每个业务员可以清楚地知道 100~200 家客户的情况。然后，将客户信息同每日客户订单数据进行关联和动态管理。每天业务员都能够看到他的每个客户每天都采购多少，这个月累计采购多少，过去 7 天（滚动 1 个星期）的采购量对比之前 1 个星期是否有所下降，过去 15 天（滚动半个月）对比之前的半个月采购量是否有所下降，过去 30 天（滚动一个月）对比之前过去的 30 天是否有所变化。如果有下降的，则标注黄灯；如果下降非常多，超过 25%，则标注红灯；如果同量采购或者略微有增长的，则标注绿灯；如果增长率超过 25%，则标注紫灯。

业务员每天早上起来上班，第一件事就是查看手机上推送的客户排名和颜色等，针对优质客户（建立一个优质客户定义标准的模型算法，即从服务导向、品质导向、价格导向诉求，以及客户大小和客户需求潜力上进行综合评价）进行分析：如果优质客户呈现红灯，需要当日解决，甚至优先登门拜访；如果优质客户呈现黄灯，则重点关注，打电话沟通，提供销售方案，促进客户购买；如果优质客户呈现绿灯，则保持观察；如果优质客户呈现紫灯，则向其问候，发送感谢信，或者申请奖励政策等。这样业务员每天都知道自己的工作重点在哪里，就像一个导航系统一样，业务员每天不用自己查数据、导数据、分析数据，只需要按照不同颜色灯的指示进行工作安排即可。这是笔者设计的导航系统 1.0 版本，目前已经在逐步实施过程中。

为了帮助业务员在洽谈客户的过程中有数据和算法的指导，笔者正在为这个导航系统的 2.0 版本准备数据和算法模型。设想客户是千人千面的，甚至是一人千面的，所以需要采集更多客户的相关数据，动态地更新数据，随时关注客户的诉求变化，业务员在每次联络客户之前，都应有一个推荐的方案，包括管理服务方案、营销服务方案、价格政策方案、量价优化方案等，不同的客户在此情景下最有可能接受的方案是什么，背后的数据支撑这些方案的论证，然后销售人员组织实施，实施完成之后进行反馈，根据成功率和效果反馈，不断优化销售方案，不断针对客户的动态信息进行调整，形成一个智慧决策大脑，能够补充业务人员的方案决策。业务员只需要按照这个方案同客户沟通即可。目前 2.0 版本的智能销售导航系统正在筹备中，算法正在设计中，预计 2019 年年底应该可以进行试点。之所以需要这么长的时间是因为算法既需要各方验证，也需要结合历史数据进行设计，更为耗时的是，需要通过客户关系数字化和客户关系社交化在客户接触点上进行数据采集（数据埋点），通过采集更多数据优化算法。

4.2　业务流程数字化

业务流程的畅通源自流程中信息的交互，在信息交互过程中，流程的精准性来自数据的准确性和数据分析后的迭代优化。传统业务流程都需要手工工单或者人工纸质审批，所有的环节都缺少数据记录，没有电子化就没有办法用数据分析，流程效率非常缓慢，一个高层管理者出差，所有需要审批的文件都需要他回来之后才能审批。老板出差两个星期，所有的付款/请款都要等待两个星期后才能进行。传统的业务流程已经过时，电子化的审批和工单系统已经非常成熟稳定，完全可以替代纸质审批和手工工单。现在，政府正在推动电子化，包括发票的电子化、证件的电子化、业务流程的电子化，所有在窗口办理的事情，基本都可以在网上办理，即使是需要人在场拍照确保本人的，也可以通过视频验证或者留存录像的方式进行。

沉淀数据是基础

传统的业务流程方式，因为缺少准确和及时的数据采集，在缺少数据支撑的情况下，流程很难进行分析，更难以进行优化。这是很多企业存在高库存、低流转问题的原因。

而数字化转型的企业，需要在企业的各个环节中设定数据采集的点，这个点被称为数据埋点。以一家企业的供应链全流程为例进行说明，企业需要在整个全流通流程中将数据记录下来，例如门店销售产品，需要记录销售订单，这是销售记录。有了销售记录之后，就可以计算每天的销售量，预测未来的销售量。同时要有这家门店的库存数据，有了门店的库存数据，就可以判断门店的库存还可以卖多久，需要什么时间进货，确保在门店断货之前有新品供应。

要让分拨中心能够看到门店的库存数据、销量数据和销量预测的数据，分拨中心就能够规划什么时间为门店供货，需要保证有多大的库存，并及时向工厂下订单，及时将工厂的货物运送到分拨中心，确保分拨中心的货物不多不少，补货也不早不晚。

工厂在安排生产计划时，能够知道门店的库存、分拨中心的库存，同时能够知道每天整体的销量，能够预测需要什么时间为分拨中心补货，那样就可以更加科学地安排自己的生产计划。而不至于在有 100 多个品种产品的情况下出现某个产品断货，而另外一个产品还有很高的库存。

采购部门也需要了解工厂有多少原料库存，还能够满足多久的生产需求，能够预测到什么时间原料就会断货，所以要提前做好采购计划，并及时告诉供应商大概什么时间需要下什么订单，供应商也可以做到提前备货，不至于下单采购时供应商也没有存货。

多数传统企业目前仍然采用手工记录数据的方式，或者用 Excel 表格对数据进行维护，这些表格数据不能及时通过信息系统传递到另外一端。整个流程的上下游各环节也不能够共享数据，这就导致数据慢、数据不准确、数据提供不及时。如果做生产计划时向各个环节索要数据，就会导致效率低下。在笔者服务的客户中，一个生产近百种产品的大型工厂，做一个月度的生产计划，需要五个人连续工作一个星期，才能够将这个计划做出。当这个计划做出之后，很多数据又发生了变化，包括原料库存、产品库存、门店需求等。因为过去一个星期之后，很多数据又会发生变动。

数据不准确导致计划不准确，计划不准确导致生产不准确，生产不准确导致供应不准确，各方相互埋怨，推脱责任，从而带来了管理方面的难度。要想做到准确、及时、高效，就需要一个强大的信息系统，不仅有门店端的 POS 系统，还要有整个分拨中心的 WMS 系统、生产 MES 系统和 MRP 系统，以及整个采购和供应商管理的 SRM 系统。

同时，这些系统应该能够相互打通，共享数据，通过一些算法进行串联。例如，门店的销售，数据采集在 POS 系统，需要对这些数据进行分析和加工，对未来的销量进行预测，根据历史销量建立模型，可以精准预测一个星期的销量、一个月的销量，甚至能够预测到三个月的销量。分拨中心也能够精准预测未来一个星期、一个月、三个月货物流通的情况，并精准到每个 SKU（库存量单位）。同时，工厂也能够清楚地知道每天、每个星期、每个月，甚至未来三个月的排产计划，而且可以精准到每个 SKU。采购部门也需要根据这些数据形成一个算法，从而精准地预测未来一个星期、一个月和三个月需要采购哪些原料，确保原料到厂"不早不晚，不多不少"。

业务流程从信息化到数字化，再到智能化

业务流程的信息化是数字化的基础，没有信息化，相关环节的数据没有被采集下来，数字化就不可能实现。中国传统企业不太重视信息化建设，认为只要把工作做好，就没有必要记录。笔者服务过的一家传统生产制造企业，为了管理生产过程，引入 SAP 的 ERP 系统，并通过 MES 系统记录所有的生产活动，但是系统的使用状况非常差，因为生产厂长之前是技术骨干，他认为员工只要把活干好即可，费时费力地记录信息是没有必要的，工人本身很忙、很累，还要让他们停下来记录到系统中，更是费时、费力。生产工人抱怨声很大，厂长也在抵制，投资几千万元的信息系统就这样慢慢地被搁置了。

因为缺少数据记录，所有的环节也都按照"老样子"进行，总裁和董事长多次提出要提高效率，要找到提高效率的点进行优化，因为缺少历史数据，根本不知道要在哪个地方提高效率，不知道哪个地方花费了多少时间，也不知道哪个订单用了多少物料，所以只能算总账，然后通过财务分摊的方式核算一个订单的成本，核算人工费用也只能通过分摊的方式。这种方式非常不准确，那些花费了更长工时和使用了更多物料的订单在财务分摊模式下，让其他订单为自己分摊了成

本和费用。

笔者进驻该企业之后，要求所有的工时和物料都需要立即记录，因为已经购买信息系统，直接使用即可。但是厂长非常抵制，最后只能通过董事长和总裁罢免这个传统生产方式下的高级技工厂长。笔者协助客户聘用了一个年轻且懂得精益生产的管理者来管理工厂。随着工时、物料及生产参数在信息系统中明确记录，可以清楚地看到每个环节的用工、用料和用时情况，有些环节存在大量的浪费，通过这个数据，生产主管也都看到了优化改善的空间。虽然记录用工、用料和用时耗费了一些工人的工作时间，但是这种记录为生产流程优化、工艺优化及品质改善带来了大量可用的数据。

信息化不是单纯记录生产过程，或者留存管理的证据，而是可以通过信息化的手段记录所有环节中的活动，有了数据作为分析的基础，就能够通过数据看板了解哪些环节存在浪费。基于数据，在懂精益生产的新厂长的协助下，笔者深度分析、挖掘了该企业生产过程中存在的十大浪费，其中包括物料消耗浪费、工时浪费、动作浪费、移动浪费、闲置浪费、加工浪费、库存浪费、包装浪费、高质量原料使用浪费、能力浪费。其中，高质量原料使用浪费和能力浪费一直隐藏在过去的流程中。工人为了保证产品质量，在生产过程中尽可能优先使用更高品质的原材料，导致质量较差的原材料没有被有效使用，造成了库存，同时使高端产品订单无法按时交付。因为客户订单有些是 C 等级和 D 等级的产品，只要使用 C 等级和 D 等级的原料就可以，但是工人担心产品等级质量问题，优先使用 A 等级和 B 等级的原料，在导致质量上的浪费的同时，使 C 等级和 D 等级的物料闲置，而 A 等级和 B 等级订单因为缺少物料造成订单交付周期被拖长，最终引起部分客户的不满。另外，工厂的主管在派工时，让一些工资高和熟练技术工种做一些体力工人可以做的事情，导致同样的工时条件下，用工成本更高，随意派工随处可见，而不是优先按照计划进行排班，让合适的人做合适的工作，也有一些本来需要熟练技术工人完成的工序安排给不熟练的工人的情况，导致质量问题甚至质量事故，影响客户的满意度。这些在没有信息化的条件下是无法及时被发现的。

通过建立数据分析模型和算法，结合业务管理场景，笔者发现了管理中的问题，优化了整个生产流程。这就是从信息化到数据化的升级，流程的数据化使流程效率在算法的优化下不断提高，节省了成本，提高了效率，确定了交付期，提高了客户满意度。为了进一步提升流程过程记录的准确性，笔者引入各种智能数据采集的终端设备，在能够通过智能设备自动采集数据的地方就用智能设备采集，不能用智能设备采集的地方，则将传统的纸质的流转卡电子化，这个纸质的流转卡在某些企业被称为随件单，就是跟随生产订单，记录生产订单中工艺参数和生产状况在各个工艺环节流转的单子。之前是纸质流转，工人做完工作就在单子上记录相关信息，然后跟随物料流转到下一个工艺环节。为了及时采集数据，笔者将流转卡用二维码替代，工人做完之后，需要用手机扫描二维码，然后在手机上填写相关信息，再流转到下一个环节。这样做的好处是，记录方便，数据能被及时上传到服务器上，管理者随时可以查阅现在订单在哪个工艺环节，销售代表也可以随时看到其客户的订单到了哪一个环节，生产过程中有什么问题可以随时告知客户，也可以告之客户收到货物的时间。

同时，笔者在电子流转卡设计上采用了下拉式菜单，一些质量问题和工艺问题，让工人以下拉菜单的方式选择，而不是手工填写，提高了填写的效率，数据也得到了规范。之前，整理手工记录的流转卡需要耗费大量的时间，而且工人记录的质量问题有 1 000 多项，根本无法分析。后来通过归类整理，维护了质量问题主数据，大致归结为 13 类质量问题，然后工人在这 13 类中进行选择，数据质量得到提升。

为了使产品质量随时能够看到，笔者通过数学模型建立了质量看板，管理者随时可以看到质量问题出现在哪个环节，为问题追溯和质量问题排查、质量预警等提供了决策支持，大幅度优化了生产流程中的效率，提高了物料的流转速度。

后来，笔者将智能排产放到系统中，通过算法优化排产。过去都是人工排产，只能制订当天的计划，因为都是手工做，所有订单到了哪一道工序都要计划员每天统计一遍，然后制订明天的计划，再不断修订，经常出现资源"撞车"或者闲置的情况。有了充足的数据支持，每个工艺环节所需要的时间基于数据基础得到精确化，系统自动排产、自动优化，并且在员工通过电子流转卡报工时，排产计划就能自动优化一遍，整个企业的生产效率得到有效改善，资源闲置、浪费得到有效控制。客户订单交期从原来的平均40多天，减少到20多天，在产物料的库存也大幅度减少，企业的现金流得到增加，这就是生产流程管理的智能化。虽然笔者仅仅在质量管理、计划排产方面做了一些模型，但对企业而言，优化效果已经非常明显。过去的传统管理，靠人判断，经常出错，现在系统自动判断和优化，生产逐步走向智能化。

目前，技术发展、流程数字化的手段已经非常丰富，而且成本在不断下降。通过智能硬件数据采集记录流程，确保数据得到保存，并用于加工和分析，甚至将这些数据模型算法植入信息系统可以实现信息系统的自动控制。技术已经不是流程数字化和流程智能化的阻力，现在企业实施数字化流程最大的阻力来自管理者的思想意识。很多人对数字化和数据化及未来的智能化都觉得不可能，认为没有什么用处。因为排斥，就没有办法创新，没有数据应用的创新，企业的经营管理效率就在原地停步不前，竞争力逐步落后，逐渐被市场淘汰。

数字化流程，效率随时可见，效果随时可查

通过信息化和数字化对原有的传统流程进行改造，虽然原有的工作流程没有发生本质变化，但是有了信息化，一些手工传递的信息可以通过信息化进行传递，提高了时效和沟通效率，大幅度缩短了流程时间。使用信息系统记录数据，留存了数据，就能够对数据进行分析和挖掘，寻找优化点，发现流程中的问题，对问题进行分析和改善，使整个流程更准确、更及时、更高效。当然，首先要做的是信息化，就是借助信息系统实现流程管理。审批可以通过移动在线的 App 进行，

无论管理者是在办公室还是在出差的路上，随时随地可以审批，确保高速响应业务需求。针对每个环节，都可以建立相关指标，从而监控每个环节的工作质量和效率。

下面以一个招聘流程理解流程数字化之后的可视化和效果追踪，以及对员工工作的影响。一般一家企业在招聘新人时，业务部门会提出业务招聘需求，基于业务需求，对招聘的岗位人员的能力和素质提出要求，撰写岗位说明书（Job Description，JD）。然后人力资源部根据这个岗位说明书选择招聘媒体，在招聘媒体上投放广告（可以选择智联招聘网、中华英才网、58 同城招聘、BOSS 直聘或者猎聘网）等。在这些媒体上投放广告之后，候选人看到或者搜到就会投递简历到企业邮箱。企业人力资源部收到简历之后要做一些筛选，选出比较符合要求的候选人，并通知前来企业面试。面试后进行候选人的评估，评估结果出来之后，人力资源部通知候选人，与候选人洽谈条件，谈好条件之后，择定日期入职。办理入职手续之后，人力资源部为新员工做企业介绍或者岗前培训，然后到入职部门报到开始工作，3 个月试用期或者 6 个月试用期结束后，确定是否通过试用期转为正式员工（见图 4-1）。

图 4-1　人力资源部招聘流程示意图

这是一个常规的招聘流程，很多企业也都是这么做的。企业的业务部门提出需求之后等待人力资源部招募到合适的人到岗。传统企业的做法没有什么不同，企业品牌强大，招人就相对容易，企业名不见经传，不为多数人所知，就很难招募到很好的人才。良禽择木而栖。多数企业都有一个共识：一家企业最重要的资产是团队，是人才。而招聘是企业人才的入口，入口把握不好，团队能力就会较差。把握好招聘，就把握好了团队的一半。所以，招聘工作必须精细化管理才能确保人力资源与企业发展相匹配。遗憾的是，笔者在为上百家企业提供咨询服务过程中，没有一家企业用数据和指标评价与考量招聘工作的质量，都是依靠"优秀"或者"经验丰富"进行自主招聘，在具体招聘过程中采用什么操作，企业不关心，只关心结果。虽然关心结果没有错，但是好的过程、高效且有效的过程才是产出结果的正确方式。很多企业抱怨招不到合适的人，也有很多优秀的人才抱怨找不到合适的工作，绝大多数企业在招聘管理环节仍然是"初级"的，缺乏有效管理。大企业在招聘时，甲方姿态明显，把候选人要得团团转；小企业在招聘时夸大企业好处，甚至欺骗候选人，过度承诺。对于这些方面企业领导都没有进行管控。

数字化的招聘流程具体如下。

第一步，业务部门在企业的 OA 系统提交招聘需求，有具体的岗位需求描述、招聘目标人数等，这些信息以数据的方式提交，就记录下了需求的时间、需求的岗位、需求的人数、目标到岗时间、目标费用支出、目标薪资成本预算等。这些数据通常会与各种活动数据结合在一起分析使用。

第二步，人力资源部将这些信息发布到招聘网站，在财务系统中申请财务费用，支付招聘媒体的广告费。这里有广告费花费数据，是企业投入的显性财务成本。

第三步，广告投放后，对企业职位感兴趣的人就会投递简历到企业专门的邮箱，企业的 OA 系统会自动统计某个岗位的简历收取数量。然后与财务系统对接，核算出每份简历的广告成本，每份简历成本成为考核招聘渠道成本的参考性指标，虽然这个指标不算是最终考评指标，但是获得的简历越多，广告曝光得也会越多，这也是企业品牌传播的一种途径。

第四步，招聘专员开始筛选简历，根据招聘需求进行严格筛选。选出的简历自动推动到预约面试专员的 OA 系统中。这里就会统计筛选出的简历数量，同时核算两个指标：一个是筛除简历成本，即筛选出的简历与花费的广告成本之间的比值。另一个指标是每个建立筛选人的筛出率。假定筛选出的简历是合格的，那么合格简历成本是考评渠道费效的指标。筛出率考核的是筛选简历岗位的尽职程度。如果筛出率高，则筛选就会更加严格。当然，还可以统计一个数据，就是筛选简历人员在 OA 系统中筛选简历的用时，平均每份简历花费的时间，这个时间越长说明尽心程度相对越高，当然，时间太长也不好，因为会浪费太多精力。如果筛选简历用时太短，则说明尽心程度较低。当然，从侧面也反映了筛选简历人的工作效率。因为有些简历粗略看一遍就会发现不合适，不需要花费太多时间，这是工作经验或者专业技术过硬的侧面参考指标。

第五步，招聘专员通知候选人面试。根据通知候选人预约成功率，可以评价预约人工作的尽心程度。优秀的预约人，会花费心思研究简历和岗位需求，根据候选人的特点选择合适的话术进行邀约，在邀约过程中对企业品牌和岗位进行正向宣传，同时让候选人有良好的体验，能够给候选人一个感受：这家企业非常好，员工非常优秀。因为企业每一个对外的接触点都是对企业品牌的宣传窗口。通话质量、沟通技巧在预约面试过程中能够得到有效表达，预约面试到达率直接体现预约人的工作质量。

第六步，面试。面试过程通过 OA 系统进行管理，能够记录面试的时长、候选人面试成绩，如果平均候选人面试成绩较高，则说明前序的流程效率和效果较好，特别是简历筛选过程质量较高。如果平均面试成交较低，则说明简历筛选质量较差。如果简历筛出率较低且质量较差，那么说明这个招聘渠道对应该招募岗位的贴合度较差，人力资源部应该考虑选择其他渠道进行招聘。面试通过率是表征前序流程有效性的重要指标。

第七步，与通过面试的候选人洽谈录用通知书（Offer）。洽谈录用通知书也是一个非常重要的步骤，人力资源部先同候选人沟通，这个沟通过程非常重要，甚至直接决定候选人是否愿意加入企业，所以人力资源部洽谈录用通知书的质量非常重要。一般高级岗位，预约候选人面谈，可以在企业，甚至可以在候选人方便的咖啡厅，在轻松的环境下洽谈，以期有更好的效果。人力资源部与候选人面谈之后，再找未来的上级经理与之面谈，谈工作期望和发展机会，必要时让候选人与协作岗位的经理交流与沟通，给候选人一个更加全景的工作氛围，从而让候选人在充分了解工作环境和工作目标的情况下入职，为后期尽快发挥作用奠定基础。这部分的工作质量是非常关键的，就如同企业销售产品或者服务客户，签约之前的工作非常重要。这时，甲方思维万万要不得，企业要想获得优秀人才，必须对优秀人才充分尊重，本着合作的态度，真诚地邀约候选人加盟，越是高端的岗位，在这个过程中越要精细化每个工作步骤。录用通知书洽谈成功率是这个阶段的关键数据指标，洽谈次数、沟通时长、录用通知书条件反复次数、平均洽谈参与人数等是次要指标。

第八步，给候选人发送录用通知书之后选择合适的时间到岗。这个时候候选人可能还未从上一家企业离职，协助候选人做好离职前的交接，甚至辅导候选人同原来的企业洽谈离职事宜，是高级人力资源部非常重要的工作。如何能够体面地离开上一家企业，能够做好工作交接，减少对上一家企业的影响，既体现了人力资源部的专业度，也体现了本企业的职业化程度，还能够体现企业有足够的耐心等待优秀人才的加盟。要给候选人提供一段缓冲的时间，而不是迫不及待地强烈要求候选人在规定时间必须到岗，即使企业真的迫切需要该候选人尽早到岗也不要这样做。这是因为胁迫别人立马到岗而不顾上一家企业的需要，当他某一天选择离职时，也不会考虑企业的需要。所以，在评价到岗率、到岗及时性、到岗准时性指标时要谨慎。

第九步，候选人到岗后的各种初期安排（包括一些岗前培训、新员工培训、团队建设工作等），可以确保候选人尽早熟悉企业，尽快进入角色。有些企业的人力资源部认为新员工报到之后就与人力资源管理无关了，而是岗位需求部门的职责，这种观点是错误的。岗位需求部门可能更加关注业务问题，而不是新员工的稳定和心理诉求等问题，这个时候人力资源部的"售后服务工作"就非常重要。候选人到岗后1~3个月内的留存率直接体现到岗后各种"售后服务"工作的质量，是人力资源部和业务部门共同的考核指标。

第十步，试用期。试用期的通过率直接体现招聘环节的招聘质量。任何在招聘环节的夸大宣传或者对岗位的理解偏差，以及候选人对工作岗位的认识程度、能力匹配程度问题都会在这个阶段反映出来。所以，招聘工作效果的跟踪还包括试用期通过率、试用期表现成绩，以及一年之后的优秀率等指标。

招聘过程中的数据指标及数据指标分析解读示意图如图 4-2 所示。

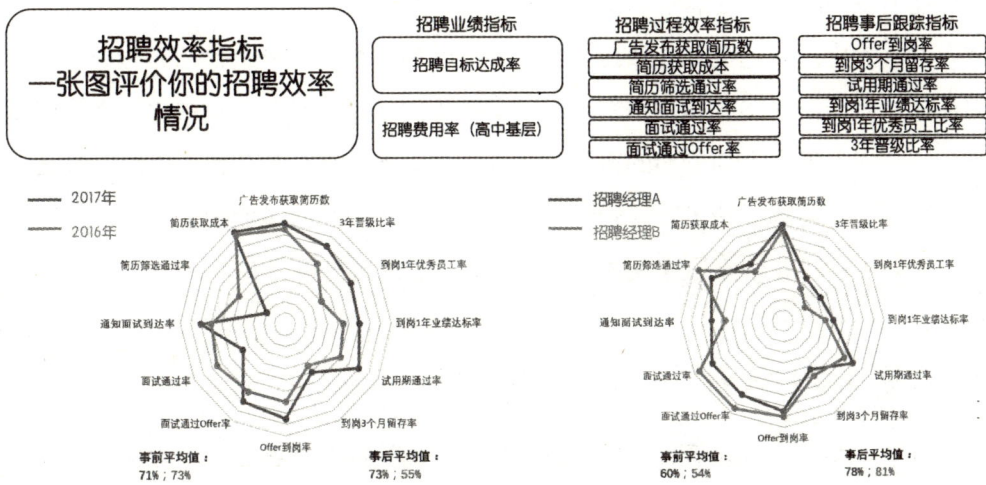

图 4-2 招聘过程中的数据指标及数据指标分析解读示意图

上述步骤中的数据指标是对招聘工作的评价，如果没有数据，则无法评价企业招聘工作的好坏，就不知道是真的找不到合适的人，还是招募新人的"姿势"不正确。这些数据和指标管理并不复杂，但遗憾的是，在笔者服务的上百家企业中，没有一家企业有完整的数据指标表征招聘工作，以评价和优化招聘工作。人力资源部本身是建设数据指标、管理组织和团队绩效的，而到自身的数据指标管理上，往往没有太大的动力将招聘工作如此精细化地管理起来，他们宁愿抱怨招聘工作不好做、优秀人才很难找等外部环境。

企业的各种业务活动都可以按照这种方法进行系统和全面的梳理，所有的环节都可以用数字化的方法建立数据指标，使效率随时可见，让效果随时可查，然后就能够管理起来。再次强调本书的核心宗旨之一：没有数据就无法管理，没有管理就不会有好的经营绩效。

如果一家企业能够将各个环节、各个业务部门及各个工作流程都系统地梳理一遍，那么这家企业的强大就会不言而喻。绝大多数企业的经营和管理效率都有大幅度提升的空间。中国的企业本身管理就非常粗放，这个精细化的数据指标化管理能够发挥的作用是非常明显的。笔者曾经为一家连续 3 年亏损的年产值为 20 亿元左右的生产制造型企业做过一个系统化的数据指标梳理，然后完善数据、完善指标、完善指标的解读和分析，在短短半年内就开始盈利。过去企业重视市场机会，并不太重视内部管理的精细化，也没有太多数字化的手段，信息系统建设不完善，这一切都导致了管理的粗放性。未来的竞争越来越激烈，只要利用信息化和数据化，升级企业的管理方式，就一定能够快速扭转局面。

数据技术替代人工，优化体验，节省成本，提高效率

如今，人力成本的不断增加成为很多企业最头疼的问题之一，这也是很多企业极力希望用机器人替代人力完成生产过程的主要原因。

数据技术的发展为企业提供了大量用机器替代人的机会。生产线上所有需要人重复劳动的岗位，现在基本上都可以使用智能化或者自动化的机械手臂完成，而且比人完成得更加精准和高效。同时，只要有电力驱动，这些设备不需要休息、睡觉、吃饭，7×24 小时不间断工作，不需要班组长管理，不需要人力资源管理，也没有社保、公积金、员工福利等各种费用投入。

大多数企业都需要的一个岗位就是门卫，门卫除了保证厂区安全，日常的工作就是管理进出厂区的人员及车辆，包括访客管理、进出车辆管理及员工上下班进出管理，这些日常管理工作都可以使用数字化的方式进行优化。例如，笔者服务的某家客户，其工厂有近 6 000 名工人，企业有 4 个厂门，每个厂门定岗 4 个门卫，定员 10 人，有 40 个门卫。加上门卫的 4 个门长和 1 个队长，共有 45 人。

门卫的平均工资为 4 500 元 / 月，加上社保、福利、公积金等费用，还有综合管理费用、宿舍管理费用、餐补费用、服装和安保用品等，每年门卫的费用投入就接近 400 万元。

笔者推荐客户安装了智能化的门禁系统，每个厂门自动识别车牌进出厂区。该系统与 ERP 和访客预约系统连接，访客可以直接远程用微信预约，登记车辆号牌后，就可以进出厂区。员工上下班直接通过指纹、面部识别进出厂区，同时作为出勤记录，无车辆的访客可以直接远程用微信预约，进出厂区时直接扫描二维码即可（访客远程预约时，企业接待员工认可通过，访客就可以收到一个二维码，进出厂区时直接在闸机上扫描访客手机端的二维码即可。二维码在规定的时间段内有效）。摄像头的监控也能够做到随时识别，出现违禁情况则及时报警。

这套系统安装之后，每个厂门只需要两个门卫 12 小时轮岗，集中监控台只需要一个监督预警情况的门卫，随时同厂门的门卫处理应急事件。这样就让 45 人的门卫团队缩减到 10 人，直接减少了 35 人。企业把这 35 个人经过培训分派到生产线上，同时还解决了生产线劳动力不足的问题。人数减少后，整个门卫的费用投入降低到 100 万元以内，而且为来访的客户带来了新的体验，让客户认为这家企业数字化程度很高，为企业形象增色不少。同时，这套系统沉淀了很多数据，包括每个月来访多少客户或者供应商，来访者都是谁，拜访时间是多久，拜访客户是否有更高的采购量或者供货量，以及对应的采购价格或者销售价格是否有变化等，之前这些数据都在门卫的登记册上，从来没有人拿出来进行统计。

这套每年节省近 300 万元费用的系统，整体投资不到 100 万元，不到一个季度就可以收回成本。

数字化技术的应用不仅仅体现在采集数据上，在替代人工方面有了更加先进的技术。例如，工厂生产线的自动化、各道工序个性化程度低，或者重复性程度高，这些问题都可以优先选择进行数字化改善。

　　然而数字化改善投资需要资金，这是一个难点。笔者服务的一家客户，因为连续 3 年亏损，资金紧张，已经无法增加投资。笔者梳理这家企业的现状后发现其生产线数字化改善机会有很多，在经过不断优化管理，节省成本，提升效率，有了盈利之后，这家企业正在逐步改善现状。其实，对于数字化转型的企业，如果有产业基金参与数字化转型，效果就会更好，通过产业金融，前期的投资由产业金融参与融资，在获得效果后，通过效果成果分享机制反哺产业金融。然而，很多传统的产业金融运作不太好，无法深入业务，对这种数字化改善机会的参与担心存在较大的风险，所以参与的积极性不高。相信未来产业金融会参与到很多行业的数字化转型过程中，通过融资租赁的方式解决很多传统企业数字化转型升级中的资金需求问题，以更快地推动本产业内的企业实现快速升级。

4.3　市场洞察数字化

　　1988 年宝洁进入中国时，提前两年进行了大量的市场研究，宝洁的任何投资或者新品上市、营销活动都是市场研究在前。宝洁于 1986 年派遣高管到中国调研，那个时候国内还没有调研企业，而且只有国家统计局才有资格进行各种市场调研活动，国内根本没有市场研究企业。由此可知，当时国内很多企业根本不做市场研究。

　　在广告界有一个著名的难题，就像"哥德巴赫猜想"一样长期困扰着广告人。约翰·沃纳梅克提出："我知道我的广告费有一半浪费了，但遗憾的是，我不知道是哪一半被浪费了。"约翰·沃纳梅克（创立了第一家百货商店"沃纳梅克氏"）被认为是百货商店之父，也是第一个投放现代广告的商人。没有市场研究，就不知道该如何营销推广，也不知道该如何优化营销和销售费用。外企非常重视市场研究，笔者所服务过的宝洁、摩立特集团及乐金电子都非常重视市场数据。但是笔者咨询服务过的企业，都希望每一分广告费用都用于打广告，而不愿意将部分费用投资在市场研究和广告效果监测上。

市场洞察方式在变化，数字智能时代的新媒体

为了适应外资企业市场研究的需求，国家统计局和各地方统计局也都成立企业，或者之前从事统计工作的人选择成立市场研究公司，为外资企业提供市场研究服务。华通人商用数据有限公司、新华信、零点调查等企业就是在这个背景下发展起来的市场研究服务类企业。随着互联网的普及，互联网上的媒体监测和市场研究成为一种新的研究方式，艾瑞咨询也发展起来，为互联网企业提供市场研究和市场监测的数据。随着移动互联网的发展，手机端的媒体监测和市场研究又成为下一波浪潮，此时秒针、AdMaster 等企业逐步发展起来，以移动端媒体的监测和市场研究为主。

目前的媒体环境已经与过去完全不同，消费者的生活习惯和购物习惯已经完全不同，市场研究数据采集方式和方法也已经完全不同，但是市场研究的价值依然重要，没有市场研究就没有市场洞察，没有市场洞察就是"两眼瞎"，没有市场洞察基础的营销和推广都是十米跳台跳水，跳水前还不知道水池中是否有水。所以，市场洞察永远都不会过时，而洞察的方式和方法则需要与时俱进。

现在很多企业的网站都开启 Cookie 采集网站访问者，很多移动 App 上都有采集用户数据的程序代码。秒针或者 AdMaster 等移动终端监测机构也通过植入代码的方式采集消费者的数据。移动互联时代采集数据的方式和方法，与 20 年前笔者在宝洁工作时采集数据的方式和方法已经完全不同，那个时候需要挨家挨户地敲门，登门拜访消费者，他们都会非常热情地开门并欢迎调研者，调研者和消费者可以面对面地聊产品与产品的使用情况。如今，登门拜访的调研无法进行，而电话的访谈调研也已经行不通。

在数字媒体时代，各种终端都有数据采集的功能，企业需要用新的方式进行数字化的洞察。无论是 App 端、电脑端，客户服务流程中的接触点都可以成为数据采集点。企业需要在每个客户接触点进行数据采集的埋点，每个环节都通过数据分析挖掘商业洞察。

图 4-3 是笔者协助一家医疗美容机构建立的数据采集和数据指标分析的示意图，从前期的获客，到后端的售后服务，包括客户的复购及转介绍的全流程中，每个环节都是客户接触点，都需要建立数据采集点，采集数据，研究数据，以保证每个环节的效率和效果，从而能够形成一个全生命周期的洞察。

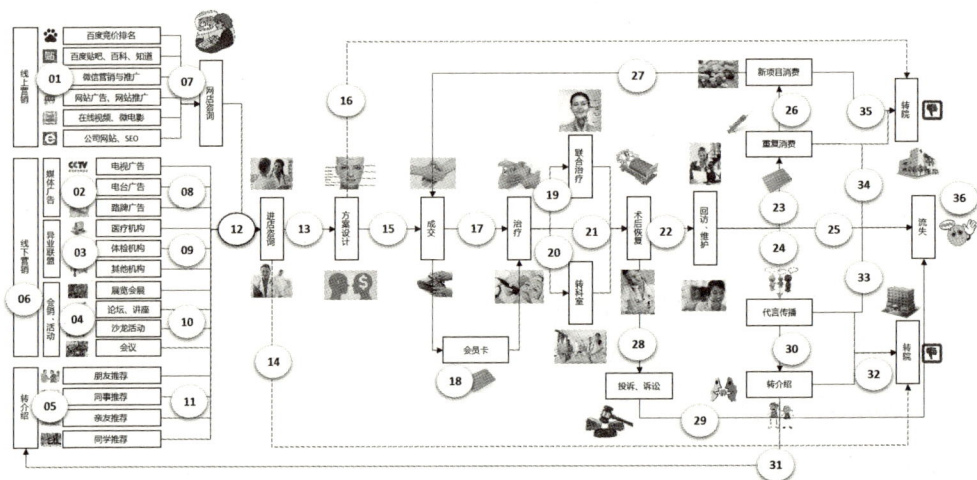

图 4-3 医疗美容机构运营管理中的 36 个关键数据采集点与数据指标示意图

客户在哪里，营销就应该在哪里

约翰·沃纳梅克认为有一半的广告费浪费了，但不知道是哪一半。这句话其实远远高估了广告的投放效果。实际上，绝大多数的广告都是浪费的。因为看到广告的人，大多数都是不会购买的，所以 99% 的投放就是无效的。这种效率的浪费是整个社会交易成本的一部分，或者说是最大的交易成本。

服装行业、美容化妆品行业、保健品行业等，这些行业的交易成本非常高，营销和销售费用率超过 40%。家具行业的营销费用率会超过 30%，这是因为它们将广告投放给了更多不会采购的人。家具，只有那些购置新房子的人才有更大的可能性购买，在成熟的社区楼打广告就等于浪费了大量的广告费用。

笔者在服务医疗美容机构时帮助客户做了客户地图。这家医疗美容机构之前在机场和高铁站投放了大量的户外广告。笔者研究这家医疗美容医院的客户时发现，其客户 99.7% 都是当地客户，只有极少数外地客户，而在一个城市的高铁站和机场中，流动人口比例很高，比小区和商业楼、办公楼中的流动人口比例高很多。该企业的营销总监将广告投放在机场和高铁站是因为那里的人口覆盖面广。笔者认为，人口覆盖面广，成本也高，投放在那里就会有大量的浪费。

经了解后发现，这位营销总监不知道投放在哪里效果更好，但是广告审批需要老板认可，而老板经常到全国各地出差，投放在机场和高铁站，能够让老板经常看到。广告投放的基本原理是客户在哪里广告就应该投放到哪里，而不是老板在哪里就将广告投放到哪里。

当笔者把这家企业的成交客户根据他们的居住地址和办公地址做成客户地图，用一个热力图方式显示客户在地图上集中度时，就可以清晰地看到医疗美容机构的客户集中在高档小区和高级写字楼。所以，笔者建议该企业将广告投放到那些高档小区和高级写字楼的楼宇、路牌与电梯中的广告牌上。广告投放地点改变之后，其回访客户提升非常明显，业务咨询量大幅度上升。

之后，笔者还建议该企业为每个投放地点都设置单独的联系方式，用不同的二维码追踪，并且采用不同小区留不同电话的方式追踪投放效果。针对那些投放时间长，没有回访或者咨询业务的地方取消广告投放，然后尝试其他地方。另外，笔者对这家客户所在的城市进行分片化管理，然后根据每个片区的人群、经济特点、商业或者工业发展特点等进行标签化处理，将这些标签与广告投放效果进行比对分析，对某些类标签投放效果好的地方，选择这些雷同标签的地方进行投放，不断进行广告投放优化，这家企业的营销费用率逐步降低，从原来的 25% 降到了15% 左右，并且业务量也逐步上升。

笔者没有采用复杂的算法模型，核心原理就是"客户在哪里，我们的传播就应该在哪里"，这句话虽然简单，但做起来不容易，最大的难点就是数据采集问题。

因为缺少数据采集，所以企业没有办法判断目标客户到底在什么地方。重视数据采集是实现这个基本原理应用的第一步，没有数据就只能猜测。所以，企业需要在所有环节采取创意的方法采集数据，针对每块路牌、每个楼宇的广告都采用不同的二维码或者预留不同的联系电话，利用这种方式采集数据，可以知道到底是哪里的广告牌带来了客户流量，从而方便跟踪每一块广告牌的投放效果，评价每个广告投放的效率，淘汰低效的投放，不断迭代优化投放效果。

其实，这种方法不是数字时代的创新。这种方法非常简单，很多企业还没有采用是数据意识问题，只重视做事，不重视监控做事的效果，不重视数据跟踪做事效果。如果企业要投入 100 万元的广告费，需要预留 10 万元测试广告效果，而剩下的 90 万元广告费，则需要分多次投放，每投放一次，就用数据跟踪一次，优化一次，每一次都争取比上一次效果更好，在不断迭代的过程中积累知识和诀窍。

洞察客户需求，从更精细化的行为出发

洞察客户需求需要从整个客户生命周期出发，不仅仅是在某个点上，而且数据技术的应用为企业连通客户全生命周期触点提供解决方案，客户体验流程数字化成为洞察客户需求的基本方式。

客户体验流程的英文是 Customer Journey Map，也被称为客户体验地图，是从获客开始到整个客户成交的全部过程，包括每种接触渠道、每个接触点，通过建立数据采集，不断分析客户在每个点上处在什么阶段，每个阶段用什么方式能够更高效地转化客户，从而形成最高效的转化方式和转化方法，日积月累，这些客户营销转化方式的效率和效果不断提高，企业经营和管理的效率与效果就会不断提升，这是一家企业的经营和管理诀窍，这种诀窍不为外界所知，是企业的隐性竞争力。

其实，无论是哪种产品或者服务，客户购买都有一个过程，这个过程是从不知道到知道，从知道到感兴趣，从感兴趣到有意向，从有意向到高意向，从高意

向到准成交，从准成交到成交，从成交到复购，从复购到转介绍。这是客户购买意向维度的全流程。在这个全流程中，客户需要多次同企业、企业产品、企业人员及企业渠道有多方位的接触，通过这些接触点，客户不断了解企业的产品和服务，从而不断被吸引，不断从一个阶段跨越到下一个阶段，而每个阶段的转化率决定最终客户的购买行为。

客户洞察的目的就是要研究每个阶段的转化率，提高每个阶段的有效性，最终达成企业的销售业绩。无论哪一个阶段的转化率降低，都会直接影响整个企业的经营业绩。为了数字化全流程，企业必须在每个接触点上设立数据采集点，在每一个环节建立营销转化率分析模型，评估转化率，找到提升转化率的方法，从整体上提升企业的营销效率和效果。

提高转化率最好的办法是把握客户心理，通过数据采集无法获得客户心理，只能通过采集客户的行为数据，洞察客户心理，从而从心理上塑造客户成交阶段进阶的把控方式和方法（行为数据采集越精细，企业对客户心理活动的把握就越精准，就能够更好地通过行为数据进行分析）。

图 4-4 是笔者为医疗美容机构的某个美容项目做的深度客户洞察，完全基于客户全生命周期中的各种活动。根据客户全生命周期体验地图所做的洞察分析，虽然还存在一定的误差，但基本可以供大家参考。通过行为数据的分析，发现背后的心理诉求。具体来说，就是通过客户数据分析客户的行为与心理，以及如何通过话术打动目标消费者实现全流程的高效转化。当然，对不同定位的医疗美容机构，图 4-4 的适用性也需要仔细斟酌，该图只是示意的方法，在利用这种方法实现客户全生命周期体验研究之后，需要不断迭代和优化，建立数据采集点跟踪相关转化方法的效率和效果，并不断优化这些转化方式和方法。数据技术下永远没有固定成型的"招式"，需要利用数据不断优化和迭代，跟随市场和消费者心理诉求的变化不断地进行优化。背后的思维方法和迭代方法才是最值得参考的部分。

每个接触点都需要传达关键信息

Aware 知道	Interest 感兴趣	Consult 咨询	Decide 意向	Onboard 成交	Operation 手术	Recovery 术后恢复	Concern 担忧投诉	Recommit 复购	Deepen 扩购	Advocate 传播	Refer 转介绍
Inspire 激发	Confident 信心	Answers 解惑	Trust 信任	Informed 确认	Smooth 顺畅	Comfort 安慰	Empathy 同理心	Appreciate 欣赏	Value 价值	Proud 自豪	Loyalty 忠诚
美丽带来自信	你可以更美的	技术原理很科学	管理到位	做不好赔偿	专业接待	详尽术后注意事项	认真倾听	赞美熟人识别	老客户折扣	形象大使	介绍人特惠
美丽带来职场机会	手术是可以实现的	医生手法非常专业	人员素质高	随时可以反悔	有序安排	及时提醒	耐心解释	自我欣赏自爱	积分换购	特邀嘉宾	介绍人特权
美丽带来幸福感	别人已经成功了	临床实验很成功	企业信用高	品质保证	准备充分	温柔回访	及时修复	对比变化	累积价值	特权推崇	忠诚度计划
美丽带来爱情	技术已经很成熟了	国外设备很精密	医生信誉高	专业背书	人员素质高	疼痛抚慰	快速响应	时间轴记忆	身份识别		游戏元素 PBLA
美丽带来财富	医生已经做过上百例了	手术过程严格控制	保障手段很齐全	信用支撑	手术过程顺畅		主动高频联络	关键场景	特惠特权		

PBLA=Point, Badge, Level, Achievement，分别表示积分、徽章、登记、成就。

图 4-4　用数据分析和挖掘确定的客户旅程优化示意图

　　笔者在为企业提供咨询服务的过程中发现，许多企业老板特别喜欢工具型的服务，不喜欢思想型和知识型的服务。他们需要笔者为其建立一套数字化客户体验地图的方法，然后教会企业员工如何更好地转化客户。他们不关心这套东西是如何研究出来的，以及未来市场和客户情况发生变化后这套东西该如何调整与改变。他们更注重短期的效果体现，而不是持续的优化思路和方法，以及这些咨询服务背后的方法论。他们的观念是，"别给我讲那么多的大道理，告诉我怎么做才能更赚钱就好了，具体背后的理论和逻辑，我听不懂，不想听，也不需要听"。这种思维会使顾问团队非常无奈。顾问提供的是思路和方法，是知识的传播和应用辅导者，绝对不是策略的制定者，更不是决策的决定者。在企业经营和管理上，知识可以外包，服务可以外包，活动可以外包，体力可以外包，唯独决策不可以外包。

动态化的客户洞察，创新传统研究方法

　　客户洞察是持久的话题，客户洞察在任何时代都是非常重要的，只是数据采集手段、数据采集方式、数据分析的方式和方法、数据的丰富程度和复杂程度正

在发生变化。企业需要有客户洞察的意识，也需要有随时随地采集相关数据的意识，重视数据采集和数据分析，才能与时俱进。

过去各种业务流程都是稳态的，甚至是一成不变的，而现在随着数据技术的应用，很多业务流程都在发生翻天覆地的变化。家门口的小超市依然红火，因为它们在人们居住的最近距离提供各种各样的服务，过去这些小超市需要人们登门购买，现金结账。现在，人们可以远程下单，小超市在半小时内就可以将人们购买的商品送到家中。这个变化不仅带来了数据采集的便利，还带来了优化经营管理的数据基础。

在消费者远程线上下单购买，小超市登门送货的过程中，能够记录更多的数据，如客户什么时候下单，浏览了什么，购买了什么，什么样的物品在 App 上浏览量大但下单量低，并以此为依据优化界面，把用户转化率高的产品放到首页，针对不同注册用户，首页展示不同的东西。当下单之后，可以知道客户是谁，有什么样的联系方式，客户送货地点在什么地方，他们需要什么时间送达，他们经常什么时间在家，他们经常购买什么产品，购买什么品牌，消耗量是多少，未来小超市需要上架哪些产品、下架哪些产品、准备多少库存、如何优化进货、如何调整定价策略。随着外部环境和客户需求的变化，甚至每年四季的变化，不同节日条件下，小超市需要准备什么产品。另外，周边正在施工、旁边的小区正在开盘或者整顿等，各种信息都会影响小超市的生意。

所有数据都必须是动态的，必须是结合历史数据和未来可能的变化进行的调整。动态化的客户洞察手段可以更加精准地服务目标客户群体，并不断优化。

过去的市场研究、竞品研究、客户洞察都是相对动态的，一个分析报告可用一年甚至三年。如今，外部环境快速变化，企业对客户的认知随时都需要调整，甚至需要跟随各种外部经济环境和社会事件进行调整，随时把握各种时事机会。

现在的市场研究和客户洞察已经不能直接采用过去社会学研究的方法，也不能用市场研究或者面对面座谈和访谈的方法，换一句话说，大家都很忙，没有人愿意坐下来告诉其他人自己需要什么，而且外部变化非常迅速，很多人其实并不知道他们想要什么，所以需要建立数学模型洞察客户需求，需要建立各种算法跟踪客户洞察的真实性和有效性。

4.4　运营管控数字化

运营是国内企业发明的词汇，也是国内互联网企业为了推广而创造的一种模式。笔者虽然没有在国外互联网企业工作的经历，但咨询过国外互联网企业，包括谷歌、微软、Facebook、Twitter 和爱彼迎，这些企业都没有运营（Operation）部门。而国内的阿里巴巴、百度、京东、腾讯都有运营岗位，这里的运营更多强调的是联通营销和销售，实现线下或者实际转化的环节。在一定意义上运营连接了产品和技术，实现了互联网网站或者 App 的用户经营。

传统企业组织中可能没有运营岗位，此时，运营是指整个企业的团队管理和组织管理，包括组织的绩效管控、团队的绩效管理，以及整个企业管理活动效率的提升。除对营销和销售环节重点管控外，也需要对整个组织的效率进行有效监控，所以必须建立一套指标体系进行跟踪管理。

运营管控指标化，让管理看得见

运营管理效率是一家企业执行力的体现，是将战略目标在组织层面进行分解，然后逐步落实并实现的过程。国内的企业经过一轮执行力和领导力的洗礼，多数企业比较强调结果的重要性，随着"请给我结果""以结果为导向""用结果说话"等各种执行力培训和执行力文化的熏陶，越来越多的企业强调结果的重要性，忽略了过程管理的重要性，把过程中的管理和控制交给团队完成，发挥团队或者个人的创造力，确保结果达成。

不能评价说强调结果是错的，但是过程管理也是非常重要的。同样，不同的团队实现的过程不同，其耗费的企业资源和花费的时间不同，这是过程差异造成的。如果效率不高，方法不当，为了达成目标，越努力的员工对企业造成的损害就越大。很多人会反对这种观点，认为这种观点太绝对，毕竟很多企业还是需要努力工作的员工，而不是需要非常聪明的员工。有些执行力"专家"也强调"认真第一，聪明第二"或者说"速度第一，完美第二"。这些不是不对，而是在数字智能时代，企业应该用更多数字化的分析提升理性决策，而不是让员工凭借一腔热血拼命努力。

在笔者服务的一家企业中，有几个新人非常努力，每天通过打电话接触 200个以上客户，但是因为沟通技巧很差，销售能力弱，成交转化率不高。但是，他们非常勤奋，非常努力。这些客户电话都是企业通过百度推广后转化到企业网站上并留下的联系方式。留下电话的都是有兴趣的客户，这些客户成交转化率对企业来讲尤其重要。因为百度推广需要花费企业的营销费用，一个留下电话的客户线索的平均营销获客成本都在 500 元以上，如果销售团队不能有效转化，就会浪费前期的营销推广费用。

这几个新人每天接触 200 个以上的客户，每个客户的线索成本为 500 元，每天这几个销售人员接触的 200 个客户都花费了近 10 万元的营销推广费用，如果不能有效转化，就会浪费企业的资源。企业的平均转化率为 15% 左右，而这几个新人的平均转化率不足 5%。如果平均获客成本是 3 000 元，那么这几个新人的获客成本则达到 1.5 万元。他们越努力，给企业造成的损失就越大。精细化运营强调的不是越努力越好，而是需要更加有效地努力，这就要求企业加强过程管理，把握每一个运营环节。

企业数据化管理的升级路线如图 4-5 所示。

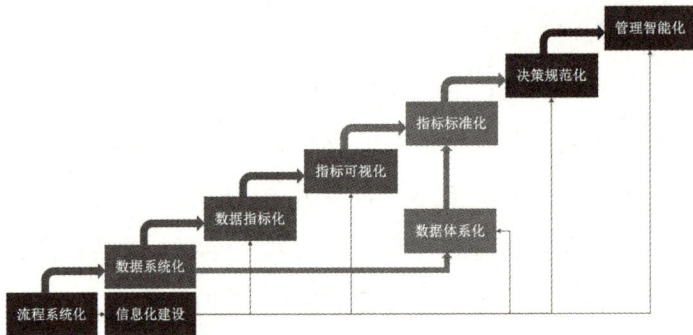

图 4-5　企业数据化管理的升级路线

　　行政部门的工作也都是可以量化的，但需要采集数据并建立指标体系，对运营的各个环节进行数据化和指标化，让所有运营活动都用数据表征，这样企业就能够精细化运营管理的各个环节，提升过程管控的力度和粒度，提高管理的精细化程度。

　　每一项运营管理活动都是企业投入的成本和费用。站在老板的角度，员工的每一项活动都是企业的费用，所以必须量化企业的投入，然后用指标表征每个活动的投入产出效率。在梳理运营管理活动指标时，从企业经营绩效的角度考虑，一般包括五大类指标，即规模指标（数量）、速度指标（增长）、效率指标、效益指标和风险控制指标（见图 4-6）。

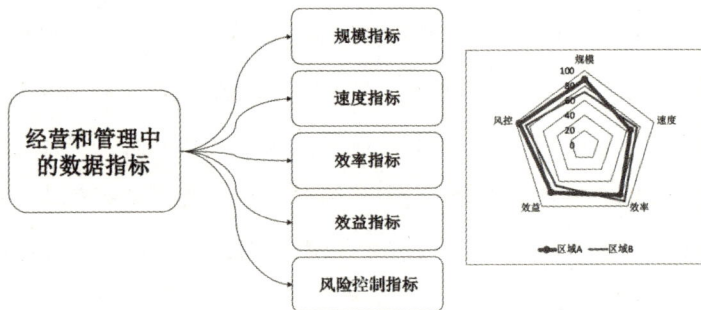

图 4-6　经营和管理中的数据指标

　　规模指标是对数量的统计，在运营管理中必须量化员工的行为，每天做多少事情，接触多少客户，发送多少封邮件，给多少个客户回复电话，每天实际工作多长时间等，这些都是量化的指标，可定义为规模指标。运营活动首先必须保证有足够的量，这样才能有足够的产出。

速度指标也是成长性指标，除了保证规模、数量，还需要在这些数量上不断增长。增长是一家企业管理效率的核心指标。没有一家企业不存在管理问题，当企业的规模不增长时，很多管理问题就会暴露出来。增长是解决几乎所有管理问题的良药。一家企业要想持续发展，必须有足够快的增长速度指标，如果企业连续 3 年不增长，则基本就会倒闭。

效率指标是指投入与产出之间的比值。投入都是为了产出，如果企业投入 100 万元做广告，带来 1 000 万元的销售额，那么广告的投入产出效率就是 1∶10，营销费用率就是 10%。如果投入 10 个人，带来 1 000 万元的产值，那么人均产值就是 100 万元，如果人均工资是 10 万元，那么投入工资的产出效率就是投入 1 元产出 10 元，人工成本率也是 10%。这些都是效率指标，效率决定企业是否能够以更低的成本产生更高的产出。在同一个市场上，企业间的竞争就是比效率，效率高的企业会战胜效率低的企业。

效益指标是指企业经营管理活动的净产出。投入 100 元，产出 110 元，净利润就是 10 元。效益是产出和投入之间的差。效益高低决定了企业是否有足够的收益，也决定企业是否有足够的资源再次投入。

风险控制指标经常被管理者忽略。风险控制包括经营风险、管理风险、组织风险、法律风险、市场风险、技术风险等。如果一家企业的资产负债率过高，则有较高的经营风险，一旦盈利性差，就不能支付利息导致亏损。如果管理团队不稳定，则会有管理风险。如果组织有被竞争对手猎取或者被投资者收买的风险，则组织的稳定性就变差。企业经营的业务受法律法规的约束，有违规行为会带来法律风险；市场风险包括竞争对手、潜在进入者及替代产品的风险。如果替代产品的生产成本大幅度降低，则企业的市场风险就会加剧。技术风险则比较容易理解，产品的更新换代及技术创新应用都有可能导致本企业产品失去竞争力，或者失去市场。

通过指标监控企业所有的运营管理活动，一旦出现较大变动则要具体分析相关情况，随时管控运营过程，确保企业稳健和持续发展。

运营管控数字化，提高运营管控敏捷性

目前，外部环境的变化越来越快，消费者的消费习惯正在发生剧烈变化，B2B 的业务也在发生巨大变化，客户的采购行为和采购方式也是日新月异，数字化的趋势正在渗透到每一个行业。如果企业无法快速适应这个变化，就会面临各种危机，企业组织必须敏捷应对。

上文提到"感知—响应"模型。在"感知—响应"模型中提到了一个"感知—响应"周期的概念。通过一个周期的感知响应，能够掌握一次知识的迭代，企业对外部环境的认知就能够迭代升级一次。一家企业每天重复各种经营和管理活动，如果在每次经营管理活动决策过程中都进行迭代，不断升级认知，不断提高经营和管理决策的精准性，并且随着外部环境的变化随时调整自己的方法和方案，企业就是敏捷组织。如果在这个过程中不能迭代，或者迭代太慢，那么这个组织对外部环境变化的响应就是迟钝的。

在运营管控流程中引入敏捷管理的概念，就是希望所有的企业管理者在做管理决策的过程中用数据说话，而不是用经验说话。不是经验不对，而是经验仅仅是过去数据的积累，在自己大脑中形成的知识，随着外部环境发生巨大变化，这些知识就会过时，就需要运用现在的数据和信息重新思考决策，从而使企业经营管理活动中的决策能够随时应对新的场景和变化。

数字智能时代要求企业组织响应外部环境变化的频次越来越高，所以每个月一次的月度经营分析会议已经无法适应新环境的要求。在大数据时代，企业必须

要建立一套数据感知响应系统，通过即时的数据采集、数据分析及决策，实现即时响应，并在快速迭代中形成应对外部环境的最佳策略。

为了适应这个需求，领先的企业都在尝试新的组织变革，包括阿里巴巴等互联网企业、华为等研发制造型企业，以及其他传统的零售和连锁服务型企业。它们通过信息系统打通各个环节，建立一个数据中台，为前端提供即时的数据分析和决策支持，为后端服务提供数据上的服务。

企业通过建立数据中台，将信息系统中的数据进行汇集、清洗和加工，为业务部门提供数据服务。数据中台所发挥的作用是数据治理、数据管理、数据汇集、数据开发、数据分发及数据应用服务。数据治理包括数据的清洗加工，建立数据标准，形成高质量数据资产目录，为数据开发提供集中的数据仓库。而数据管理功能则包括数据监管、数据动态存储和处理，数据安全，数据资产使用的集中管控，以及数据共享机制的建立。数据汇集则包括数据的提取，一般采用 ETL（Extract，Transfer，Load）的方式从信息系统中提取数据，并以一种具有关联关系的中间表建立数据之间的业务逻辑，从而保证数据不是孤立的，而是具有各种"血缘关系"的数据集。数据开发是为了满足数据应用将数据开发成数据报表、数据图表或者数据模型，这些成为数据中台上的数据产品，类似于阿里巴巴平台上的生意参谋或者店铺管家一样的数据服务。数据分发则是在其他信息系统需要调用数据时提供加工清洗过的高质量的数据，并按照一定的规则为其他信息系统提供数据集，包括主数据的管理与分发、数据表的管理与分发等。而数据应用则是在业务部门的业务需求基础上提供的服务，如果销售部门希望能够对客户进行画像处理，那么数据应用就针对客户信息和客户行为相关的数据进行处理，提供一个具有标签的客户信息表给业务部门使用。数据应用服务还包括数据接口，通过 API 的方式为其他应用提供数据，通过基于字段和数据表的授权使用。

企业在数据资产管理上建立数据中台之后，在组织中就可以设立业务中台，从而为前台的营销和销售部门提供基于数据的决策支持服务。强大的中台能够大幅度提升前台响应客户需求的敏捷性。

"三台组织"的概念示意图如图 4-7 所示。

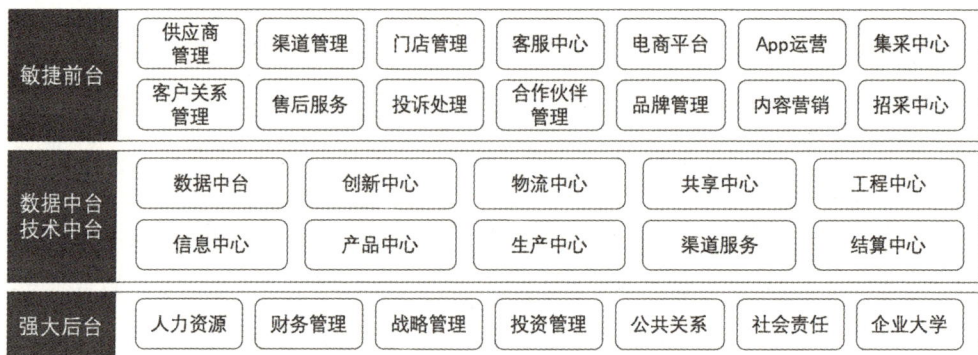

敏捷前台	供应商管理	渠道管理	门店管理	客服中心	电商平台	App运营	集采中心
	客户关系管理	售后服务	投诉处理	合作伙伴管理	品牌管理	内容营销	招采中心
数据中台技术中台	数据中台	创新中心	物流中心	共享中心		工程中心	
	信息中心	产品中心	生产中心	渠道服务		结算中心	
强大后台	人力资源	财务管理	战略管理	投资管理	公共关系	社会责任	企业大学

图 4-7　"三台组织"的概念示意图

不同企业的业务形态不同，"三台组织"的设计也会有所不同。例如，采购，如果企业采购的是标准化的物料、原料或者配件，没有太多个性化的产品或者定制化的原材料和配件，基本都是标准件、标准化的产品，如钢材、水泥、石油、标准化工原料，其市场供应充足，是完全市场化的采购行为，此时采购响应度不是影响组织响应度的关键，在这种情况下采购部门可以被放到后台。但是，如果前端的采购有特殊性，采购的物料需要定制化，有一定的采购周期，甚至有一定的垄断性，与供应商的合作有一定战略合作性，必须结成伙伴才能有更好的采购响应度，此时的采购就需要被纳入前台管理，利用数据中台服务，为采购部门提供更加精准、及时和高效的服务，确保在整个供应链管理上不会拖后腿，保证整个供应链的敏捷性。

消除浑水摸鱼，推动阳光化治理

企业利益和个人利益不一致是正常现象，这必然会导致个人在处理企业问题的过程中或多或少都会因为考虑个人私利而出现与企业利益不一致的现象。首先，必须承认这是正常现象。如果没有这种现象，那么企业基本不需要管理，企业里每一个人都像老板那样处理事情，企业一定有更高效的产出。所以，企业中一定会有大量的"灰色地带"需要监控，即使是没有任何权利的一线员工也有偷懒的时候。

数据是企业经营和管理活动的记录。如果数据记录无所不包，企业就能够精细化地监控所有的行为和活动，能够精准地分析各种活动的效率，能够知道哪个环节出现问题导致流程不畅、效率不高、效果不好。这是一种理想情况，企业管理越精细，员工就越能将自己的行为与企业的利益绑定到一起。

笔者第一份工作在宝洁，进入之后就是两个月的新员工入职培训。在这两个月的培训中，笔者感触最深的就是"在宝洁，没有记录下来的事情就没有发生过"。后来在其他外资企业工作时，笔者也看到过这种类似的要求，所有的经营管理活动，只要可能都要在系统中记录，而且这些记录都可以拿出来进行数据分析，以便有效地优化管理。这种习惯在国内企业中是比较少见的，国内的企业比较强调个人能力，喜欢空降高层管理者，更看重高层管理者曾经在某一个行业成功运作过一个产品、一个品牌或者一个项目，希望他过去的成功能够在本企业继续成功运作。而多数的外资企业则不同，它们更强调系统的强大、组织的强大，而不是依赖个人的强大。组织的强大和系统的强大来自系统自身的优化，而这种优化需要在不同代的管理者之间进行传承，这种传承能造就一个强大的组织。其实很多知识的沉淀是从数据中总结规律的积累，因为企业会投放很多次广告，不断监控广告的效果，所以应该更加清楚地知道如何投放广告才能有更好的效果。如果不能把数据记录在系统中，则只会是在这个岗位的人掌握这个规律，他离开了，新来的人就不知道如何投放广告才会有更好的效果，还需要重新摸索一遍。这些知识源自数据分析，沉淀在企业系统中，要形成可传承的经营管理诀窍，这样的组织才会在发展中越来越强大。

如果没有数据记录和数据分析所形成的知识沉淀，就容易存在浑水摸鱼的现象。笔者听过这样一个故事，李 ×× 是企业的销售经理，在最初做销售时，一次给客户报价，企业要求的底价是 95 元 / 件，李 ×× 给客户报价 96 元 / 件，而对方的采购经理还价 98 元 / 件。李 ×× 当时懵了，因为他第一次见到还价还有提高价格的，还以为对方听错了价格，再次确认，对方还价还是 98 元 / 件。后来有人告诉李 ××，中间差价是这个采购经理的回扣。李 ×× 可以向企业报以 95 元 / 件的价格成交，中间每件商品 3 元的差价他拿 1 元，采购经理拿 2 元，这样李 ×× 既可以完成销售任务还有回扣，采购经理能够采购到商品还有回扣，企业也能够按照底价卖出，看似四方都得利了，其实这就是很多企业在经营管理中的"灰色地带"，或者称为监管不到的地带。这种问题如果经常出现，就会让公司的整个管理机制变得非常混乱。同时，因为这些事情让双方的利益绑定在一起，他们的关系非常紧密，其他的业务员就无法切入。很多企业的采购经理到了另外一家企业之后，会继续沿用原来的供应商，而把之前的供应商取消；很多销售经理换了工作，也会把客户带走，这背后的逻辑就是利益的绑定。

没有数据记录，没有即时的数据采集，没有线上报价和线下监督机制，就无法暴露这些问题。现在多数交易是通过线上完成的，减少了中间人的参与。没有了人为的参与，这些利益截留就没有了空间，这样很多企业的管理就会正规化，交易成本就会下降，而且更加容易维护客户关系，不会因为销售经理的更换而流失客户，也不会因为采购经理的离岗而流失优质供应商。

当然，变革是痛苦的，因为这种新的模式必然损害一些人的利益，受到一些人的阻挠，因为数据化管理必然带来"阳光化"的治理。企业老板在推动变革时也可以看到，谁在阻挠，谁可能就是既得利益者，他们担心因为数据化管理之后的"阳光化"，导致个人利益受到损害，他们会找各种各样的借口阻挠数据化的应用。

"阳光是最好的防腐剂，而路灯是最好的警察"。如果一家企业想整治不正之风，让数据化管理发挥作用即可。

组织社交化，打破影响效率的桎梏

随着数据技术的应用，企业管理的沟通方式也在发生变化。过去在科层制组织下，员工既不能越级汇报，也不能越级管理，从而确保每个层级都发挥自己的决策和管理作用。但是随着社交媒体在企业组织管理中的应用，原有的组织形态正在逐步被打破。

在科层制组织下，组织的分工是按照专业和能力进行的，不同的专业领域被分配在不同的科或者部门，财务负责财务方面的工作，人力资源负责人力资源的工作，生产负责生产的工作等，不同部门是按照专业分工的。而层级则是按照能力分工的，能力强大的做高层，能力中等的是中层，能力差的在基层。这种科层制在最初的组织设计上发挥了专业和能力，使每个人都能够找到自己的位置，最大限度地发挥员工的专业和能力。但是，这种组织形态也牺牲了组织决策的效率性。在传统工业时代，重视专业能力而忽视决策效率这种组织形态没有太大的问题，因为所有的企业都是稳步管理的，是一个稳态的市场，在几十年内行业甚至都不会发生太大的变化。

但是到了互联网时代，这种组织形态制约了决策的及时性，禁锢了组织的敏捷性。所以，以谷歌为代表的互联网企业提出了围绕产品和服务的"蜂巢式"组织，就是基于一个产品或者服务，建立产品经理专门负责该产品或者该互联网服务，然后在这个产品或者互联网服务上配置对应的专业需求的人才，包括财务、人力资源、前端开发、后端运维、营销和销售职能，所有这些职能都由产品经理负责，所以建立了财务 BP、人力 BP、技术 BP 等。这种模式在互联网企业中非常普及，国内的腾讯、阿里巴巴、百度等前期也都采用这种模式提高决策的效率。在这种模式下，企业"短、平、快"地决策，考评机制也做了对应的调整，从原来基于业绩指标的 KPI（Key Performance Indicator，关键业绩指标）的考评评价体系转变为基于短期目标的 OKR（Objective and Key Results）考评体系。稳态组织的 KPI 逐步被敏态的基于目标达成的考评机制所取代。

数据技术驱动的组织形态变革可参考图 2-11。

随着互联网创新应用和数据技术的崛起，外部环境变化越来越快，这就要求企业更加敏捷地响应外部环境变化。为了响应客户的一个需求或者一个投诉，为了一个客户的招 / 投标、一个工程项目的方案，组织内部直接拉起一个"群"（可以使用 QQ、微信、钉钉，也可以使用企业内部的聊天工具），这个群里有高层管理者，也有基层员工，群里的汇报关系不再是层级汇报，而是跨部门、跨层级，甚至跨越了企业组织的边界，把合作伙伴拉到群里一起沟通。这样企业就有了一个临时响应客户诉求的新的临时组织，组织成员在这个群里进行沟通和汇报，研讨方案，及时响应，及时决策。当这个客户的诉求消失时，或者项目结束时，这个群就会被"解散"。我们将这种临时组织称为临时的"军团"，这个"军团"的成立仅仅是为了一场小小的"战役"，这场"战役"结束，"军团"解散，重组成另外的"军团"，从而应对其他"军团"战斗。

　　"军团制"体系对组织的弹性要求更高。这与稳定的劳动关系形成了落差：为了保证团队的稳定性，企业与员工必须有符合劳动法的劳动关系，必须是雇佣制下的稳态关系，这与敏态的"军团"组织形成对立。一场"战役"结束，有可能下一场"战役"还没有到来，人员又恢复到稳态的科层制组织关系中，而没有战斗时，人员闲置，组织承担了太多的人工成本。当组织战役大小不一，任务、项目或者工程所需要的人力不同时，更是一个巨大的挑战。所以，未来的组织将趋向敏态的、松散的组织关系，有更多的人可以以战略合作伙伴的形式参与企业的"战役"中，当"战役"结束时，组织解散，没有劳动关系的制约，企业可以更低的成本，个人也可以参与另外一个组织的"战斗"中。所以，员工社会化的组织更像是这种"军团制"的模式。企业组织形态发生变化，企业的组织模式也会发生变化，组织与人的关系也将发生变化，越来越多的人成为自由职业人。

　　滴滴专车司机是独立的个人，与滴滴没有直接的雇佣关系。当一个消费者的出行订单在平台上生成时，滴滴派遣最近的司机接单，并完成这个订单。这个订单结束，滴滴与司机的合作关系也暂时结束，滴滴司机继续在平台上等待接单，完成下一个"任务"。这种基于任务模式的组织是未来组织的主要形态。

敏态化的组织不仅要打破层级结构，还要打破组织的边界，开始跨越组织边界进行用工，这就需要更多的战略合作伙伴参与整个组织的"任务"中。虽然这对一些相对较为复杂、技术含量要求较高的工种的可实现性具有挑战，但随着组织形态日趋敏态化，企业组织逐步成为一个生态，越来越多的人成为生态中的一员。

从组织建设的视角看待这个问题，企业的人力资源部除了有稳定的企业员工，还要建设一个人才生态圈，能够在企业有临时重大需求时获得临时的"雇佣兵"参与作战，同时可以用生态组织的方式扩大企业的"作战能力"。宝洁在研发上一直领先于竞争对手，其战略合作模式就是将企业的产品创新交给一个平台，这个平台上有大学教授，也有技术人员，还有在校的研究生。宝洁将技术难题放到平台上，平台上的专家、学生和技术人员就可以"接单"，攻破难题后根据知识产权采购的模式，宝洁回购这些技术专利或者知识产权。在研发创新不成功的情况下，宝洁不需要支付费用，同时宝洁会提供一定的费用作为研究支出，平台上的专家和技术人员都可以自主申请。通过这个平台，宝洁打破了企业原有的组织形态，用生态伙伴的方式吸引更多人为自己提供技术创新。现在宝洁每年的技术创新几乎有三分之一都来自这种方式。

4.5　数据平台系统化

数字化转型本身就是技术驱动，这个技术是数据技术，不是信息化技术，也不是互联网技术。不是企业上线新的信息系统就是数字化转型，也不是企业将数据技术运用到业务流程中就是数字化转型。数据技术与信息技术、智能硬件技术具有本质的逻辑上的区别。

信息化和数据化的基本逻辑不同

在传统模式下，信息技术服务于业务流程，通过信息化建设，业务流程效率可以大幅度提升。传统的纸质办公或者纸质审批耗时耗力，通过电子审批，企业可以实现随时随地进行审批，无须等待，也不需要面签。信息化记录了所有环节各个节点的数据，能够做到随时可查、可追溯，方便了管理。

数据技术是在信息技术基础上发展起来的，有了信息化沉淀的数据，对这些数据进行深度分析和挖掘，为认知世界、分析和判断，以及追溯决策效果提供数据基础。但是，数据技术的逻辑和信息化的逻辑具有本质区别。信息化主要从业务流程视角看待问题，只要流程中有活动需要记录，就有一个信息化的界面或者数据采集的环节记录数据。数据技术则需要从数据采集、数据管理、数据开发和数据应用的视角思考问题（具体可参考图 1-3）。

以业务流程为中心的信息化建设只需要满足业务流程需要即可，不关心数据之间的关系，只关心流程需求的满足。当业务流程以部门为主导进行时，信息化只需要服务业务部门的流程即可，这样业务流程的边界就成为信息系统的边界。CRM 只服务于客户关系管理，对产品、定价、物流供应支持力度不足，因为 CRM 是由销售部门主导的，并非由生产或者物流部门主导的；当企业再选择 ERP 时，以财务管理为主导，而财务部门只关心资金的流动，其中涵盖采购订单、生产订单和销售订单。但是财务部门并不关心这三个订单之间的逻辑关系，只关心这几个流程中的财务信息或者货币化的劳动是否被记录，这样就形成了数据孤岛。数据孤岛是传统信息化建设的必然产物，因为没有数据逻辑引领信息化建设。

以数据作为核心的大数据中心平台，则重视数据的"入""存""管""出"。

"入"指的是数据采集，即从哪些环节采集数据，需要哪些数据，使用什么系统采集什么样的数据，从而为数据分析如何助力经营管理决策服务；数据采集的时间和方式、数据记录的内容有什么要求，数据采集的粒度、精确性、准确性和及时性如何保证；同时，信息系统在采集并记录数据之后，以何种方式、频次和格式传输到数据中心平台，在传输过程中是否需要对数据进行加工处理。例如，从设备端采集的数据可能是连续的，是否需要结合数据需求，通过边缘计算转化为结构化的分时段的整合的数据集。又如，温度的采集可能是连续的温度记录，是否转化为平均温度传递给数据中台的数据库，平均温度的记录是按照每秒计算还是按照每 10 秒计算，抑或是温度采样数据，也就是在每隔 10 秒采集一次温度样本数据，将样本数据传递到数据中台，这些都是在"入"的时候需要关心的问题。

"存"指的是数据保存。很多企业的数据都保存在原有信息系统的服务器中，有的数据保存在员工的电脑中，也有的数据记录在纸上留存在档案柜中。这些数据是否集中存储，以什么样的形式存储，是结构化后存储，是直接存储非结构化的，是以扫描件的图片形式存储，还是通过 OCR 识别之后存储文本和数字。监控录像是以流媒体视频格式存储，还是以高清晰图像的方式通过图片采样的方式存储。存储方式与后期数据分析和挖掘需求直接相关。

"管"指的是数据资产管理。数据对应的标准、规范和质量是数据资产管理的核心内容。企业需要建立什么样的数据标准确保数据前后的可比性和流程前后的可溯性，如何规范数据才能确保数据的质量。另外，从安全管理的角度，谁可以看，数据传输是否需要加密，数据保存之前是否需要进行加密处理。谁能够获得授权访问，授权的粒度是到字段级还是数据表级，还是要到数据库级。数据的授权访问是否要跟踪和追溯，是否要记录到底谁在什么时间访问获取了什么数据，等等。从安全管理、质量管理、标准管理的视角规范数据的管理，使企业的数据资产在安全有保证、质量有保证、使用有保证的条件下高效管理。

"出"指的是数据的使用。企业使用数据时首先要取出数据，通过查询获得相关数据，提供给需要应用或者使用这些数据的部门。对"出"的管理要从数据服务视角监控数据的使用，让有权限的人使用，在使用过程中要跟踪使用的领域，不能损害数据主体，也要避免违法使用。系统中可能记录了用户的隐私数据，这些隐私数据需要用一种什么样的方式进行脱敏才可以授权使用。

　　企业大数据的逻辑已经发生变化，传统企业信息化之后，需要建立数据仓库集中管理企业的数据资产，这与过去信息化建设的逻辑不同。企业需要关注数据资产，需要集中化管理，更需要专业化管理。这对传统企业的信息部门也提出了新的要求。图 4-8 所示为企业数据资产管理概念框架。

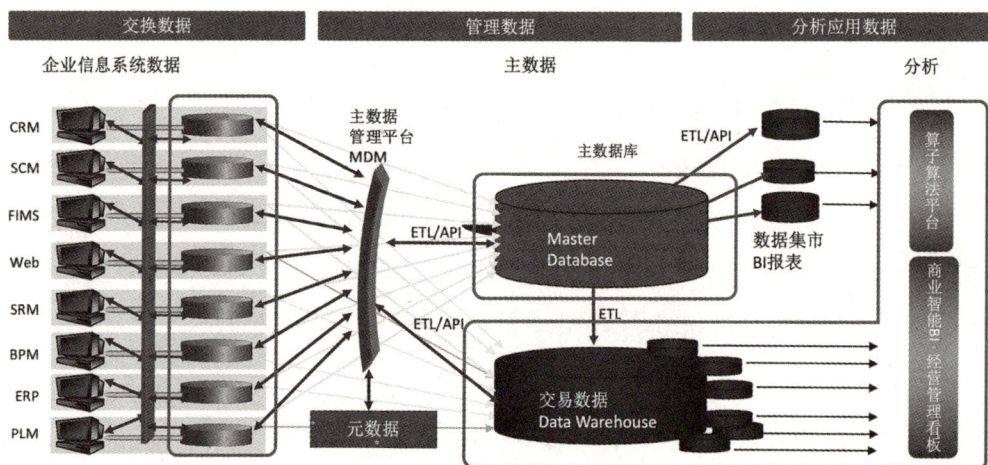

图 4-8　企业数据资产管理概念框架

数据中心的逻辑与数据中台建设

　　在数据技术的逻辑下，数据中心与传统的数据中心有不同的内涵，不仅仅是传统的 IDC 建设，而是需要在传统 IDC 建设和信息系统维护的基础上管理数据资产，推动数据应用，在组织建设层面也要推动数据应用，引入数据分析和挖掘的人才，培养数据分析师，甚至引入数据科学家，使数据服务企业组织的经营和管理。

　　企业数据中心的职能可以划分为五个层级，图 4-9 所示的是一个概念框架，不同企业可能会有所不同，但基本逻辑是相通的。传统的信息中心只包含底层的第一层和第二层，它们建立企业的机房，铺设企业的网络，构建信息化的基础，同时与管理信息系统服务商合作，引入信息系统，建设 ERP 等各种软件平台，服务企业的各个业务部门，满足信息化建设的需要。

组织职能层 Org & Talents	• 数据中心的概念中还代表一个职能部门和职能部门中的团队，只有物理设施是不够的， 还需要人员进行运维管理，也需要为高层及业务部门提供价值输出，承载一些管理职 能等	部门+ 人才
数据应用层 Analytics & Intelligence	• 在传统的数据管理概念上的延伸，包含对数据的分析和挖掘应用，以及为业务部门数 据分析和挖掘应用提供开发模型、软件工具、算法库等 • 数据应用终端设备的建设和管理，包括大屏、电子屏、PC端及手持设备等	数据分析应用+ 算法组件、软件
数据资产/资源层 Data	• 数据库、数据资产的概念，包括企业各种信息系统、员工电脑手工维护等各种数据的集 合，通过数据中心集中管理 • 在以上基础上，接入外部数据资源为企业业务部门提供相关服务	内部数据+ 外部数据资源
软件系统层 MIS	• 传统信息化概念上的信息中心，负责对企业运行的信息系统进行集中管理和维护，包括 软件和服务器的运行维护 • 在传统信息中心概念基础上延伸，包括数据资产管理平台、主数据管理平台、PaaS等 软件平台	信息化软件+ 数据管理与应用软件
物理层 IDC 基础物理设施	• 传统信息中心的概念，包括计算机机房建筑物、能源管理体系、网络布线、路由器、 局域网布局等 • 在传统信息中心概念上延伸，包含私有云部署、混合云部署或者公有云等，为企业大 数据提供计算能力	基础设施IDC+ 大数据算力

图 4-9　企业数据中心五层级概念框架

　　现在，数据中心组织需要承担数据管理、数据开发和数据应用的职能，并培养人才以满足业务部门对数据的需求，甚至需要引入外部的数据资源为企业组织服务。将组织职能扩大到外部数据资源引入之后，数据中心的职能会发生较大的变化，因为过去信息中心并不关心外部环境和业务，只是服务于业务部门。业务部门自己清楚需要哪些外部数据资源，如市场部需要媒体的数据、广告监测的数据、竞争对手的数据、一些目标客户群体的数据等，之前都是由市场部到外部寻找这些数据资源，然后进行商业分析或者组织市场研究。而当数据中心承担起这份责任时，因为距离业务太远，无法真正理解业务部门的需求，具体需要对接外部哪些数据资源，数据中心的人可能不清楚，甚至不专业的数据中心人员并不清楚外部会有哪些数据资源。所以，当数据中心的职能挂上了外部数据资源接入之后，数据中心的团队必须了解以下几点：①深度了解业务需求，参与业务活动中；②开放性地了解外部数据资源情况，并洞悉这些数据对内的价值，从而能够更好地引入高价值数据资源，为企业经营服务。所以，这个组织就会从封闭的内部组织开始渗透到业务活动并参与其中，同时需要具备更加广阔的视角，了解外部世界能够为组织提供哪些数据资源。

同时，数据中心职能扩展了数据开发，这就意味着数据中心必须具备数据分析的能力，必须懂得数据算法，并且能够根据业务场景不断优化算法。过去，信息中心的人基本都是编写程序代码或者维护硬件的工程师，而不是具有数学知识、分析技能和理解算法的分析师，更不是懂得业务需求的业务专家，所以这也是一项重大的挑战。数据中心组织中必须引入数据分析师、数据科学家和算法专家才能承担这样的职能。数据中心必须从保持在后台的信息中心向前台迈进，至少是在中台上服务于组织。

基于数据资产的数据平台逻辑架构

为了更好地管理数据资产，发挥数据资产的价值，企业大数据平台必须在组织职能层、数据应用层、数据资产/资源层、软件系统和物理层五个层级上做好服务，发挥职能，提供价值。

（1）顺应数字智能时代的趋势，引入各种物联网、智能设备、智能硬件等技术，丰富前端的数据采集，更加自动和智能地采集数据，而不是利用传统信息化中手工录入信息的低效方式。如果能够使用智能硬件自动输入的，绝对不要使用手工录入。手工录入不但耗费人工，提高了人工费用率，而且容易出错，不及时，效率低，数据不全面。如果能够采用扫码的环节就不要让员工按钮或者按键。目前，二维码、射频识别（RFID）技术、自动识别技术等可以在生产、物流、终端销售等环节普及，数据中心要及时更新技术，了解技术前沿，能够使用相对成熟的技术强化数据采集的自动化和智能化程度。

（2）在设施服务上采用更加先进和灵活的技术，包括虚拟技术、分布式技术、云计算技术、动态安全防控技术等，确保IDC能够应对未来更加复杂的商业环境，能够在运算能力、服务能力、响应及时性、敏捷开发等方面不落伍。

过去，企业重视信息系统和业务流程而不重视数据资产，在新的数字时代，企业需要重视数据资产的管理，所以，在数据管理层，现阶段特别强调数据治理与主数据的管理，这是保证数据质量和数据可用性最基础的工作，也是首要的工作。数据治理与主数据管理方面的内容笔者将单独撰写一本书进行阐述，因为技术导向性较强，所以不太适合管理岗位的人员阅读。但是管理者必须知道，数据治理与主数据管理的重要性，这是基础性的工作，更是保证数据质量和数据可用性的工作（见图 4-10）。

应用层 SaaS	市场雷达/舆情	决策看板/管理看板	风险预警防控系统	智能经营报表系统	生产管理监控大屏
	精准营销平台	运营管理监控大屏	智慧物流管理系统	智能销售指挥系统	生产计划和排产系统
能力层 PaaS	算子算法模型库	经营管理数据指标库	数据交易/共享	数据应用开发组件库	地图应用GIS服务
	数据可视化模组/BI报表	数据产品化服务（定制）	数据资产评估	用户授权管理模组	数据标签化加工平台
数据管理层 DaaS/BaaS	数据接入ETL	数据资源管理/监控	数据安全管理（授权/追溯）	数据质量诊断/评估	数据分发服务/服务监控
	数据质量管理（清洗/优化）	元数据管理/数据目录	主数据管理MDM	数据关联融合/集成/同步	业务流程/规则管理BPM
设施服务层 IaaS/IDC	数据仓库DW	公共数据资源库接入	物理/虚拟资源使用监控	虚拟化服务/VM/Docker	私有云/公有云/混合云部署
	物理/虚拟资源管理平台	IDC能源管理	FaaS/Serverless/负载均衡	网络带宽/局域网部署	防火墙/网络安全
边缘层 EDGE	数据采集/传输	设备数据采集器	工业互联网/工业Wi-Fi	物联网设备	智能控制终端
	AI芯片/边缘计算	智能仪器仪表	智能反向伺服系统	智能硬件元器件	DPS定位系统

图 4-10　企业大数据平台架构示意图

数据为企业赋能必须对数据进行分析和挖掘，必须有数据分析的方法或者算法，也必须有方便管理者使用的数据分析和挖掘工具。这就需要数据平台能够简化业务部门使用数据、分析数据、应用数据的组件供应用层或者业务部门使用。这一部分是平台数据价值输出的能力，工具越多越方便使用，业务部门的使用就越多。所以，在能力层需要建立算法库、模型库，以及可视化的组件库供平台使用者使用。

不能期望所有人都有写代码的能力，在能力层需要提供一些无代码可操作的工具，能够使用这些工具做出各种数据分析，能够得到各种分析结论，为使用数据驱动管理提供方便。如果可能，则数据中心还需要开发一些数据报表、数据图表和数据分析模型，直接提供给业务部门使用。虽然这是一个较高的要求，但是是价值非常高的工作。笔者为客户提供咨询服务的分析师团队就是为了补充数据中心这方面能力的不足，同时结合企业的业务场景和管理目标，以管理咨询服务的方式帮助数据中心开发报表、可视化图表（管理仪表盘或者决策看板）、数据分析模型，并教会相关业务部门解读报表、图表和模型算法。

未来，数据平台必须越来越智能，不断与业务场景相结合，能够随时随地为业务场景服务，包括基于客户画像的智能推荐优化系统、随时随地监控业务进展的管理看板/仪表盘系统、高层管理者需要随时了解业务情况的大屏系统，以及能够预警经营风险、管理风险和市场风险的风险监控系统等，这些数据应用于业务场景的开发需要在不断积累中建设和完善。

未来，企业的信息系统将从底层的流程服务成为大数据平台上的一种应用，而这些应用将基于中间层的数据和算法而发挥更好的服务业务的作用。底层的大数据平台才是企业的根基或者企业强大的基因。基于数据逻辑构建的大数据架构才是未来企业办公的基本诉求，就如使用 B/S 和 C/S 架构的信息系统一样，未来是整合的，这个整合不仅仅是企业所有信息系统的联通和整合，还需要具有足够的开放性，能够在整个产业链上实现互联互通，相互有业务关系的企业之间通过大数据平台的"握手"实现信息的及时共享，以此优化相互间的业务往来，提高业务往来的效率，整个产业链或者产业生态就是一体化的大网。

数据资产管理，企业数据资产综合治理

随着对数据价值的认知，企业会越来越重视数据资产。但是，过去企业过度强调业务活动和业务流程，较少关注数据资产管理，缺少数据质量意识和数据资产的管控，导致企业数据质量非常差。这几年越来越多的企业开始重视数据资产质量和数据治理。

虽然很多企业都在谈数据治理，但是对数据治理的概念理解各有不同。有人认为数据治理就是数据管理，有人认为数据治理就是建立数据标准和规范，也有

人认为数据治理就是要统筹数据资产进行集中管理，这些理解都正确，但不完全正确。

其实，数据治理是一个综合性概念，有广义的概念也有狭义的概念。广义的数据治理是指企业为了提升数据资产质量和数据应用而推进的一系列管理举措，包含数据治理组织、数据治理机制、数据资产管理、制度和流程等内涵；狭义的数据治理是数据管理概念中数据标准和规范的建立。本书中数据治理采用的是广义的概念。

广义的数据治理的概念包含四个维度（见图 4-11）。

组织职能维度	• 从组织职能维度上，为了确保数据资产质量，企业成立数据治理委员会，统筹谋划、管理和监督企业数据资产管理，并在团队能力建设上满足数据治理需求
数据思维维度	• 各层级管理者重视数据，遵从数据管理的标准、制度和流程，建立科学的方法论体系支撑，采取科学的管理方法
数据技术维度	• 从数据技术维度上，数据治理需要利用一系列数据技术，包括数据清洗、整合、存储、处理、安全保障、数据应用过程的管控等系列技术
信息技术维度	• 从信息技术维度上，数据治理包括如何建立数据集中管理仓库、数据传输协议，以及数据入、存、管、出等信息技术能力

图 4-11　数据治理的概念

（1）信息技术维度。信息技术维度的定义包含数据采集、信息系统建设、数据仓库建立，以及数据在"入""存""管""出"各个环节的技术保障。在采集方面，如何利用新的智能硬件技术实现自动化的高效数据采集；在传输方面，如何利用最新的互联网技术、移动互联网技术、物联网技术实现数据高效且安全传输；在数据存储方面，如何利用最新的分布式存储、加密存储，甚至利用区块链技术的分布式记账方式存储和追踪；在数据应用方面，如何利用信息技术、软件技术实现数据高效且安全的访问，以及对数据使用的监控和追溯；等等。

（2）数据技术维度。在数据技术维度上，数据治理要考虑数据清洗、数据整合或者融合、数据血缘管理、数据授权管理、数据安全管理及数据开发应用的规范性，还可以包括数据开发应用、数据算法的管理、数据二次加工后数据有效性管理等方面。

（3）数据思维维度。在数据意识和数据思维方面，需要各层级管理者都重视数据，遵从数据管理的标准、制度和流程，需要有科学的方法论体系作为支撑，需要有科学的管理方法。企业需要建立一系列数据治理的制度和流程，从管理机制上保证数据资产质量和安全。同时，在企业数据文化上，都重视对数据相关环节的质量保证体系建设，能够开放地共享数据，有数据安全意识，以及对数据使用有良好的职业操守等。

（4）组织职能维度。为了更好地管理数据，确保数据质量与安全，企业需要建立数据治理委员会，统筹谋划数据治理方面的工作，监督相关工作的落地和执行，做到位，而不是仅仅停留在口号和思想上，更不是只存在于文档或者PPT中。定期审视数据治理工作进展，盘点数据资产管理状况，改善数据治理体系，优化数据治理机制的管理方案，等等。

所以，数据治理不是一个项目的概念，不是一个数据治理平台的概念，也不是一个数据技术产品的概念，更不是一个管理制度与流程的概念，而是为了保障数据资产质量的一系列管理活动的总称，是一项持续的工作，是一个持续管理的过程，是一个没有终点的过程。

数据资产价值开发，为管理者提供高效数据工具

有这样一种现象，为某些管理者展示数据集或者资料时，他们可能会说："把文件或者数据发给我吧。"当把数据和文件发给管理者时，他们将文件或者数据保存到自己的电脑中，但基本上不会查看文件或者研究数据。其实人们都有一个收集的习惯，数据资产管理也容易陷入这种情况。很多企业在谈到数据资产管理的时候往往说自己有多少条数据，但是很少谈及他们具体做了多少分析，有多少条商业洞察，数据为他们创造了什么价值。

数据资产有两个特性：一个特性是数据记录不会衰减，有多少条数据就是有

多少条数据，存储介质不损坏，数据就在那里；另一个特性是任何数据与时间都是有关联的，随着时间的流逝，数据资产本身的价值就会衰减，当期的数据价值最大，这些数据随时可能会逐步成为历史，数据价值越来越低。所以，数据唯有使用才能创造价值，数据存储本身不是创造价值。不能等所有数据采集全了再利用，而是随着数据的采集和存储，及时挖掘数据价值，为经营和管理所用，为业务部门所用。数据中心不要过度追求技术含量的高低，也不要追求数据量级的多少，而要重视数据的分析和挖掘应用，有什么数就先用什么数，当使用数据成为习惯之后，数据的采集和存储才会被重视，才会有更多的数据可用。

企业数据资产之间的关系如图 4-12 所示。

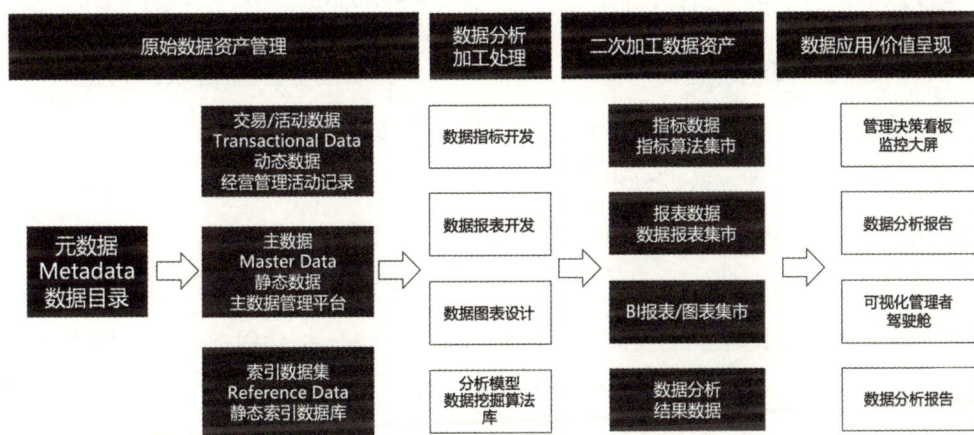

图 4-12　企业数据资产之间的关系

不要只重视数据采集和数据存储的投资，更要重视现阶段数据分析和挖掘的投资。"先用起来！"是笔者给所有企业的建议。

数据的使用应先从一些最基本的方面做起。很多企业追求高端的算法，追求美观瞩目的图形，忽略了数据价值的实质。笔者为多数企业介绍数据应用时都是从数据指标开发开始的，当谈及一些基本数据指标及基本数据指标可视化方法时，这些企业的技术骨干都认为这些太简单，不够高端，无法吸引人。其实，绝大多数企业连最基本的数据指标都没有建立起来，喜欢追求一些高端的模型算法，喜欢谈决策树、神经网络、贝叶斯算法、时间序列模型等，认为只有多数人听不懂的东西才是先进的，才是他们急需解决的。其实这是一种误区。

商业智能早在 20 年前就已经是比较成熟的技术，因为商业智能过度追求图表和可视化，不太重视商业价值分析和应用，绝大多数从事商业智能工作的都是 IT 从业者或者程序员，他们不懂得算法和分析，更不懂业务，所以商业智能并没有真正发挥出如其名字一样的价值，转而沦落为"数据可视化"的代名词。实际上，根据笔者的经验，如果能够从业务出发，基于管理目标设定数据指标，用可视化的工具将指标展示出来，就能够对很多管理者形成冲击，能够为他们做管理决策带来深刻的影响。商业智能没有过时，只是需要新的使用思路。

目前数据可视化的工具非常多，也非常成熟。从最普通的 Excel 数据图表，到各种能够关联多个数据集的商业智能工具，能够针对结构化数据做出非常炫目的图形，能够动态展示各种分析结果。员工不仅需要掌握这些工具，还要能够熟练地使用这些工具。20 年前，在中国会使用计算机就是一种职场竞争力，现在，只有学会使用各种数据图表制作工具，并掌握多种数据算法才能成为新的职场竞争力。未来数字化的企业的员工都是数据分析的能手，都会用数据分析助力业务决策，这是趋势，也是未来职场的基本技能。

数据资产应用，服务业务才能创造价值

数据本身没有任何价值，对数据进行分析应用才能创造价值。重视数据管理是为数据分析应用创造基础性条件。没有数据，就无米下炊，当有了数据之后，必须通过数据分析助力决策，形成知识，衍生智慧。而数据价值的创造必须借助"业务"，数据必须服务业务，所以，数据源自业务，服务于业务，这才是数据的闭环"人生"。

数据既然来自业务且应用于业务，那么数据背后就必须有业务场景，必须结

合业务场景深度分析和挖掘数据。数据为人们提供认知世界的洞察力，那么数据分析就是关键的桥梁。企业在构建数据化管理应用的过程中，必须重视数据分析的质量，与业务的贴合程度决定了数据分析的价值。

数据服务于业务的三个阶段如图 4-13 所示。

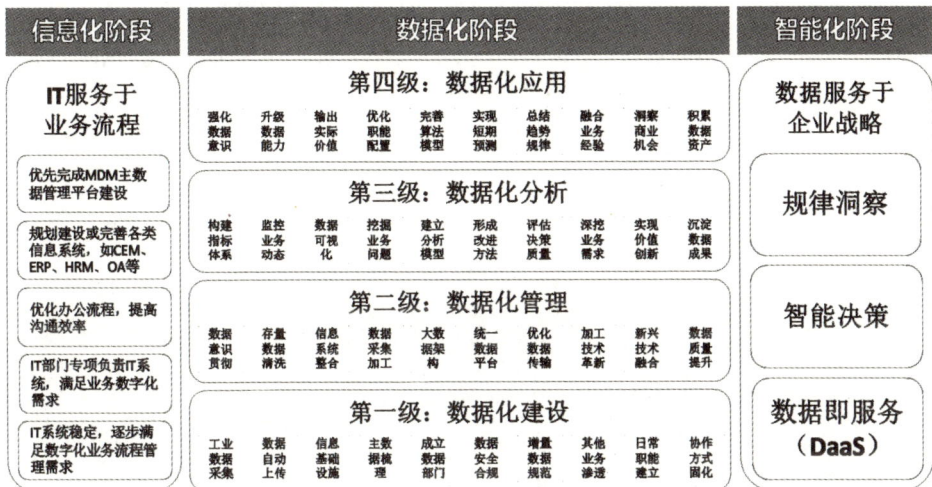

图 4-13　数据服务于业务的三个阶段

在为企业提供数据化管理服务的过程中，笔者经常碰到企业提出这样要求："我们的数据比较敏感，所以无法和你们外部顾问分享，你告诉我们如何分析数据，我们自己的人分析就好了。"如果顾问接触不到数据，分析算法只能是凭借理论基础和经验给出的建议，这些分析方法如果不能与业务场景相结合，算法本身也就失去了意义。顾问的价值也就难以发挥出来。

这个道理与企业自建的数据中心相同。业务部门不希望数据中心的团队过多干涉业务，所以对数据中心的人屏蔽各种业务活动，不希望他们了解太多，数据中心的人就无法真正从数据中挖掘出业务洞察。不懂业务的人是无法洞察数据背后的逻辑和规律的。

数据与业务的融合才是创造数据价值的根本之路，没有其他的选择。

IT 负责人的角色转换

在某次论坛上笔者遇到一家企业的首席信息官（CIO），他抱怨说，同样是 C×O 级别的高层管理者，自己在企业中地位很低，话语权很弱，没有分量，甚至开玩笑地说："企业话语权最大的是首席执行官（CEO），因为这个 E 有'三道杠'；话语权排第二位的是首席财务官（CFO），因为他的 F 有'两道杠'；排第三位的是企业的首席技术官（CTO），他的 T 有'一道杠'，而我只是首席信息官，根本没有'杠'。"虽然是说笑，但也反映了一个事实，多数首席信息官在企业的经营和管理决策上没有话语权，因为在企业中 IT 部门往往被定义为服务部门，花钱的成本中心，无法看到它们所创造的直接价值，如图 4-14 所示。

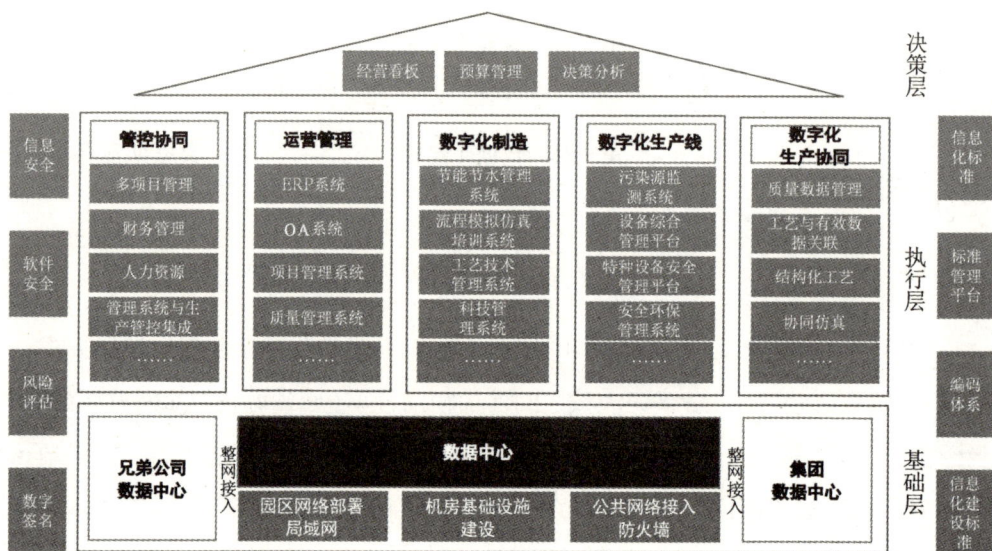

图 4-14　企业数据中心职能架构

企业在数字化转型过程中，IT 部门起着非常关键的作用，从技术的引进，到数据价值的发挥，IT 部门必须承载新的职能，IT 部门的负责人也必须转换思维，从原来的服务者逐步升级到管理者，再升级到决策参与者，逐步发挥数据的力量。

IT 部门负责人角色升级是外因驱动还是内因驱动？外因驱动就是企业赋予相

关的职责，通过补充新的知识和技能，员工能够承担起来；内因驱动就是自己主动学习，掌握更多的知识和技能，更有前瞻性地看到技术应用，并能够说服高层管理者推动数字化转型，引入新的数据技术，助力企业发展。具体是哪种驱动不重要，关键是员工的能力是否能够支撑，虽然笔者强烈建议企业的首席信息官都能够先解决内因问题，也就是通过学习认知更多数字化转型的知识与相关技术，并能够成为企业数字化转型的驱动力量。

一家企业的数字化转型绝对不是由 IT 部门驱动的，而必须是高层管理者驱动的，甚至可以将企业数字化转型称为"一把手工程"。但是，首席信息官在这个过程中发挥的作用是由其能力决定的。

图 4-14 所示的是一家企业数据中心职能架构，首席信息官擅长的技术决定了其在企业中所发挥的作用，也代表他创造的价值。如果能够在决策分析上发挥作用，就会成为决策的参与者，就能够有更多的"话语权"。一家企业中的话语权除掌握的权利外，就是掌握的知识，而掌握的知识决定员工对数据的利用能力，首席信息官本身是掌握最多数据的人，如果这些数据不能转化为企业经营管理决策，那么就需要交给其他人转化，这样其他人就有更大的话语权。

在数字化转型过程中，数据中心职能建设也要跟随同步。当信息化建设完成后，采集了数据，要通过数据指标的梳理，为管理者提供指标跟踪，有了对业务部门数据指标的跟踪分析，就能够为业务部门发现问题提供帮助，甚至直接发现业务部门的管理问题，并提出改善意见，这样数据中心就可以参与"管理"中，从服务者升级为管理者。

当拥有更多数据后，建立数据分析职能，招募数据分析师，为业务部门提供数据分析服务，参与到业务部门的决策中，数据中心的职能逐步升级到"决策"支持部门，提供业务分析，参与业务决策，并从"管理者"升级到"领导者"。

第 5 章

企业管理的数字化升级

5.1　创新管理模式

2017 年是福特盈利最丰厚的一年，但是其首席执行官马克·菲尔兹（Mark Fields）却被辞退了。这是因为他并没有全面"拥抱"数字化，福特董事会认为："不幸的是，马克的愿景和策略并不那么明确，也没有那么有效。他做了很多东西。但在数字化的优先事项上却阴云密布，优柔寡断。"

因此，数字化转型已经不是"要不要转"的问题，而是"如何转""谁先赢"的问题。企业变革从来都是一件艰难的事情，所以才有"不变革等死，变革找死"的说法。数字化转型又有其特殊性，是一种范式性变革，这意味着企业或早或晚都要进行一场脱胎换骨的变化，通过重生实现再生、新生。数字化转型处于持续观察、持续探索的状态，需要刷新思维、更新技能，改变行为习惯，需要自我颠覆、自我超越。

在帮助企业进行数字化转型的过程中，需要把握一些大的原则，而且这些原则是以悖论的形式出现的。美国菲茨杰拉德（F. Scott Fitzgerald）曾说过："检验一流智力的标准，就是在头脑中同时存在两种截然相反的想法时仍能保持行动能力。"这是最考验领导者变革智慧的。处理这些悖论，需要管理者发挥整合思维。罗杰·马丁因与宝洁前首席执行官雷富礼的合作而知名，他的一项著名研究就是关于整合思维的。罗杰·马丁认为整合思维，就是"富有建设性地处理彼此对立的意见和能力，不会非此即彼地牺牲一方而选择另一方的意见，而是以创新形式消除意见对抗，新的意见同时包含对立意见的某些因素，且优于对立意见的任何一方"。下面介绍笔者总结的关于推动数字化转型需要把握的变革悖论。

既自上而下，又自下而上

数字化转型涉及数字化愿景的设计、商业模式的创新、管理体系的重构，甚至需要挑战和颠覆现有的行业游戏规则，属于重大的战略层变革；同时，在数据平台、智能工厂、智慧门店等项目的建设上，需要大笔投资。这些工作的完成都需要企业家及高层管理团队自上而下全力推进。

数字化转型需要对各项数字化技术（包括大数据、人工智能、云计算、区块链、物联网等）进行综合性应用。每一种技术本身的成熟度是不一样的；企业千差万别，同一种技术相对于企业的成熟度也是不一样的，相对于不同的场景也存在成熟度差别。如何利用数字化技术真正创造价值，是一个非常复杂和考验智慧的问题，这就需要自下而上地发现可能的应用场景，释放最熟悉应用场景的人探索和创新，以寻找合适的解决方案。

在发挥"自上"和"自下"的力量的同时，还要考虑"自中"的力量，数字化转型需要中层与专家进行合作，从而进行规划和设计，使变革更加系统和稳定。现在广泛存在一种观点，包括海尔，就是"消灭中层"，事实上，中层在变革中发挥着巨大作用。欧洲工商管理学院的管理学家夸伊·源·辉对这个问题研究了6年，发现事实和人们的想象并不一样。他调研了一家大型电信企业，这家企业启动了一项大型的变革计划，分别在117个独立项目上进行投资。结果发现，在这些项目中，高层经理建议的项目80%没有达到预期甚至彻底失败，而中层经理建议的项目80%都取得成功。

夸伊·源·辉的研究表明：只要中层经理获得发言机会，他们通常都能提出有价值的创新想法，并且能够将这些想法付诸实施；与大多数高层经理相比，中层经理更善于充分运用企业内部的非正式关系网，而正是这些关系网使实质性的、持久的变革成为可能；中层经理了解员工的情绪及情感需求，因此能确保变革的动力得以维持；中层经理能够驾驭组织中连续运行和变革之间的张力，他们一方面可以防止组织陷入极端的惰性，另一方面可以避免组织陷入极端的混乱。

在整合自上而下与自下而上两类变革的过程中，还包含三项整合工作。

第一，有关战略节奏的问题，即快变革与慢变革的整合。自上而下的变革速度较快，更可能加速数字化转型进程，产生先行者优势，但也存在一定的风险，可能导致管理秩序的混乱，甚至滋生组织政治行为；自下而上的变革，速度较慢，但因为始于实处所以也落于实处，更容易保证变革的效果，但稳步的变革可能丧失先机，同时可能陷入零敲碎打，缺少战略高度。

第二，有关思维方式的问题，即系统思考与点式突破的整合。自上而下及中层推动的变革方式，需要系统思考，自下而上的变革需要在抓住关键场景有限数字化时制造连锁反应，即一个场景的数字化引发另一个场景的数字化，从而促进数字化转型，产生遍地开花的效果。

第三，有关战略形成的问题。战略管理大师亨利·明茨伯格提出两种战略形成的方式：一个是深思熟虑的战略，另一个是自然涌现的战略。他强调："所有制定战略的过程，都包含两个方面，既需要事先深思熟虑，也需要在摸索中逐步形成，只靠事前规划做出的战略妨碍了学习和修正，只靠自然形成的战略会阻碍有意识的控制。如果走极端，两种方法都行不通。学习必须与控制结合起来。"笔者将之称为规划式战略与演化式战略的整合。自上而下及中层推动的变革方式属于规划式战略，而自下而上的变革方式属于演化式战略。

既进行技术变革，也进行管理变革

一波波的数字化技术袭来，尤其引人关注，很多企业争相引入新技术，这种心态是可以理解的，但必须思考：技术本身是不具有什么价值的。所以，在引入技术时必须要问：这项技术对企业来说意味着什么，能为企业带来什么，能创造什么价值，如何实现技术与管理的结合。

无论是与企业家的交流，还是参加各种论坛，关于数字化转型的各种观点层出不穷，但也多有偏误之处。综合各种观点，笔者发现可以分成两个视角：一个是技术视角，另一个是管理视角。根据侧重点的不同，可以分成四类，如图 5-1 所示。

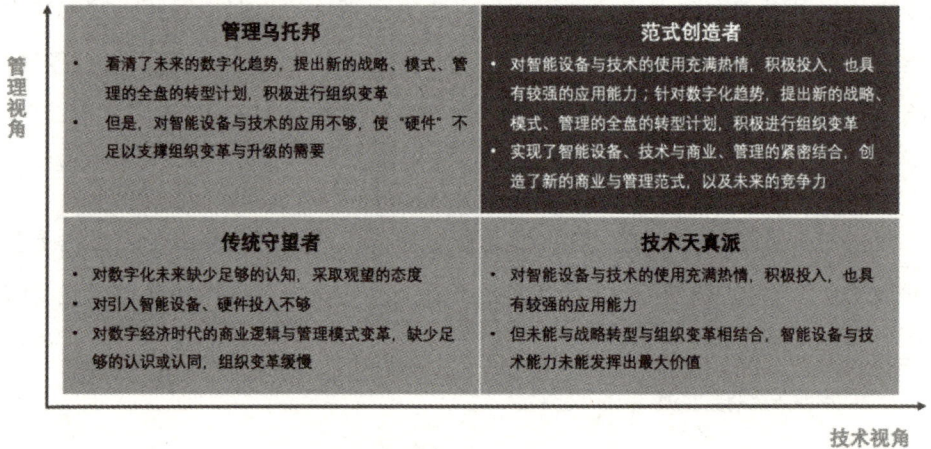

图 5-1　从技术视角与管理视角解析各种数字化观点的类型

笔者一直强调的观点是综合技术视角与管理视角，技术变革与管理变革融合并进。无论是咨询实践，还是理论研究，都证明了这一点。

相关研究表明，那些能够发挥数据技术与领导力互补效应的"数字大师"企业，其利润率高出同行 26%；缺乏领导力但积极投资数据技术的"潮流者"的利润率则低于同行 11%；而那些数据技术和领导力均薄弱的"初学者"企业的利润率低于同行 24%。

埃里克·布莱恩约弗森与洛林·希特对美国企业的商业行为进行了一项大规模的研究，历时 5 年，耗资 500 万美元，研究结果表明：有七类行为在信息技术密集型企业中比在其他企业中更常见，这七类行为与企业生产率、市值及其他绩效指标的大幅度提高密切相关；尽管并不是所有信息技术密集型企业都采取了这七类行为，但那些既投资信息技术也采取这七类行为的企业，比那些只投资信息技术或只采取这七类行为的企业做得更好。其中，这七类行为如下：从模拟程序转向数字程序；开放信息访问；授权给企业员工；采用绩效奖励机制；投资建设企业文化；招聘精英；投资人力资本。

笔者的观察与此一致，无论是过去 IT 化浪潮中众多 IT 项目的失败，还是现在一些大数据项目、人工智能项目的失败，都是因为其实施是由软件工程师、系统工程师主导的，未能与商业 / 管理紧密结合，不但未能达到预期的目的，还会造成巨大的成本损失。

事实上，"数据技术可以做什么"非常重要，但更重要的是"数据技术可以帮助企业创造什么价值，如何创造价值"，这就需要更多商业/管理视角、行业经验、管理经验、结合能力等。而现在一些技术型的企业可以提供程序、软件、平台和应用，但难以帮助企业利用数据优化用户体验、运营流程及创新商业模式，因为它们缺少对商业 / 管理问题的深度理解，无法实现商业 / 管理与数据技术的互补效应。

互补经济学研究表明，同时采取多种互补行为可以创造比单独采取任意一种行为更高的绩效。互补性能力因为很难甚至无法模仿的特点，而成为一种可持续的竞争能力。这就是通过学习卓越企业的最佳实践仍然无法超越它们的原因，因为忽视了与最佳实践互补的其他管理行为。

技术变革与组织变革，一个是硬实力，一个是软实力。按照硬和软区分的逻辑，在数字化转型中还存在两项整合工作：一是硬件及空间的智能化与经营及管理智能化的整合；二是企业组织形态升维与价值理念升维的整合。另外，从更宏大的视角看，科技与人文的整合将变得更加重要，必须思考数字化技术对人类意味着什么。

既要利用式学习，也要探索式学习

古罗马神话中的两面神雅努斯（Janus）有两双眼睛：一双眼睛注视后方，一双眼睛注视前方，雅努斯也被称为"开始之神"（God of Beginnings）。在数字化转型中，企业家与高管团队既要看前面，也要看后面，既要关注过去，也要谋划未来。企业高层管理者要密切关注现有的业务、产品与流程，同时要关注数字化技术可能带来的新机会，进行大胆探索和创新，以更好地谋局未来。

这并不是一个容易解决的问题。以链家为例，2018 年链家成立贝壳找房网站，贝壳找房网站定位于房产服务综合平台。这个平台开放给链家之外的房产中介品牌或者经纪人使用，而且开放链家过去赖以取胜的核心资源与能力，包括旗下的房源系统、运营管理经验、经纪人作业工具、人员培训体系等。这必然对既有业务造成冲击，出现新业务和旧业务之间的冲突，一个代表过去，一个代表未来，这是一场"过去"和"未来"的战争。新业务和旧业务之间的冲突是数字化转型中需要面对与解决的问题。

詹姆斯·马奇是彼得·德鲁克之后的管理大师，他曾创造性地提出一对概念，即利用式学习与探索式学习。所谓利用式学习，是指在短期之内将既有的想法、技术、战略或者知识常规化、完善化、精细化，利用其努力提高效率；而探索式学习是指尝试全新事物，希望能找到更好的、可以替代旧有事物的全新事物。在数字化转型中，整合两种学习方式依然是非常重要的，企业一方面可以利用数字化技术继续挖潜现有业务，提高效率，增加盈利，实现现有业务价值的最大化，强化竞争力。同时，也需要持续观察、探索各种数字化解决方案，创新商业模式、创造新业务。当然，最难的是整合好两种活动，有人称之为"双灵活性"，有人称之为"双元性管理"，左手和右手同时开工。

在数字化转型中，要塑造企业双元性文化。伦敦商学院的朱利安·博金肖和加利福尼亚大学的克里斯缇娜·吉普森做了一项研究，对全球 40 种行业的共计 4 195 名从业者进行问卷调查，数据分析结果显示，企业员工在职场环境和文化中具备双元性意识时，企业的表现会更好。

5.2　塑造数据文化新体系

在推进数字化转型过程中，企业通常强调的是技术层面的工作，如各种硬件、软件和工作等。这些当然是重要的，但是如果得不到员工的认同，任何强大、先进的数据技术都难以发挥出其应有的作用和价值，而且会徒增成本。高价引入系统，但是并没有使用；进行了大量的数据分析，但是只停留在报告层面，未能对决策产生有益的影响……此类事件，并不少见。之所以出现这些问题，关键是在数字化转型中，企业忽视了一项重要工作，即数据文化的塑造。

数据文化是一种能力

数据文化作为企业文化的一种形态，欲知其实质，必须先知什么是企业文化。企业文化是一个老问题，一般认为所谓企业文化，就是一种共享的思维模式和行为模式。但事实上，这只是企业文化深刻内涵的一部分而已，忽略了两个重要的维度，企业文化不仅是思维与行为模式，还是一种情感模式和能力模式。笔者提出的企业数据文化塑造模型如图 5-2 所示。

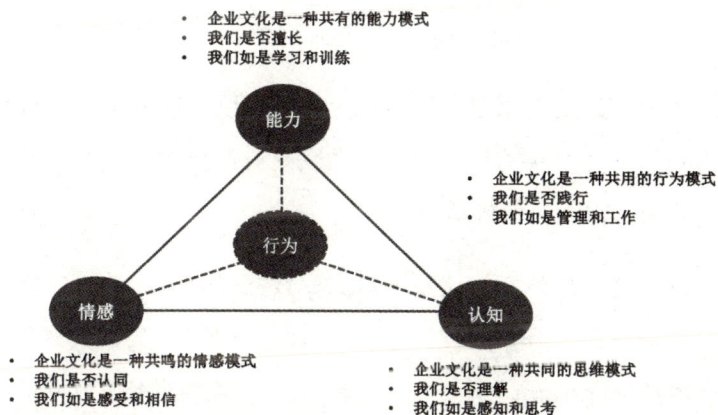

图 5-2　企业数据文化塑造模型

　　情感与能力是两个非常重要的维度。回想在企业文化建设中存在的问题便可知道。企业可以提倡某种思维模式和行为模式，但是如果员工不喜欢这种思维与行为模式，那么企业就需要进行大量的说服教育工作，才可能促使员工改变思维和行为模式。改变员工的思维和行为是非常难的，这也是很多企业文化建设工作难见成效的原因。

　　员工接受了某种思维和行为方式，企业文化的建设也不一定能获得成功。试想，员工认可数据的价值，也接受了数据思维，并愿意采取相应的行动，但着手做事时，发现不具备数据分析相关的技能，那么企业文化还是无法落地。以一般的企业建设文化为例，企业可以强调创新文化，但是如果不教授员工如何创新，那么创新也只是一个口号。回到生活中也是一样，如一个人可以说"爱"家人，但是不见得具备"爱"的能力，"爱"也是一种能力，想"爱"不等于会"爱"。这就是笔者特别强调数字化转型中人才培养与能力建设的问题。

　　情感、思维、行为与能力是企业文化塑造的四种力量，忽视其中任何一种力量，都会使企业文化塑造的效果大打折扣，任何一种力量都是有限的，但是当四种力量同时发挥作用时，它们可以互相促进、转化，共同放大文化塑造的效果。如果员工喜欢利用数据，那么就更容易接受相应的思维方式与行为方式，也会更有动力提升数据分析的能力；如果员工的数据能力得到提升，提高工作业绩，他就会更加喜欢这种工作方式，思维方式和行为方式也更容易固化下来。

　　基于此，笔者对数据文化定义如下：企业全员以共享的测量思维感知和响应变化，以共用的数据能力决策和解决问题，以共信的数据力量驱动和革新管理，从而建立以数据为基础的竞争优势。

　　有人认为数据文化是分享，这是不对的。数据具有隐私性、资产性，并不是人和人之间可以随意进行分享的。数据不能分享，但可以共享。共享思维是笔者强调的第一个数据文化内涵。所谓共享，就是以共享思维搭建数据平台，设计数据共享机制，高效、科学地取用数据。以共享思维寻求通过机制、技术解决问题，而不是通过个人解决问题。

　　笔者要强调的第二个数据文化内涵是价值导向。不是有什么数据就分析什么、会怎么分析就怎么分析、喜欢分析什么就分析什么，前提条件是满足用户需要，既包括外部客户，也包括内部客户，否则就是为了分析而分析，视手段为目的。例如，某企业花费很多精力做高层管理者离职预测，但是该企业过去几年高层管理者离职率是很低的，做这个预测就没有什么用处。值得学习的是 Netflix，它的月度讨论会被称为"客户科学会议"。Netflix 强调的是，虽然它们是"密集数据分析的创新者"，但是所有的计算一定是为了满足客户的需要。

　　笔者要强调的第三个数据文化内涵是循证决策。所谓循证决策，就是依据事实、证据、数据分析的结果。Netflix 的文化平台创建者之一帕蒂·麦考德（Patty McCord）说，在 Netflix，"有意培养员工对事实驱动和科学方法的痴迷，不是只在工程部，而是在全企业"，"我们在 Netflix 提出了一个要求，即人们必须通过探求事实完善自己的观点，并且以开放的心态去倾听那些他们并不认同，但以事实为依据的辩论"。有这样一个故事：有一次威勒瑞（Netflix 产品创新副总裁）在一场有 30 多人出席的会议上和哈斯廷斯（Netflix 联合创始人，首席执行官）出现意见分歧。那个时候，Facebook 已经开始实行用户发布内容可无障碍分享的政策。哈斯廷斯希望 Netflix 也能赶上这趟车——将会员的节目收看信息直接推送到他们的 Facebook 页面。威勒瑞认为会员应该有权决定哪些信息可以共享，但是哈斯廷斯强烈反对。两个人在一大群人面前就此开始激烈争论。威勒瑞强调的是，调查数据显示会员希望有这个选择权。后来，哈斯廷斯同意让威勒瑞和他的团队通过 A/B 测试检验哪种办法更好。数据显示威勒瑞是对的，于是哈斯廷斯公开宣布："看看，我之前并不认同威勒瑞的观点，但他是对的。干得不错。"这就是循证决策文化。事实上，杰弗瑞·菲佛在循证医学的基础上就已提出循证管理的思路，在数据技术的帮助下，这可以得到证实。

　　笔者要强调的第四个数据文化内涵是尊重、安全与利他。数据与金钱一样，不仅要用之有道，还要取之有道。要尊重他人的隐私和权利，要用数据为善，而不是作恶。谷歌的文化就强调"不作恶"，谷歌坐拥那么多数据，如果它要作恶，那后果就会不堪设想。

数据文化根植于管理

数据文化，对管理者而言如何强调都不算过分。彼得·德鲁克和爱德华·戴明两位管理大师都说过，无法测量就无从管理。赫伯特·西蒙是唯一获得诺贝尔经济学奖的管理学大师，他是人工智能的先驱，获得过图灵奖，他有一项重要的论断：管理就是决策。

每一位管理者，无论层级高低，每天无时无刻不在决策，做出好的决策可以基于经验，但无论是直接经验，还是间接经验，都是有限的，或者说样本量很少，很难保证决策的准确性，而且经验很容易过时。可以基于直觉做决策，这种决策方式比较快，但是也很容易出错，而且直觉作为"凝结成习惯的分析"（赫伯特·西蒙），培养起来的投入高、周期长；可以基于理论及推理决策，这种方式决策慢，更重要的是，任何理论都是简化的现实，理论越简化，其普适性和准确性就越低。也可以基于讨论等群体决策方式，但也存在诸多问题，如囿于偏见、利益之争、陷入争论、决策缓慢，甚至无法做出决策。

而基于数据的决策可以超越以上局限。基于数据的决策是理性的、客观的，可免于人们争来争去；理论上样本和变量都可以是无限的，也可能实现实时决策。可以帮助管理者更快、更好地做出决策。

曾有这样一位研究者，他发现了重要现象：工人工作时的疲劳程度与他完成的工作量不成正比。通常人们会认为，工作量越大，疲劳程度越高。但测量发现，有的工人搬运 10 吨生铁就已经筋疲力尽，而有的工人搬运 20 吨生铁还比较轻松。研究者及其助理将所有可能导致疲劳的因素绘制成曲线图，通过数学方法寻找答案，最后发现工人的疲劳程度与负载的间歇频率相关，于是找到了解决问题的新思路，即当合理安排工作负载时，可以在不增加疲劳程度的情况下提高工作量。这位研究者就是现代管理学的开创者、"科学管理之父"泰勒。

可见，现代管理学在开始就有数据的精神与思维。而当下，因之数据技术，管理将掀起再一次的"科学革命"，变得更加科学。赫伯特·西蒙曾提出"有限理性"，成为管理决策的基石性概念。因为人的认知能力是有限的，在决策中，只能追求"满意即可"，无法实现"最优选择"。理论上，通过数据技术、人工智能技术，管理决策是可以突破"有限理性"实现"极限理性"的。有人提出"理论的终结"也并非不可能，上文讲述了"第四范式"，那时已经不需要科学家提出理论。

数据文化实施必须有第一推动力

在数字化转型中，塑造数据文化是领导者的第一要务。领导者是数据文化塑造的第一推动力，也负有主要责任。企业文化理论奠基人埃德加·沙因说过："领导者是文化创建者、管理者。""领导者如果不知道该如何管理文化，就会沦为文化的牺牲品。""文化和领导者是同一硬币的两面。"

领导者塑造数据文化的过程如下。

首先，领导者要提出并宣贯数据愿景。例如，笔者曾服务于宝洁，宝洁就曾宣称："我们要让宝洁成为全世界数字化程度最高的企业。""将企业的全部工作数字化，从分子的构成到工厂的运营再到零售商的销售数据。"数字愿景可以驱动全员参与数字化工作，认同数字化的价值，学习数字化技能。麻省理工学院数字经济项目负责人安德鲁·麦卡菲及其他专家调研了全球 391 家企业的 431 位管理者，结果发现：42% 的被调查者指出其高层管理者拥有数字愿景，中层管理者也了解该愿景的人更少，只占 34%。这与数字化转型如火如荼的态势明显不符，企业急于转型，却没有愿景。这就如同努力跑，却不知道往哪跑。管理者们必须要注意这个问题。

其次，领导者说到做到，以身作则。人们相信的不是领导者说什么，而是领导者做什么。如果领导者自己都不"拥抱"数据，期待员工践行数据文化是不现实的。有一位领导者说："我们从事数据分析已经很长时间了，它已经融入我们的文化之中。一个没有数据分析文化的企业是很难改变的，所以必须得说服基于直觉做重大决策的那些高层管理者。另外，我们有超强的潜力——高层管理者有很多不同领域的经验，他们更容易接受基于数据的决策在这些领域的应用。即使建立了有大量分析人才的新部门，也不能靠建立新部门改变文化。"这与笔者在咨询实践中的体会是一致的。笔者曾多次遇到这样的情况：在明确的数据分析结果前，人们宁可选择相信自己的感觉。这个问题也是领导者需要特别注意的。当然，这并不容易做到。上文讲到循证决策，领导者自身必须做到循证决策。但这并不容易，领导者必须严格要求，时刻警惕自己的偏离行为。

最后，领导者必须通过管理行为的设计，为员工进行数字化探索提供高支持度，促进数据文化的落地，即员工数据化思维、行为与技能的转化。某互联网企业在开展一项数据分析工作时，需要其他部门的数据，数据分析人员多次沟通都无法得到数据。对方说得非常直接："我把数据给你，对我来说有什么好处；事情做好了，是你们的业绩，如果做不好，我们还要承担责任。"如果领导者不能自上而下地建立数据共享制度，靠员工推动即使可能，效率也是极低的。对数据质量的问题而言，现在企业的数据质量普遍比较低，贝恩的一项调查显示，只有19%的企业有高质量的数据。质量管理大师爱德华兹·戴明提出"85/15"原则，即出现质量问题的原因85%出在管理系统上。数据质量与产品质量在管理上是一样的，需要管理者从系统上设计解决方案，如果领导者不重视，是不可能彻底解决数据的主要问题的。所以，领导者应该从多个方面设计管理行为与制度，促进数据文化的落地，如数据平台的搭建、数据中心的建设、数据治理的提升、数据人才的招聘与培养、数据领导力素质模型设计、员工数据胜任力模型设计、数据人才的职业发展计划等，这些都是需要领导者关注与推进的工作。

其中非常重要的是数据平台的搭建与数据中心的建设。如果数据文化是数字化转型的"软启动",那么数据中心与平台就是"硬启动",而且二者互相支持、互相促进,共同推进数字化转型的进程。数据平台与中心具有启动效果,是因为数据与场景/应用具有网络效应。数据具有关联性,某一维度的数据的使用会关联到其他维度的数据,使数据产生网络效应,数据越用越多。管理具有系统性,各个管理场景也是相互关联的,也具有网络效应,某个场景进行数字化及应用开发也会促进其他场景相应的实践。同时,数据与场景/应用之间还存在跨边网络效应,也就是说,随着数据的增加,会促进更多场景应用的开发;同样,随着更多应用的开发,也会形成更多的数据。所以,数字化转型最重要的是"开始",只要"有了",就可能"更多",只要"起步",就可能"加速"。数据平台的价值一旦显现,数据文化即被证明,会赢得更多人认同数据的价值,加速数据思维与技能的养成,促进数字化进程;同样,当数据文化更多地被接受和践行,就会有更多的管理场景数字化。

数据文化落地需要用对方法

数据文化作为企业文化的子集,与一般企业文化的落地方法是一致的。但这里有必要强调数据文化的"特殊性"。数据的使用一直都存在,这些年已经成为人们关注的热点,尽人皆知。但是,知道不等于认同。数据感觉是本能,数据意识却不是。在管理者心目中,数据的价值和力量依然是"有待证明"的。也有很多管理者对数据的价值持"将信将疑"的态度。如果企业文化强调创新的理念,其实关注的是"如何进行创新",而不是"创新是否有用",那么强调数据文化时,首先要强调的是"数据是有用"的。所以,在数据文化的落地上,笔者强调两个重要的方法。

一个是可视化。也就是说,在利用数据的过程中,尤其是在数字化的初期,即使其产生的成果和效果很微小,也要让全员看到、感受到。眼见为实,只有目睹,才会促进思考和理解,进而产生认同。具体的方式有很多,如数据实践案例发布会、数据实践分享会与交流会、数据实践案例竞赛与颁奖仪式等。例如，在笔者的一个项目中，推进数据化管理，不但高层管理团队的整体认同度不高，各部门的配合度也不够高。面对这种状况，笔者提出，数据项目的实施过程就是数据文化的塑造过程。项目组发现在这家企业每个月的经营例会上，各业务部门的报告有很大的改善空间，这些报告缺少数据分析，有些报告虽有数据，但仅仅是一些简单的统计和数据表格。项目组认为这是一个很好的切入点，于是帮助业务部门统一报告模板，并帮助他们进行业务数据分析。业务部门的人员非常配合，因为他们的报告会变得更加丰富、精彩，可以提供更多的洞察点，提出的解决方案也更加有理有据。同时，这些数据分析成果可以直接展示给高层管理者，这也加深了高层管理者对数据价值的理解。一举两得，既解决了具体的业务问题，也加深了业务部门和高层管理者对数据价值的理解与认可，即起到了数据文化塑造的作用。

另一个是故事化。某个管理学家讲过一个故事：

> 某人想要了解心灵运作的奥秘，但他不是跑到大自然去了解，而是向他的大型计算机请教。他问计算机："你在进行运算的时候可曾觉得自己是人类？"计算机接着开始运行，分析自己的运算习性。最后，计算机将自己的答案打印在一张纸上，与一般计算机一样。这个人跑去看答案，结果发现纸上清清楚楚地标明："这让我想起一个故事。"

故事，是人类认知的一个基本方式，也更容易为人所接受。心理学家罗杰·斯坎克说："人类生来并不能很好地理解逻辑，但是却能很好地理解故事。"当数据分析的结果出来之后，我们不能假设，决策者会自动、欣然地接受。分析者必须假设，决策者是不接受的，然后思考通过讲一个什么样的故事，决策者才会接受与认同。

可视化与讲故事是文化塑造的一般做法，但是对数据文化塑造具有更重要的价值，因为首先需要人们接纳数据文化，并相信数据价值。

5.3　搭建敏捷组织新架构

传统组织架构面临的挑战

组织要以客户为中心，这是几乎所有企业组织倡导并努力践行的。但是，在过去传统科层制组织下，企业的组织职能以专业作为分工的基础，层级则以能力作为划分的基础，决策权限按照层级和专业划分，最了解终端客户诉求的人，拥有最小的权利，也是能力最弱的层级，真正的以客户为中心则成为口号。本质上，科层制组织是以权利为中心的组织形式。

科层制组织下的数据金字塔如图 5-3 所示。在科层制组织下，最前线的"士兵"没有决策权，虽然他们掌握最多的数据，但不能灵活、机动地响应客户诉求。管理决策和方案都需要层层汇报，层层审批，每一次信息传递都会带来信息衰减，都会有数据丢失，上层掌握最少的数据量，却做最重要的决策，由此企业的决策风险就会非常高。如果上下信息和数据流通不畅，问题会更加严重。

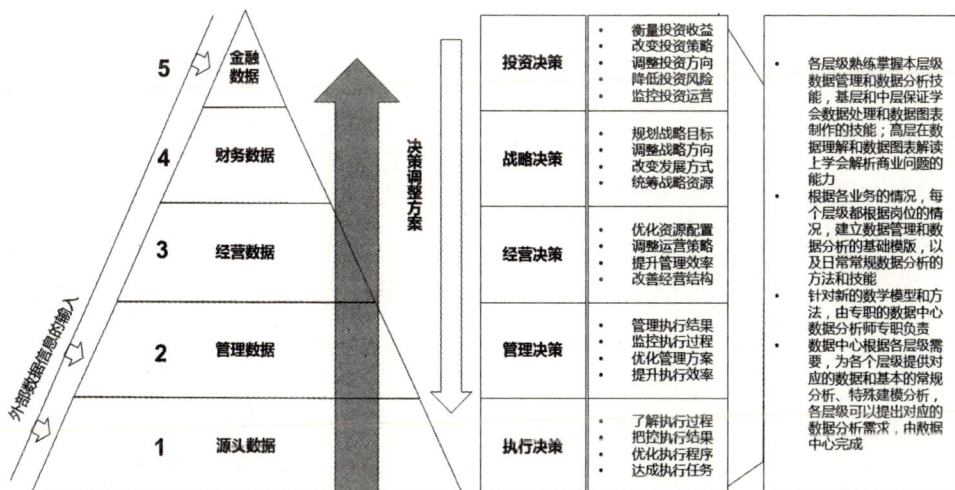

图 5-3　科层制组织下的数据金字塔

随着外部市场环境复杂性加剧，高层管理者多年积累的经验可能很快就会过时，需要补充更及时的信息，并了解市场的变化，在这种情景下，高层管理者如果不亲自深入一线，就无法了解真实的情况。优秀的企业会借助外部市场调研企业采集市场数据，了解市场变化，这些成了数据和信息传递局限的有益补充。并不是所有的企业都有这样的数据意识，如果企业的信息化建设程度不高，企业数据体系不完善，那么下层的数据就传递不到上层。

在企业内的管理制度上也有周报、月报和季报等各种数据报告与报表，如果没有规范的数据和规范的格式管理，则底层的管理者往往报喜不报忧，或者只报告对自己有利的数据和信息，或者只报告能够支撑自己向企业索要资源的数据和信息，导致信息失真，数据衰减，高层管理者无法随时获得他应该获得的信息，这就是传统科层制管理体系的弊端。

在科层制体系下，企业要么改善这种组织结构，要么改变数据的传输和分享机制。如果不能改变组织结构形态，则必须提升数据体系质量，使数据无损共享、有效聚合，在透明化和体系化的管理下，让数据在整个组织上下层级中与左右职能间进行高效传输和共享，让所有人都能听得见"炮火"、看得到市场、听得懂客户。

平台型组织崛起

为了提高产品的响应速度，以产品为中心的平台型组织正在崛起。为了提高产品运营的效率，前端、后端、开发、运维，甚至包括人力资源管理、财务管理、培训等都被独立分配到每个产品组织中，通过建立一个服务于产品的中台，提供基于产品共性需求的平台，同时起到整合的作用。而前台的产品部门则重点集中在满足客户的动态需求方面，以产品为核心，确保产品本身的成功。

以产品为中心的平台型组织概念图如图 5-4 所示。

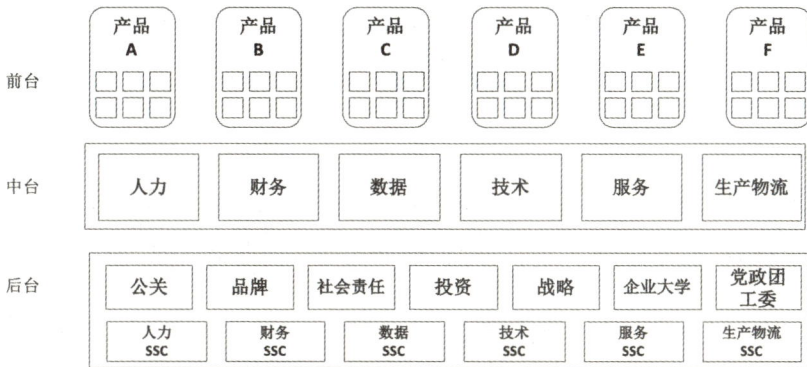

图 5-4　以产品为中心的平台型组织概念图

　　无独有偶，为了提高每个产品和品牌对市场的响应速度，2001 年宝洁做了组织架构的调整。在这个项目之前，宝洁的组织架构是以区域市场为组织的维度，在每个市场上按照国家、区域、城市划分组织，对每个区域、国家或者大区制定整体业绩目标和增长目标，如亚太区制定亚太区的目标、北美地区制定北美地区的目标。亚太区结合全部亚太地区市场的情况将目标分解到每个地区的分公司，然后各个地区的分公司拆解目标，而这些业绩目标是通过上百个产品品种实现的，各个地区的策略不同，一些重要的资源被配置在品牌影响力大、增长快的产品上，而本来还有发展潜力的产品或者品牌，因为在每个地区的策略不一定是最好的，所以没有资源倾斜。这样，产品和品牌的策略就得不到落实。

　　所以，宝洁提出 O2005，以品牌和品类为中心，然后制定该产品或者品类各自相关的策略和目标，再在全球市场上看整体是否成功，其不介意一个国家市场的输赢，而是在全球范围内看该品类和产品或者品牌。这样的组织就调整为以品类、品牌和产品为中心。因为宝洁业务的复杂性，这个制度用了将近五年的时间才调整过来。

　　敏捷的前台可以满足客户的动态需求，听得见"炮火"的中台能够为前台提供全力支持，以及强大的后台服务能力，这是"三台组织"的理想。在这个概念架构的驱使下，越来越多的企业加入搭建"三台组织"的大潮中，其中不乏传统的生产制造型企业。这些企业如果不能以强大的数据作为支撑，不能建立数据中台，仍然会是官僚机构领导下的缓慢决策的组织。

建立平台型组织是为了适应前端不断变动的需求，是一种敏态型的组织架构。其中，中台以业务为中心，后台以服务为中心，不是拖慢决策支持，而是加快决策周期，让前台更加轻松地"打仗"，能够为前端提供更多的"弹药"。

平台型组织需要更加敏捷地响应前端的客户需求，需要组织更加开放地为前端提供服务，这就要求组织能够更开放地融合外部资源，而不是基于稳定的雇佣关系，因为前端诉求可能是不固定的。例如，前端需要一个活动，那么在活动期间是非常繁忙的，但是活动结束，必然就有了资源的闲置。如果组织不是开放的，必然会导致在需求淡季的资源浪费。又如，为了适应"双十一"的促销活动，组织各种力量满足一时的高需求，但是活动结束后，整个供应链就会有闲置，这种闲置对一个组织来讲可能是巨大的成本。如果是一个开放的组织，当有非常大的需求时，可以通过整合社会资源满足临时的资源需求，当这个临时的资源需求结束后，社会资源回归社会，不会给企业造成巨大的浪费。

平台型组织的宗旨是敏捷性，其面临的最大挑战是开放性。如果不能打破原来稳态的雇佣关系，仍然是"正式员工"，那么这种模式就很难适应敏捷性要求。

到目前为止，本书中已经介绍过三个"三台"，其中包括数据"三台"（前台、中台和后台）、组织"三台"（前台、中台和后台）和业务"三台"（前台、中台和后台）。这"三台"在企业中越来越成为一种趋势，底层是数据"三台"，通过组织"三台"为业务"三台"提供服务，从而更高效地组织资源，完成企业战略目标。

生态型组织创新

为了适应组织的开放性要求，越来越多的组织开始考虑新的组织模式创新，一种更具有开创性的组织模式——生态型组织，正在兴起。

生态型组织并不是传统意义上的组织，而是一种开放式的松耦合的组织模式，企业组织的边界被打破，组织内外的关系开始模糊，每个人都是一个生态体系下共同体中的一员，都在为整个生态的发展贡献自己的力量。

虽然滴滴本身不是一个生态型组织，但其运营的共享出行其实可以作为一个生态型组织，在这个平台上，滴滴的司机，包括专车、快车和拼车等司机就构成了一个组织，这个组织在平台的连接下成为整个滴滴生态环境中的一员，都是在平台上提供服务，出售自己的劳动力，为这个平台的顾客提供服务，也为这个平台"代言"。

在生态型组织内部，各个成员相互之间不一定存在雇佣关系，而更多的是一种松散的合约关系。进入这个生态组织后，会签署一份生态组织协议，或者遵循一种规则，包括生态体系内的规则，以及一些共同的市场规则、社会规则、法律规则、道德伦理等，生态体系内会有竞争，但更多的是合作关系，为生态谋取更好的发展贡献自身的力量。有了更好的发展，人们也才能够有更好的生存环境，这类似于一个大自然的环境或者一个城市的社会环境。只有企业组织、个人共同维护这个环境，才能有共同发展的环境，任何人和组织的破坏，都有可能对这个生态体系造成破坏。

这种生态型组织模式需要一个运营商。在滴滴的出行服务生态中，滴滴公司是运营商，它们制定规则、规范和标准，对生态内的各种活动进行监控，并对各种活动创造的收益进行"收税"，并将"税收"用于这个生态体系的发展。

生态型组织的定义已经超越了传统对企业或者组织的定义，开始模糊边界，变得更加开放。这种生态型组织可以提供一种服务，也可以提供多种服务。一个菜市场可以是一个生态型组织，一个商圈可以是一个生态型组织，一个产业可以是一个生态型组织，这种组织需要一个组织运营方，可以是物业公司，可以是互联网平台企业，也可以是一个机构或者事业单位。未来一定会有更多的生态运营商通过运营生态型组织而成为更有发展前景的企业。

从传统型组织到平台型组织再到新的生态型组织，组织的方式和形式也会发生巨大变化。传统的企业强调的是科层制组织，平台型企业强调的是"蜂巢式"组织，生态型企业强调的是"军团式"组织。传统型组织以权利为中心，平台型组织以产品为中心，生态型组织以客户或者需求为中心。

5.4　构建数据运营新资产

阿里巴巴历经多年，整合其内部电商平台数据，建立了数据中台，不仅服务内部生态企业，还服务所有的业务前端及电商客户，用大数据资产赋能所有的生态伙伴，以及淘宝、阿里巴巴和天猫上的店家。通过数据运营，阿里巴巴已经从一家电商平台企业升级为一家数据企业，数据成为阿里巴巴的核心资产，因为通过数据，阿里巴巴可以越来越清楚地知道，什么样的产品推广给什么样的客户才会有更高的转化率。通过数据服务，阿里巴巴一方面服务店家，为店家付费推广提供更加精准的服务，另一方面能够给最终的消费者带来更好的体验，通过千人千面的设计，甚至一人千面的应用，阿里巴巴在实物电商领域奠定了基础。这不是哪一家企业通过价格竞争就能够战胜的。笔者并不看好拼多多这种以低价挑战阿里巴巴的模式，虽然在短期内能够获得大量的流量，但是其背后如果没有精准的数据分析作为基础，如果在营销服务上不能做到更加精准，就不能有更好的客户体验，最终客户还是会流失的。

要将数据变现为企业的资产，必须要对数据进行加工处理，加工成对事物的分析，形成对事物的认知，甚至形成独有的知识，数据就有了更高的含金量，成为有价值的数据资产。数据资产是可以变现成利润的数据。只是停留在企业服务器中的数据不是真正的数据资产，就像有人拥有金矿，但是如果不把金子挖出来，是无法变现成财富的，也就无法用来购买所需要的商品。将数据加工处理成数据资产的活动称为数据运营。企业有了数据，还需要一个运营团队，对数据进行深度加工，加工成能够被业务部门使用的数据资产，助力业务部门实现它们的业务目标，数据资产的价值就可以发挥出来。

数据标签化运营

数据越来越成为企业的核心资产，而数据成为核心资产之前需要进行数据资产化的加工处理。阿里巴巴平台之所以能够利用数据实现价值的变现，就是因为其结合了消费者的购物历史，对每个客户进行标签化处理，每个人都有上千个标签标记个人的特征，而这些特征又与商业化的推荐服务进行关联，并且对这些关联后的效果进行了数据验证，把某一个特征的产品推荐给拥有某类标签的用户之后，对转化后的数据进行不断跟踪、不断优化，客户标签和产品标签之间的匹配越来越好，转化效果不断提升，这就是数据基础之上的数据产品的价值。如果没有将这些数据标签化及匹配算法的优化，那么数据资产价值较低。

如果 CRM 系统中有几十万个的客户，也拥有这几十万个客户的购买历史记录，那么这可以算是一个非常富饶的"金矿"，如果不对这个"金矿"进行挖掘，里面的"金子"是出不来的。企业可以围绕这些客户的购买历史分析客户特征。如果这个客户购买了儿童尿不湿，并且只购买过一次，那么可以标记为"朋友有娃"，因为只买一次可能是送礼物的，如果多次购买，那么可以标记"有娃"。根据购买尿不湿的大小和型号，可以标记儿童的特征，如"5 个月女娃"等。然后，对平台上的产品进行标记，什么样的产品适合有孩子的客户，这样我们就有了产品的标签和客户的标签，通过这些标签的匹配，就能够进行交叉推荐，实现交叉销售，这样后台带有标签的数据就是可以变现价值的资产。如果只是客户信息表、客户购买记录单，那么这些数据本身是没有价值的，算不上数据资产。

数据指标化运营

原始数据记录本身只是业务活动的记录，是过去发生的事情留存的证据。这些证据需要通过一些统计汇总的算法形成数据报表，这些统计报表可以使人们更清楚地知道发生了什么，是如何发生的，结果是什么。客户购买企业的产品和服务，该企业需要每天统计卖了多少产品，成交了多少客户，有多少新客户，这样就形成了每日销售报表，这个报表通过一些指标化的处理就形成了对当日经营活动的标识，如成交率、客单价、新增客户数、新增客户数量占比、新增客户成交占比、新增获客成本、新客户客单价、新客户中大客户占比等，这些形成了对企业每日运营质量和运营效率的表征指标。这些二次加工的数据能够对企业的经营管理活动进行评价，能够对业务管理起到反馈作用，这些指标开发出来之后，本身就是数据应用，也是数据资产。

上文已经详细介绍了如何系统性地开发数据指标。一家企业如果将这些数据指标通过移动端进行开发，能够即时显示在每个岗位的账户手机端，就能够成为他们管理自己业务或者管理自己团队的数据，数据就从沉寂在服务器中的记录变成评价、监控和指导业务的实用型数据，数据资产价值就可得到初步应用。

阿里巴巴通过整合各类数据资源，建立了数据中台，开发了一系列的数据报表和指标，为店家提供"数据参谋"服务。通过某电商手机端数据指标，店家能够随时掌控本店的运营状况，如投入多少、产出多少等（见图5-5）。阿里巴巴通过数据整合建立数据平台，为服务员和店家提供服务，此时数据已经成了一种资产，提升了客户在阿里巴巴电商平台上的体验，增强了客户使用平台的黏性。

图 5-5　某电商手机端数据指标界面截图

数据可视化运营

企业还需要通过可视化的方式提升数据的易用性。过去由于商业智能被过度宣传，其本身只开发了一些可视化图表，并没有真正带来智能价值，过度夸大了功能，被很多人嫌弃。这也是过去商业智能的弊端：仅有图表，没有解读，就无法产生真正的智能。随着人们对数据和数据分析的关注，以及管理者整体数据解读能力的提升，越来越多的企业开始重新启用数据可视化功能，通过可视化的数据图表为管理者提供数据服务。

图 5-6 所示的是一个销售总监的决策看板，通过这个看板能够随时看到企业整体的销售情况、每个分公司的销售业绩情况、每个重点客户的销售情况，包括

每个业务员客户维护和管理的情况。有了可视化图表的助力，销售总监能够随时掌握具体情况，选取相关分析维度，找到管理问题点，重点跟踪。当数据开发成可视化的图形时，数据就成了一种服务，一种助力管理的服务。

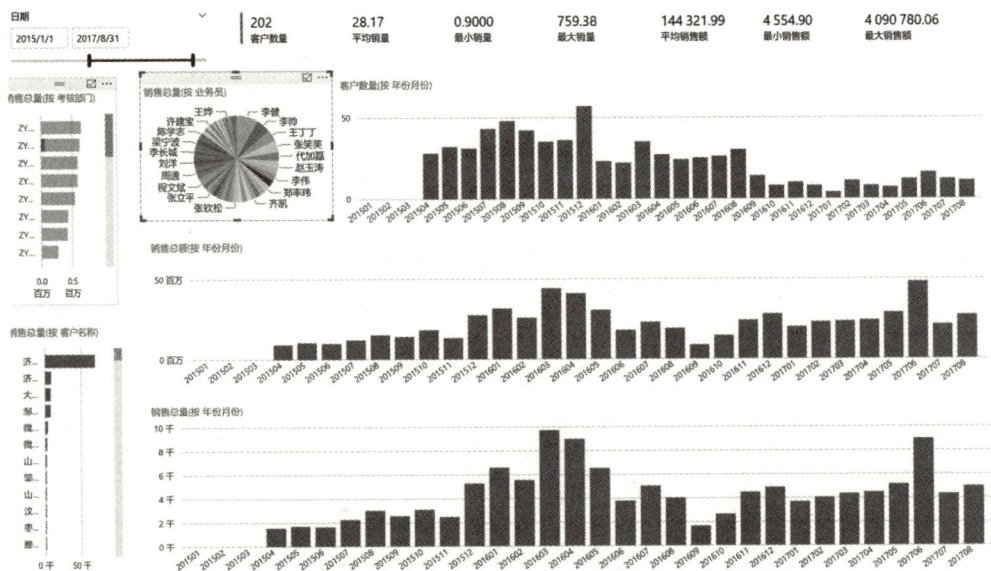

图 5-6   某企业销售管理的决策看板截图

数据模型化运营

通过建立数学模型，将原始数据进行加工，为管理决策提供支撑。数据分析模型非常多，在不同的场景下有不同的模型。常规来说，除基本的对比分析方法外，还有很多算法模型可以使用，包括最多使用的分类算法、关系算法和预测分析方法。

分类算法是最常使用的算法，因为分类是对复杂对象进行降维的基本方法。世界万物，每个事物都有其独特性，各有各的不同，但又有其相似性，根据事物的相似性提炼加工，找到事物的基本特征，然后就能够推此及彼，更深刻地认知事物，并以此进行识别。画像也是分类算法的一种，就是基于某些典型性的特征，对事物进行标识，以便人们能够根据这些典型特征对事物进行自动识别。例如，经常买婴幼儿奶粉的有孩子的家长，当客户中出现经常买奶粉的客户，就可以识别其为孩子家长。而"孩子家长"经常还会购买一些玩具、儿童教育用品，针对"孩子家长"这个特征，推送儿童玩具或者儿童教育类的产品就会有更高的转化率。早期的市场研究经常采用的方法就是聚类分析，通过对千万消费者的研究，将具有相似需求的消费者进行归类，得到具有相似需求的几类用户，然后为不同的消费者提供不同的产品，形成更加细分的定位于不同客户群体的产品。现在这种方法仍然经常被使用，虽然人们强调千人千面，但将同一个产品做出上千种不同的产品是不现实的。

关系算法则是寻求事物间的关联性，从而通过控制一种事物得到另外一种事物想要的结果。例如，人们希望找到营销费用与销售产出之间的关系，从而判断营销投入所能够获得的销售产出结果。如果能够清楚投入与产出之间的关系，就能够判断投入是否可以得到相关的产出，并能够核算是否可以赚钱，能够赚钱就投资，如果不能赚钱则将资金投入那些能够赚钱的地方。又如，如果能够指导销售费用的各项花费与销售额产出之间的关系，就可以判断将销售费用投入在哪些方面会有更高的产出，销售费用花费在什么地方不会有较高的产出，从而能够更加合理地分配销售费用，使产出最大化。这种分析方法就是关系分析法，最常见的分析模型就是回归分析。

预测分析方法是比较难的分析方法，每个人都希望精准地预测未来，但未来的多变性、影响因素的复杂性会使预测的准确度下降，影响因素越复杂，预测的准确性就越低。例如，股票价格，影响股票价格的因素非常多，不仅包括企业的业绩，还包括市场因素、经济因素、政治因素、文化因素、国际关系、群体心理等，所以股票价格的预测难以精准。常用的预测分析方法有四种，包括经验法、类比法、惯性法和关系法，具体可以参考笔者的《企业经营数据分析：思路、方法、应用与工具》。预测本身会使预测的结果失效，这是因为如果大家都预测精准，都按照预测的结果执行，反而会干涉事物本身的发展规律，事物的发展将不再按照无干预状态发展，这种情况称为"预测干预"，也就是说越精准的预测会使预测更加不精准。

数据分析方法的应用是对数据价值的深度挖掘，采用更多的数据分析方法，数据价值就能够被更好地挖掘。

我的数据技术应用
实践录

生在大山下，从无知到敏锐

凡事皆有道理，因思考而知性

化工工艺设计逻辑：以终为始

配方思维：企业经营有最佳配方

量化思维：因数据而入宝洁

因特殊经历而善于观察差异

数据分析：长期训练养成的职业习惯

双校学习：拓宽知识宽度

数据分析：探寻事物发展背后的规律

优化经营决策：要掌握数据分析方法

理性投资：用数据驱动战略投资决策

数据驱动经营和管理模式升级

用数据创造价值：做乙方亦快乐

人生没有白走的路，每一步都算数，乔布斯在耶鲁大学做演讲时说："当下经历的挫折、失败，以及你的转变与奋斗是自己一生的一颗颗闪亮的珍珠，这些珍珠串起来就形成了一条璀璨的珍珠项链。"反思笔者的职业生涯，每一个阶段都在做与数据相关的事情，用数据创造不同的价值。在本书的结尾，希望通过笔者的经历自述为从事企业数据运营相关的人员提供一些启发，以及一些应该如何利用数据创造价值的思考维度。

生在大山下，从无知到敏锐

我出生在一个相对贫苦的农村家庭，村子位于泰山山脉支脉的一个一面是山一面是平原的丘陵地区，山里除了石头没有其他资源，生活相对贫苦。我是我们村子的第一个大学生，我上大学的学费也都是在城里做工人的亲戚支援的。在去大学报到之前，我也没有走出过我们的县城。因为视野的局限，认知基础差，这反而让我在到其他地方的时候能够通过对比看到很多差异，有了更多的发现，从而能够拥有更加敏锐的视觉感知力。因为熟视所以无睹，是绝大多数人的能力障碍，看不到差异、变化和规律，也就看不到未来。那些从小在大城市成长的孩子，他们因为熟悉了身边的生活，感受不到这种巨大的差异，不会去思考背后的逻辑规律，而农村出来的孩子在认知世界上会更加敏锐，这是成长环境所造成的。敏锐观察事物，通过对比发现事物的差异性，而思考差异性背后的逻辑规律是从事数据化管理的管理者必备的素质。

凡事皆有道理，因思考而知性

我从山东农村到陕西西安上大学，从农村进入城市，真的像是刘姥姥进了大观园，满眼都是繁华的世界，所以我立誓要好好读书，然后找一个好工作。大学四年，除了主修课和选修课，我经常到其他教室蹭课，到图书馆阅读更多的与本专业相关的书籍。四年我读了上百本非教科书的专业书籍，还把化学工程专业做了一个老师和同学都认可的总结。我认为化学工程专业就是教授"三传一反"的学科，教授了三个传递，即质量传递、能量传递和动量传递；以及一个反应，就是化学反应。这个总结让我对整个化学工程专业有了宏观的架构，能够在这个架构之下选择要读哪些书目，所以我对化学工程的理解比其他同学都更有洞见性，也可以看到学科设计中的一些弱点，我用其他学科的自学弥补了这个学科学习的差异。这个经历让我感受到有一个简单易懂的科学合理的框架非常重要，所以我一直督促自己，每个事情背后都应该有逻辑架构，要找出每件事情背后的逻辑架构，如果找到了，还要不断思考这些逻辑架构的完整性、科学性和有效性，以及这些逻辑架构能否应用到其他领域。这个方法为我以后能够成功进入管理咨询领域具有非常关键的作用。

化工工艺设计逻辑：以终为始

在大三时我到新乡的一家化肥厂实习，在实习期间我就把整个尿素生产流程和工艺摸透了（从天然气经过一道道的生产工艺，最终生产出尿素化肥）。化学工程专业本身就是做大化工工艺流程设计的，在设计时一直要保持一个思路，这个思路就是以最终工艺产出为起点。例如，如果要设计一个年产尿素100万吨的工厂，我们要从这个目标出发，然后倒推所有的工艺环节和工艺环节中的生产条件。年产量是100万吨，整个流量是固定的，那么每一个工艺环节需要多大的流量，需要多高的温度，需要多大的压力，需要多高的塔，需要多少催化剂，根据催化剂的消耗速度如何补充，等等。这种"以终为始"的倒推方式，形成了我以后从事各种管理工作时的一个基本思路，结果导向倒推过程，确保过程是为达成结果而进行的，从而保证效率化产出，这也是后期我从事管理咨询工作或者任职高层管理者时采用的基本思路。

大学期间学习的化工工艺也造就了我的另外一个思维模式，即流程思维。所谓的流程思维，就是所有的结果都是流程过程产出的，如果没有良好的流程控制，就不会得到想要的产品。在整个化工工艺流程中，任何一个环节中的温度、压力、流速等工艺条件出现问题，产品质量和组分比例都会产生很大的不同；在投料上，如果投料的配比关系没有按照工艺设定的比例投料，则得到的产品就无法达到质量要求。后来在做管理咨询和数据分析挖掘工作时，我把这个思想上升到企业管理层面。每一项工作结果的达成都需要一个工作流程过程，这个流程必须符合管理的"工艺条件"，也必须是最合理的资源投入，这些资源就可以类比为"投料"，资源投入应该有一个合适的比例关系，这个比例关系就类似于"配方"。在生产过程中，一个瓶子一个盖，如果投料中瓶子和盖子的比例不是 1 ：1，就会造成要么有的瓶子没有盖，要么有的盖子找不到瓶子。没有良好的资源配比关系就不能达成成果，如果没有良好的流程过程，就无法保证结果的质量。即使是开发一个客户、销售一个产品，也需要一个良好的销售过程，没有美好的过程体验，即使成交了，客户的满意度和体验达不到最佳，也会影响复购、传播和转介绍的比例。

配方思维：企业经营有最佳配方

虽然企业管理不像生产工艺那样有严格的配比和工艺条件，具有更好的多样性和弹性，但追求管理中的"工艺"和"配方"是数据化管理的一个基本逻辑。正是因为管理上的弹性和多样性，我们无法精准测量和评价，就必然会存在更大可能的浪费，也就有更大的改善空间。就如约翰·沃纳梅克所说，我知道我的广告费有一半都是浪费的，但我不知道是哪一半。因为管理上缺少精准的测量和评估，也缺少更科学的"化学反应式"，探寻管理中的"最佳工艺"和"最优配方"

就更加有商业价值。随着大数据时代的到来，我们有了更多的记录数据、测量活动的系统，有了更加丰富的数据表征经营和管理活动，为探索"管理工艺"和"管理配方"带来的更多的数据，从而让我们可以用这些数据研究"管理工艺"和"管理配方"。所以，我也在想：如果未来的企业管理能够像一个拥有最佳"工艺"并执行最佳"配方"的自动化生产的"化工厂"那样该多好啊！那样我们就可以对企业的各种经营管理活动进行自动化管理、系统化运行，企业像一个设计精良的平稳运行的机器，每一个活动都能产生精准的结果，一个自动化的智慧系统精准地指挥企业经营和管理的各个方面。后来这种配方思维让我在研究数据时得到了更广泛的应用，如研究营销费用、销售费用、财务资产配置都可以借助这种配方思维构建的数学模型。

量化思维：因数据而入宝洁

虽然大学学习的各种物理、数学、化学、力学、热力学等学科到现在基本没有用上，但我深刻地感受到，在大学只要认真学习，并体会学科里面的内容，就可以塑造出一个固有的思维模式，这种思维模式对以后的职场生活和社会生活都有很大的裨益，有时候甚至是决定性的。

转眼到了毕业季，要开始找工作了，我们是比较早开始实行"双轨制"的一批大学生，可以自主择业，如果自己没有找到工作，则学校还可以帮助分配工作。那个时候外资企业进入大学校园招聘，毕业的学生都希望能够进入外资企业，因为外资企业提供的工资都是 2 000 多元／月，而学校分配的工作工资基本都是400~800 元／月。宝洁是进入西安交通大学招聘最受欢迎的外资企业之一，当年有 2 000 多人投递简历，最终通过面试的有 14 人，可谓是百里挑一，我就是这14 名通过面试的人之一。我很奇怪自己为什么会通过多轮面试。直到后来做西安交通大学校园招聘经理的时候，我才知道自己通过面试的原因。其实就是一道题目的回答让考官决定录用我，那道题目是：面对一个难题，你是如何寻找到解决方法把问题解决的，请举一个具体的生活中或者学习中的例子。大部分学生都没有太多的人生阅历，回答这个问题感觉比较困难。

我当时是这样回答的，我希望通过考上大学改变命运，而且要上一流的大学。确定目标之后，取得更好的成绩就是考上大学的基本条件，一流大学的录取分数线在 600 分左右（总分 710 分），我的目标是要考到 600 分以上。最后一个学期，为了保证考试能够考到 600 分，我分析了我每个科目当前的成绩，然后合理配置我的复习时间，并严格控制每个科目的学习时间。

但当按照制定的时间表安排学习时，我碰到了难题，上数理化科目课程时我不能旷课，但我又不能不利用这个时间学习其他科目，所以经常被老师点名批评。有一次老师批评严重了，我就跟老师说："老师，课程科目时间平均分配是学校的决定，但不是适合我的，我的数理化科目的成绩已经没有太高的提升空间，为了能够考上大学，我必须换一种时间分配方式，我必须最大化我的学习时间在我的弱项上，否则我就考不上我想上的大学。"后来老师也能够理解我而不再干涉我的学习安排。这是我能够考上大学的数字化思维。

这个案例打动了宝洁的面试官，进入宝洁之后我才知道，数据思维是宝洁非常强调的素质。企业资源是有限的，如果管理者都能够像使用自己有限的生命时间那样、像追求自己的梦想那样思考工作方式，就一定是最高效的，这是一个优秀管理者的基本素质。

因特殊经历而善于观察差异

1996 年 7 月，从西安直接飞抵广州，我正式加入宝洁，成为研发部产品研究组的一名管培生。1997 年夏天，在我入职满一年左右时，我奉命到某国家的首都城市出差。虽然之前已有很多次出差经历，但出国还是第一次，所以我很兴奋、很激动。我出差期间的工作主要是在当地市场研究企业的安排下，对消费者进行入户访问，研究消费者使用我们产品的习惯，访问他们的感受，获得第一手的调研数据，从而为我们改善产品获得启发，形成产品改善方案。

第一天的工作非常顺利，下午回来得也很早，17:00 左右就到了酒店，对第一次走出国门的农村孩子来说，这是一个非常好的机会，可以看看外国人的生活。于是我独自走出酒店，步行到距离酒店大概 500 米的一个大商场，那是一个非常繁华的购物中心，在当时中国还没有几家大型购物中心，我就大胆地独自步行过去。结果我被一名持枪的劫匪劫持，在一个立交桥底下，他用枪顶着我上了出租车，看着冰冷的枪口，我被震惊了，这是我第一次看见真枪，到现在都历历在目。为了保证生命安全，我只好把身上的美金全部给他了。这笔钱当时相当于我 3 个月的工资。

工作还要继续，第二天我继续按照出差计划去做市场调研，坐在车里，望向窗外，我发现的街景跟我昨日看到的已经完全不同。我看到一个 7-11 便利店门口站着两名保安，一个保安手扶着腰部的短枪，另一个保安则端着长枪走来走去，一个小小的 7-11 便利店，竟然需要两名持枪的保安守卫，而这些我好像是第一次看到；路过其他酒店或者写字楼时，门口都是数名荷枪实弹的保安在守卫，我昨天好像根本没有看到。

这些令人震惊的差异，为什么我昨天没有发现？我陷入深深的思考之中，为什么我今天才发现？如果不是昨天的劫持抢劫事件，我今天会不会发现这些随处可见的枪支？经验的移植曾经多次有效并不代表下次还有效，这种逻辑归纳是存在风险的，就如你看到的天鹅都是白色的，你也不能否定黑天鹅的存在。

这个人生阅历上的小插曲让我养成了一个习惯，就是战战兢兢地使用自己的经验。环境不同，固有的经验就不再适用，时间的不同、空间的不同、场景的不同、目的的不同、主体和客体的不同都会导致经验失效。我们需要关注结论成立的条件，在利用数据分析得出结论，再到新的场景下应用时，我们要特别注意这种不同场景下的数据分析结论失效的现象。

　　当我用过去的经验做出决策判断时，我都会问自己：这个决策判断的场景有哪些不同？与过去的经验有哪些差异？这些差异是否会导致过往的经验失效？存在的差异是否会对这个决策产生不利的影响？如果有，会是什么影响？有什么方法可以规避可能存在的风险？这一系列的问题是我从事数据分析和数据应用类工作时经常要问自己的。让自己对分析结果一直持一种怀疑的态度，从而让自己从数据中得到的结论更经得起考验和质疑，能够确保数据结论的可验证性，以及应用方案的适用性。

　　在后续的几天我一直注意观察周围的不同，安全警觉提高了，看到的东西就完全不同，能够更加敏锐地看到更多的东西，脑子里也开始更加高速地运转思考，为什么会这样？这个差异背后的逻辑是什么？有什么框架可以解释这种差异？一系列的问题让我在短短两周的出差时间里收获满满，并且逐步养成了"观察—思考"的习惯，并且一直坚持到现在，同样的时间，我觉得自己比很多同龄人见识了更多、成熟了许多。"观察—思考"是我专职从事数据类工作非常重要的习惯，也是条件反射似的习惯，几乎成了自己的本能。虽然人人都有这个本能，只是不同的人在这个本能上的敏感度不同，如果能够形成主动的"观察—思考"的习惯，这个本能就可以最大限度地得到发挥。

数据分析：长期训练养成的职业习惯

　　在宝洁工作的 5 年零 2 个月，我一直从事消费者调研工作，所负责的产品从最初的一个产品、一个市场（碧浪中国市场）到多个产品、多个市场，在离开宝洁之前，我主要负责亚太地区（包括中国、菲律宾、越南、马来西亚、新加坡等地区）汰渍产品和碧浪产品的消费者研究工作。我的工作职责是用数据洞察消费者需求，并用数据预测销量，从而论证一个产品上市是否能够取得成功，进而做出新品上市的决策。

　　在这 5 年多的时间，我始终用数据说话，用数据提出建议，用数据得出结论，用数据支撑我的产品上市决策。看着自己每个产品上市之后都能够达成销量目标和财务目标，我都暗暗自喜，"我早就算到了"，当时是一种成就感，更是对一份工作的自信，与数据打交道，我对一个产品在市场上的表现有了更确定的计算。这与国内多数快消品企业开发新品上市不同，宝洁要求用数据说话，用数据做决策，没有数据证明的东西，是无法通过中高层管理者的审批的。

我也看到国内一些营销策划"大师"策划的产品成功上市，他们在机会概率下获得了一个产品成功后又去"拍脑袋"决策另外一个产品，但以惨败告终。中国市场在快消品领域确实涌现了大量的国内品牌，但这些国内品牌产品快速成功之后又快速跌落到谷底，究其原因就是缺少量化分析，缺少数据支撑，一些品牌的成功仅仅是"猜对了开头，没有办法猜对结局"。

为了"一切用数据说话"，宝洁还有一个不成文的规定，所有的活动，包括实验记录、消费者测评问卷、测评结果数据，以及测评过程记录都要按照一定的标准和规范记录下来。一个来自荷兰的高级经理对我说，在宝洁，没有记录的事情就没有发生过，如果你的产品取得了成功，则必须用数据说明取得成功的原因，否则这个产品的成功就与你无关，是概率事件，不是我们用数据做出了理性的决策而取得的成功。

为了记录所有的活动，宝洁也付出了很高的成本，为了取得数据，宝洁投入了大量的市场研究费用。一个广告投放之前要经过几轮的市场研究论证广告的效果才能大批量投放，一个重大产品改善之前，甚至会采用测试市场的方法，不惜被竞争对手提前感知，做"测试市场"（Test Market，就是某种新品先在一个小范围市场投放，然后在更大的市场区域投放）。

为了精准预测一个产品的销量，需要结合大量的内外部环境因素，既包括消费者的喜好，也包括市场营销费用投入、销售费用投入、广告投放方式、广告投放量、市场铺货情况，还决定于竞争对手的策略、竞争对手新品的情况、竞争对手市场营销的情况，以及一些政治、经济和人文因素。以前计算机功能较弱，软件不够丰富，特别是数据分析软件，多数需要自己写程序代码实现算法，我在大学期间辅修了计算机软件应用专业，能够利用当时 Excel 4.0 版本的 VBA 程序实现数据分析。对于市场调研的数据，可以使用 Quantum 编程软件对数据进行处理和分析，后来这个软件被 SPSS 并购，成为 SPSS 中的组件功能。

5 年内宝洁在 5 个国家上市了近 20 种产品，每种新产品的上市都通过一系列的市场调研和实验室测试完成对上市能否获益的量化分析，预测模型也随着外部市场环境的变化而不断调整。我所负责的产品中基本都能够达到上市前预测的销量目标。当然，在这个过程中，每一步都需要数据验证，如果中间没有验证通过就不会进入上市的下一个环节。例如，我们上市一个新产品，必须在实验室测试洗涤效果超过竞争对手一定的量，如果达不到显著性优异（统计学概念，显著性差异），则必须重新修订配方，重新在实验室测试；实验室测试通过之后，就可以制作样品，然后到消费者家中进行实地测试，听取消费者的反馈，对使用效果进行评估，评估结果必须达到既定的目标差异值，如果该差异值达不到要求，则要返回实验室重新调整配方；消费者产品测试通过之后，需要设计一个宣传概念，带着概念和产品继续在消费者中进行市场测试，甚至采用与竞争对手的产品进行盲测，确保消费者的反馈打分不受品牌的影响。每个新产品测试都需要 4~5 轮的各种量化评估才能允许产品上市，否则高层管理者是不会签字同意上市的。

宝洁成立于 1837 年，已经有 180 多年的历史，而在过去的半个多世纪一直是全球日化快消品市场的领导者，即使是在互联网、新媒体、大数据来临的时代，宝洁也一直占据着领先地位。数据是确保宝洁产品上市成功的高概率的基础，可以说，没有数据就不会有宝洁半个世纪以来的持续成功。

每家企业的资源都是有限的，面对越来越激烈的市场竞争，每家企业都必须用数据精准量化自己的投入和产出，精准量化投入产出的每个过程，并研究最佳的投入配置方案、最优过程管理方案，确保方案达到最优，从而能够以更低的成本提供更好的服务或者更优质的产品。这样的产品和服务在市场上才会有价格优势，即使是同样的价格，也会有更高的利润空间。对差异化的产品，则应构筑成本优势，对同质化的产品，应有更高的利润空间，这就是精准测量所带来的好处。

所谓数据就是数据化的证据，就是对事物的发生和发展形成的记录，这些记录可以追溯、测量事情是如何发生的，然后用数据分析的方法回答为什么，并找到规律，从而保证事情的正确性。数据分析使宝洁知道什么才是正确的事情，也让宝洁知道如何做才是正确的。做正确的事，并正确地去做（Do the right thing, and do it right）。这是宝洁的教条。在宝洁的 5 年，我感受很深，也养成了用数据测量、用数据分析、用数据思考的习惯。

双校学习：拓宽知识宽度

随着级别的升高，面对复杂的市场经营管理环境，学习理工科的我开始感觉到自己知识面的不足，特别是企业管理、市场营销等领域，所以 2000 年 9 月我决定考 MBA。当时我办公的地点已经从广州搬迁到北京的同方大厦，最终我决定报考北京大学的 MBA，锁定这个目标之后就开始准备 GRK 考试，并制定新的量化备考复习方案。经过 4 个月的兼职备考，我最终考入北京大学光华管理学院 2001 级 MBA。

从 9 月开始准备到 1 月考试，我只有 4 个月的时间准备考试。因为同时还在职工作，只能利用业余时间进行学习，所以必须分秒必争，只能把能够利用的时间都利用上。当时北京大学光华管理学院录取近 300 人，笔试成绩进入前 50 名也是我没有想到的，因为备考时间较短。如果想利用较短的时间取得更高效的成果，量化思考、科学分配时间和资源、有计划地推进各项工作是成功的关键。这对我从事管理咨询，能够成功交付任务重、时间短的咨询项目，以及科学合理地配置人力资源是非常重要的。

入学北京大学光华管理学院之后，新加坡国立大学与北京大学联合办学，共建 MBA 项目，于是我有了去新加坡学习一年的机会。

再次进入大学，我一下子就钻进管理学知识的海洋，教室＋图书馆＋宿舍是我主要的生活区域，北京大学光华管理学院一年大概有 15 门课程，每个学期还可以选修 1~2 门课程。我在北京大学光华管理学院共学习了近 20 门课程，在新加坡国立大学也是如此，学习了近 20 门课程。这大大拓宽了我的知识面宽度，对我之后从事企业数据分析工作非常有帮助。在看到一组数据之后，能够从更多维度思考这个数据背后的逻辑，从而更加敏锐地发现问题、规律和机会。没有知识面的宽度，容易陷入就数据论数据的境地，看不到数据背后隐藏的问题。企业的数据是全面关联的，一些管理问题并非管理问题的本身，一个销售数据中发现的问题，可能是产品品质的问题；一个营销的问题，可能是渠道管理的问题；一个销售管理中的问题，可能是人力资源激励制度设计的问题。不懂财务、人力资源管理、生产管理、物流供应链、采购管理、市场营销、销售管理、全面品质管理等各个学科，很难将一些问题综合起来分析，从而找到问题的根源。

数据分析：探寻事物发展背后的规律

2003 年 5 月，顺利毕业回国后，我加入了一家本土的咨询企业，也因为加入这家企业才有了与万科地产的咨询合作。当时，万科地产正在准备 20 周年庆典，需要发布未来的中长期战略，回答未来第三个十年如何走。作为未来十年的中长期战略规划，需要考察的不是近期的内外部环境，而是需要把握整个市场的发展趋势，所以必须对市场发展规律有清晰的认识，从而更好地把握未来十年的发展方向，并确定未来的发展目标。为了研究中国房地产市场的发展规律，我们选择研究成熟市场的发展规律，最初在日本、美国和英国等房地产市场中遴选标杆，最终确定了研究美国过去 50 年的市场规律。我们发现了一些基本的规律，按照这些规律规划万科未来的十年发展，这些从数据中探寻到的规律，为万科地产的战略扩张提供了指导性的思路，取代了原有的投机性的扩张思路。

在研究美国地产时，我们发现了一个基本规律，即地产的发展与两个因素直接相关：第一个是当地经济生产总值，第二个是人口生命周期。美国自第二次世界大战之后有一个婴儿潮，大批的人口出生，所以美国地产存在一个以 7 年为周期的小波动，以 14 年为周期的大波动，我们花了很长时间才发现，这与人口的周期有关系，因为人的生命周期基本是每 7 年为一个周期，0~7 岁是幼儿，8~14 岁是少年，15~21 岁是青年，22~28 岁是壮年，29~35 岁是中青年，36~42 岁是中年，43~49 岁是中老年，50~56 岁是老年，这里每 7 年一个波动的现象也符合中国的情况，中国也有一个人口密集出生的时间。第二个规律与经济发展紧密相关，也就是说，万科地产未来的扩展也必须根据经济发展来看，一个方面要看一个城市的人口净流入情况，另一个方面要看当地的经济发展情况，所以在为万科地产规划发展路线时是按照经济和人口两个维度来看的，我们给万科地产提出了聚焦三大经济圈（环渤海地区、珠三角地区、长三角地区）的布局，在城市选择上也按照人口和 GDP 做出一个扩张路线图。

当时做项目时还发现住房是有收入水平区别的，所以我们就按照收入水平和家庭生命周期两个维度做了客户细分，然后把万科地产的品牌做了重新梳理，基于市场细分调研结果，重新布局万科地产的各个子品牌，包括城市花园系列、金色家园系列、青青家园系列等，这样的定位使万科地产的住宅产品更加符合特定人群的居住需求，从而打造出万科地产的品牌产品，使项目管理走精细化之路，从而更好地进行营销，并取得了非常好的效果。这些都是借助数据的研究，找到数据背后的逻辑规律，为企业的战略规划、产品线布局等提供方案。

优化经营决策：要掌握数据分析方法

做了两年的管理咨询服务，我服务过近 20 家客户，做了近 20 个项目，最终都成功交付，有些客户成了朋友。之所以能够成功交付这么多项目，我的总结就是，始终有数据意识，在做外部市场分析、内部资源能力分析时，都是用数据进行分析的，从而确保我们提出的建议能够站得住脚。客户也非常认同数据背后揭示的逻辑和规律，很多方案都是经过数据分析后客户自己提出的，因为方案是客户自己参与提出的，当然也就更容易接受和落地实施，项目交付就不会成为问题。这是当时传统管理咨询项目结项率较低的情景下难得的成果，而这个成果的背后就是"用数据说话"。

2005 年，一家猎头把我推荐给上海惠氏制药做商业智能经理，这是一个全球经理岗位。我又一次做回甲方，不仅做外部市场分析、竞争情报采集，还要做内部数据研究。当时我们有约 20 亿美元的广告预算、500 万美元的样品费用预算和 20 亿美元的销售费用预算，我入职后最大的课题就是要回答这些预算如何花才能取得最佳效果，为了研究费用投入和产出之间的关系，我们做了大量数学模型，最大的一个模型就是构建了广告费用与销售额产出之间的上百个线性方程，用线性回归分析模型回答如何投放广告才能带来更高的销售增长。

之后在分析销售费用时，我也采用同样的方法，但发现规律性不好，于是我对 40 多项销售费用做了分类，我的分类标准是从我们企业到消费者这个供应链条出发，按照距离消费者的远近和距离企业的远近对销售费用进行分类，把价格促销费用看作距离消费者最近的费用，把经销商返点看作最远的费用，这样 40 多项费用被分成 7 个大类，然后构建销售费用和销售产出之间的关系，仍然采用线性回归模型，最后得出的结论是，费用分配越靠近消费者对销量的拉动作用越明显。距离消费者最近的费用的投入产出效率是距离消费者最远的费用的投入产出效率的 19 倍，于是我建议企业重新考虑销售费用的分配方案。这为企业高效配比销售费用预算带来了新的思路，也大大优化了销售费用的产出效率。

后来为一家年收入近 600 亿元的快消品企业提供定制化数据分析培训时，我们提前获得了这家企业一个月各大区的销售费用和销售增长的情况，我再次使用上海惠氏制药的销售费用分析模型。快消品企业一般的销售费用率都在 30% 以上，一家 600 亿元销售额的企业，每年的销售费用就有 180 亿元以上，如果花费不合理，1% 的浪费都在 1.8 亿元，没有精准的数据测量和分析，动辄就会造成上亿元的浪费。

　　我将该企业的销售费用按照上海惠氏制药的方法将其五六十项会计科目记录的销售费用进行重新分类，也分成 7 类，得到了类似上海惠氏制药的结论：销售费用越靠近消费者，其销售费用的产出效率越高。而该企业近一半的大区销售费用配置不合理，销售量增长乏力。如果能够合理配置销售费用，180 亿元的销售费用利用效率绝对可以提升 20% 以上，这就是一个 36 亿元的优化方案。中国有很多优秀且上规模的企业，如果它们能够充分利用数据，优化其经营和管理决策，就能够大幅度提升其经营效益，而不至于过早被市场淘汰。这也是我后来萌生自己创业，以及推动企业数据应用的初衷之一。

理性投资：用数据驱动战略投资决策

　　因为个人原因，加上一个猎头的帮助，我于 2007 年再次回到北京，加入摩立特集团旗下专门从事数据研究的格锐智研，成为它们新成立的北京分公司的负责人。我们当时的项目主要是帮助欧美外资企业的总部独立研究中国市场机会和中国市场的发展规律，为其中国市场战略布局提供建议，以及为一些投行和大型私募基金研究投资偏好下的投资机会。

　　进入摩立特集团，让我有机会接触大量世界顶级企业高层管理者的思想，让我有机会与世界顶级企业高层管理者和顶级投行投资人进行"数据对话"，"刷新"了我对战略和投资的思考。国外的企业在进行一项重大投资之前需要采集各个方面的数据，并对数据进行深度分析，找到行业发展的驱动要素和相关的规律性，并需要研究本土市场中央政府和地方政府的政策，以确保能够在更确定的数据支撑基础上做出投资决策，有效降低投资风险。

　　在摩立特集团工作期间，我接到了近百个投资研究课题，覆盖了 40 多个行业（国家行业分类标准二级行业分类），让我对这些行业有了更深刻的认识，也对行业间的差异，特别是一个行业固有的特征及运作机理有了更深刻的思考。这在另外一个维度上拓展了我的知识宽度。

数据驱动经营和管理模式升级

2012 年，我考虑的是自己的职业发展和未来要做些什么。经历了用数据服务一个产品上市决策（宝洁的经历）、用数据服务一家企业全面的经营和管理决策（上海惠氏制药）、用数据服务于一项投资决策（摩立特集团）之后，我的数据价值体系框架基本构建完成，我在想是否能够用数据分析为企业提供咨询服务。中国企业经过 20 多年的信息化建设，上线 CRM、ERP 等管理信息系统的企业数量非常多，这些上亿元规模的企业基本都有信息系统，而这些企业信息系统积累的数据是没有充分分析和挖掘的，于是我萌生了一个创业想法。这就是北京信宜明悦咨询有限公司的创立初衷，为了更好地体现我们的业务，我将公司的名称变更为北京信宜明悦数据科技有限公司。

现在已经进入大数据智能时代，数据化管理逐步被越来越多的企业认知，我们的业务也获得了更好和更快的发展，在业务发展过程中我们持续思考，我们对数据技术在企业经营管理中的应用也在不断升级和升华，在总结沉淀的基础上，不断将理论框架化，将企业在推进数据化管理过程中的共性问题整理成知识体系，借助这个知识体系，我们为企业提供的服务也越来越体系化和系统化。

2017 年，我们的业务获得了飞速发展，我们的团队也在持续壮大，越来越多对数据技术感兴趣的小伙伴加入我们的大家庭。随着我们服务客户的增多，对服务客户所在行业的深度理解，不同的商业模式创新思路进入我们研发的视野，我们团队开始专注思考企业如何利用数据技术实现模式的突破。于是就有了我们正在不断验证的数据驱动的维度升级模型。我们提出了企业从 1.0 到 4.0 的升级模型，也提出了管理 4.0 的概念，并且正在通过咨询服务践行相关的升级路线和方法。

用数据创造价值：做乙方亦快乐

从打工到创业，这几年我的思考越来越多，更加感觉到自己知识面的狭窄，不懂的东西太多，之前的认知具有非常强的片面性，所以自己在提出观点时也越来越小心谨慎。在为不同类型企业服务的过程中，我们能够接触不同的行业、服务不同的企业、接触不同的人，从而有更多的机会学习更多的东西，作为长期服务甲方的乙方咨询型企业来讲，我们有更多的机会走进甲方企业的内部，我们对客户企业、其所在的行业、其中高层管理者有更加深刻的理解和洞察，这也促使我们不断思考和学习，在为甲方创造价值的过程中享受快速成长的快乐。

对比几年前撰写的《企业数据化管理变革：数据治理与统筹方法》，我现在有了更多的思考，有了更多的理论框架和模型，也有了更多的实践经验和案例可以与大家分享，相信多年后再来撰写这个主题时我会有更多的感悟和思想可以与读者分享。

尊敬的读者，在这本激发您思考、启示您行动的书中，所有的思想与方法，均源自于赵老师和明悦数据团队在咨询实战中的研究和探索，是赵老师及其团队智慧与心血的结晶。

明悦数据成立于2012年，是国内较早成立的专注于企业数字化转型和数据化管理的咨询公司。在8年中，深度指引与开启了40多家传统企业的数字化转型之旅，切实有效地帮助了这些企业提升了经营管理效率与竞争力，深受这些企业的认同，实现了100%的续签与持续合作。

数字化转型绝不仅仅是一个技术问题，而是一个基于商业趋势与管理智慧，利用数字技术攻克企业顽疾，持续创新的过程。明悦数据是一支由管理专家、数据专家、IT专家组成的复合型团队。明悦团队在强大的专家资源保障下，基于领先的数字化转型与数字化管理的方法论，帮助企业找到数字化转型的切入点、设计数字化转型的路线图，系统地推进商业模式的创新、经营效率的提高与组织能力的提升，真正实现企业的数字化成长与增长，让转型成为转机，让变革实现变现。

对传统企业来说，数字化转型不是做不做的问题，而是如何做好的问题，期待与您共建智慧企业。

20年
数据分析实战经验

8年
数据化管理咨询服务

42家
数字化转型咨询用户

10000名
管理数据分析学员

数字
企业数字化转型之道
蝶变

企业数据化
管理变革

企业经营
数据分析

如果您所服务的企业在经营中有以下现象，请您跟我们联系。

企业在近几年业绩增长停滞，扩张无力，需要升维经营。

企业经常出现经营异常，客户流失，库存积压，资金损失，物料消失等状况。

企业在信息化中投入的资金越来越多，但是经营没有得到改善。

企业内部缺少共识，各唱各的曲，难以协同生产力，共创实现价值。

企业拥有大量数据，作为决策者平时也感觉数据充足，一到决策时就发现没有可用数据支撑，无法实现精准化管理。

如果您所服务的企业在数字化转型中遇到以下挑战，请您跟我们联系。

数据化转型中，缺少方向和思路，处于盲人摸象的阶段。

数字化转型中，缺少系统的思考和全面的规划，没有作战地图。

数字化转型中，空有愿景与热情，缺少可实现的路径与举措。

数据化转型中，找不到抓手、切入点或突破口，有变革无变现。

数字化转型中，不知道别人趟过的坑、跳过的陷阱，导致变革失序、问题频生，进退失据。

如果您所服务的企业在数据化管理中需要以下支持，请您跟我们联系。

数据化管理中，感到热情不够、动力不足，无法领导企业快速有效变革。

数据化管理中，无法实现业务、管理与IT、DT等技术的紧密结合。

数据化管理中，发现企业没有建立数据文化，员工没有数据意识。

数据化管理中，困于技术很先进，管理很时尚而业绩却未能增长。

数据化管理中，企业数据基础薄弱，数据质量差，数据标准不统一、数据规范不健全。

针对上述问题
明悦数据为您提供系统的专业数字化转型和数据化管理的咨询服务 →

明悦数据咨询服务简介

1. 数字化转型调研服务　（时长5周）

a) 通过全面、系统、科学的调研，明确数字化的现状：一方面是业务发展的趋势、机会与威胁、战略愿景、使命与定位的认同度与未来的可能性，面对未来挑战的资源与能力现状；另一方面是数字化转型过程中，需要的文化、组织、人力资源、IT基础、数据基础等方面的现状、问题与需要优化的空间。

b) 通过细致、严谨的诊断分析，明确推进数字化转型的各项工作：战略规划工作的计划与安排、数字化转型的关键举措与场景，以及推进数字化转型的突破口与工作优先级，即从哪项工作切入，先做什么与后做什么。

2. 数字化战略规划服务　（时长12周）

a) 对数字化转型进行系统的规划，包括数字化转型战略的设计、描述与衡量系统。首先，明确未来的产业演进与创新的大趋势，明确即将面临的机会与威胁、机会与挑战，明确未来的商业模式创新的方向，如平台与生态。

b) 清晰地描述出整个战略系统：明确战略的愿景、使命与定位；明确业务的布局与业务链的拓展方式；明确商业模式以及相关关联的各项要素；明确战略发展的阶段与里程碑；明确未来的核心能力、资源，等等。

c) 基于战略设计，重新规划与之相匹配、能够支撑战略实现的管理系统，包括组织模式、企业文化、人力资源管理、IT、DT技术等多方面的重新设计。并建立战略-目标-计划-预算-考核的战略执行链条，保证战略的实施与落地。

3. 数据化管理全面升级服务　（年度服务：3-5年）

a) 以数字化战略为执行路线，系统地梳理各项业务及管理流程，建立可以支撑战略实现的流程体系与目录；在此基础上，根据实现战略目标的需要，筛选出急需的、能够支撑战略实现的关键流程，并对这些关键流程进行优化与创新。

b) 通过对关键业务流程的梳理，明确每一个流程、每一个阶段对应的数据标签、指标与应用场景，并建立数据标签、指标与应用场景的规划，逐步完善标签体系、建立指标系统、实现数据应用场景的价值。

c) 对IT系统、数据治理等技术基础进行分析，发现其中的问题，并提出规划与建设方案。

4. 核心业务场景的价值突破　（单个项目时长12周）

a) 通过对关键业务流程的梳理，发现关键流程优化、创新与突破的关键指标与数据应用场景。对数据指标与应用场景进行规划，明确未来要实现业务增长最急需的、重要的指标与场景是什么，明确优先级与落地机制。

b) 根据数据指标与应用场景规划，建立指标看板，开发算法模型，让数据指导决策，让数据创造价值。在关键指标与场景中，选择一个相对容易、但价值大、见效快的场景，优先推进其落地，从而使得全员看到数据化管理的价值和好处，激发进一步推进数字化管理的热情与信心。

5. IT升级DT项目　（时长16周）

a) 在企业信息化建设之前，需要进行DT规划从而对信息化建设起到高层级的指导作用。以企业战略目标为基准，系统梳理企业经营流程、业务场景，将各流程节点的管理目标和业务逻辑设计成管理指标和经营分析算法模型，进一步转化为数据规划和信息化规划方案。

b) IT和DT项目可以保障企业信息化建设以管理为目标，在选型上更加适合自身业务特点和未来发展方向，在实施上更加全面地考虑未来数据需求和分析需求，在底层数据上更加全面，避免数据缺失、数据格式不规范、数据标准不统一、数据割裂孤岛等系列问题，对于信息化项目的成功至关重要。

c) 解决企业信息系统缺少管理价值的问题，让CRM真正起到管理客户关系的功能，让ERP真正起到决策支撑的功能，让BI既有图表展示又有追溯钻取分析洞察经营问题的功能。